메타버스
교육백서
2권

메타버스 공간과 만나다
〈 VR, AR, 코스페이시스 에듀편〉

메타버스 교육백서 2권

메타버스 공간과 만나다 〈VR, AR, 코스페이시스 에듀편〉

초판인쇄 2022년 2월 22일
초판발행 2022년 3월 1일
저　　자 김규섭 강준철 김민정 김영철 송기진 양진영
　　　　　　어성우 오은솔 우인숙 정 웅 조창호 한 솔
감　　수 김주현

부록 및 교육지도안 제공 문의 (http://edudavinci.net)
공주대학교 기술지주 자회사 (주)에듀밋
전　화 041) 855-3140

펴 낸 곳 지오북스
등　록 2016년 3월 7일 제395-2016-000014호
전　화 02)381-0706 | 팩스 02)371-0706
이 메 일 emotion-books@naver.com
홈페이지 www.geobooks.co.kr

ISBN 979-11-91346-32-9
값 25,000원

메타버스 교육백서

2권

메타버스 공간과 만나다
〈 VR, AR, 코스페이시스 에듀편〉

머릿말

"21세기가 요구하는 것은 창의적인 인재를 키우는 것이다. 급속하게 진행되는 기술 변화에 비해 사회와 제도는 이를 따라잡지 못하고 있다. 이 때문에 사회 전반을 변화시킬 수 있는 교육시스템을 개혁하는 것이 무엇보다 절실히 요구된다."

-앨빈 토플러-

'4차 산업혁명'과 '인공지능'에 이어서 등장한 미래핵심기술을 대표하는 키워드는 무엇일까요? 바로 '메타버스'일 것입니다. 정부에서는 2022년 1월 '메타버스 신산업 선도전략'을 발표하고 2026년까지 세계 5위 메타버스 선도국이 되겠다고 공표할 만큼 메타버스는 우리 삶에 커다란 변화를 가져올 것으로 예상되고 있습니다.

그렇다면 메타버스란 무엇일까요? 메타버스가 무엇인지 정의하기 위해 많은 이야기가 논의되고 있지만, 아직 개념적 정의나 범위가 명확하지는 않습니다. 그러나 쉽게 말씀드리면, '가상과 현실이 융합된 공간에서 사람과 사물이 상호작용하며 경제, 사회, 문화적 가치를 창출하는 세계(플랫폼)'라고 볼 수 있습니다. 메타버스는 5G통신기술의 발달, 4차산업혁명, 인공지능 등과 연계되어 부각되다가 코로나19로 인해 비대면(온라인, 원격) 생활이 일상화된 지금, 미래사회의 패러다임을 바꿀 핵심기술로 인정받고 있습니다.

이러한 흐름 속에서 메타버스는 교육, 엔터테인먼트, 금융, 정치 등 우리 삶의 여러 분야에 영향을 미치고 있습니다. 이미 선진국에서는 교사 중심의 수업에서 벗어나 메타버스를 활용한 학생 중심의 체험학습으로 교수학습구조가 변화되고 있습니다. 이런 교육패러다임의 변화 속에서 교사들은 학생들의 미래핵심역량과 적응력을 키우기 위해 메타버스를 적극 활용해야 할 것으로 보입니다.

메타버스라는 단어가 아직은 생소하게 느껴질 수 있겠지만, 이미 알게 모르게 우리는 메타버스와 가깝게 지내고 있습니다. 비대면 수업, 화상회의가 아주 친밀해진 현재, 우리 교육현장도 빠르게 변화해야할 필요가 있습니다.

그렇다면 학교현장에서 사용 가능한 메타버스 플랫폼에는 무엇이 있을까요? 어떻게 메타버스를 수업에 적용할 수 있을까요? 이 고민에 대한 답은 바로 <메타버스 교육백서>에 있습니다.

총 4권으로 구성된 <메타버스 교육백서>는 다음과 같이 구성되어 있습니다.

1권. 메타버스 교육과 만나다

2권. 메타버스 공간과 만나다

3권. 메타버스 게임과 만나다

4권. 메타버스 플랫폼과 만나다

메타버스의 개념부터 메타버스가 도입될 미래 교육, 증강현실AR과 가상현실VR, 라이프로깅, 거울세계, 메타버스 윤리 등 어렵게 느껴지는 메타버스 관련 용어를 쉽고 자세하게 설명하고 있습니다. 또한, 학생들이 좋아하는 마인크래프트, 로블록스, 제페토, 코스페이스 에듀 등을 비롯하여 최근에 핫한 게더타운, 이프랜드까지, 메타버스 플랫폼이 어떻게 교육에 활용되는지 12명의 현직교사의 친절한 설명으로 이해하기 쉽게 풀어놓았습니다. 또한, 독자분들의 연수/강의와 수업을 돕기 위해 구글 프레젠테이션과 유튜브 동영상을 개발하여 함께 탑재하였습니다.

메타버스 플랫폼들이 시대의 흐름을 선도할 만큼 빠르게 변화할 것으로 예상됩니다. 우리 집필진들은 이러한 변화를 빠르게 반영하여 유튜브(채널명: 공부하자com)와 네이버 카페(https://cafe.naver.com/studyhajacom)를 통해 독자 여러분들에게 끊임없이 추후 서비스를 제공해드릴 예정입니다. 또한 지금 이순간에도 새로운 메타버스 플랫폼이 개발되어 공개되고 있습니다. 더욱 발전된 형태의 메타버스 플랫폼을 독자여러분에게 보여드리기 위해 메타버스 교육백서는 시리즈로 여러분과 함께 할 것입니다.

<메타버스 교육백서>는 여러분께서 미래교육을 실천하는 '첫 번째 펭귄'이 될 수 있도록 뒤에서 돕고자 합니다. 메타버스라는 새로운 흐름에 대해 두려워하지 말고, 당당하게 받아들여 발전하는 우리가 되어야 할 것입니다. 그것이 우리의 미래세대를 키우는 교육자로서의 사명이며, 우리 아이들을 위한 책무이지 않을까 싶습니다.

이 책을 발행하기까지 고생하신 집필진과 관계자 여러분, 그리고 읽어주시는 독자님들께 감사의 말씀을 올립니다.

2022년 2월 21일

집필진 일동

메타버스 공간과 만나다

목차

<챕터1> 증강현실(AR) 활용 교육 준비하기
01. 증강현실(AR)을 알아보자! ·· 4
02. 증강현실(AR) 원리를 알아보자! ······································ 4
03. 증강현실(AR) 활용 사례를 알아보자! ····························· 5

현실위에
가상이
펼쳐진다,
증강현실 AR!

<챕터2> 교실 수업에 증강현실(AR) 활용하기
04. 교육용 AR 콘텐츠의 종류를 알아보자! ··························· 4
05. 이것만은 알고 증강현실(AR)을 활용하자! ····················· 19
06. 증강현실(AR) 활용 교육! 초·중등 수업, 이렇게 해보세요! ········· 21

 현실위에 가상이 펼쳐진다, 증강현실 AR!구글 슬라이드

<챕터3> 가상현실(VR) 활용 교육 준비하기
01. 가상현실(VR)을 알아보자! ·· 28
02. HMD를 알아보자! ··· 29
03. 가상현실(VR) 활용 사례를 알아보자! ··························· 32

진짜같은
가상공간,
가상현실 VR!

<챕터4> 교실 수업에 가상현실(VR) 활용하기
04. 교육용 VR 콘텐츠 종류를 알아보자! ····························· 39
05. 이것만은 알고 가상현실(VR)을 활용하자! ····················· 44
06. 가상현실(VR) 활용 교육! 초·중등 수업, 이렇게 해보세요! ········· 46

 진짜같은 가상공간, 가상현실 VR!
구글 슬라이드

<챕터5> 디지털교과서 실감형 콘텐츠 활용 교육 준비하기

01. '디지털교과서 실감형 콘텐츠'를 알아보자! ·········· 54
02. 디지털교과서 회원가입해보자! ·········· 59
03. 실감형 콘텐츠를 시작해보자! ·········· 65

<챕터6> 디지털교과서 실감형 콘텐츠 활용하기

04. 콘텐츠별 활용 방법을 알아보자! ·········· 73
05. 이것만은 알고 실감형 콘텐츠를 활용하자! ·········· 83
06. 실감형 콘텐츠 활용 교육! 도움 자료를 참고해 보세요! ·········· 85

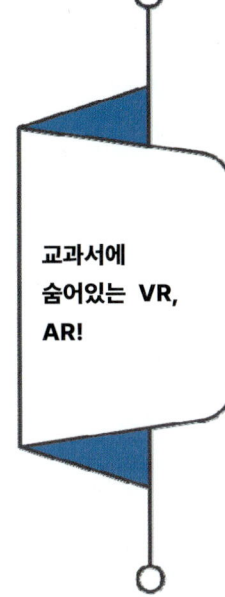

교과서에 숨어있는 VR, AR!

교과서에 숨어있는 VR, AR!
구글 슬라이드

<챕터7> 독도 교육에 VR, AR 콘텐츠 활용하기

01. 독도 교육에 VR, AR 활용의 필요성을 알아보자! ·········· 90
02. 디지털교과서 실감형 콘텐츠로 독도를 만나보자! ·········· 91
03. 360도 VR 콘텐츠로 독도를 만나보자! ·········· 98
04. 사이버체험관에서 독도를 만나보자! ·········· 100

수업에 쉽게 적용하는 VR, AR!

<챕터8> 역사 교육에 VR 콘텐츠 활용하기

05. VR로 경주 여행을 떠나보자! ·········· 105
06. VR로 수원화성 여행을 떠나보자! ·········· 110
07. VR 활용 역사 교육! 초·중등수업, 이렇게 해보세요! ·········· 111

수업에 쉽게 적용하는 VR, AR!
구글 슬라이드

<챕터9> 구글 아트 앤 컬쳐 활용 교육 준비하기

01. 구글 아트 앤 컬쳐를 알아보자! ·· 116
02. PC로 구글 아트 앤 컬쳐를 살펴보자! ·· 117
03. 애플리케이션으로 구글 아트 앤 컬쳐를 살펴보자! ······················ 125
04. 구글 아트 앤 컬쳐 속 인공지능을 찾아보자! ······························ 127

<챕터10> 구글 아트 앤 컬쳐 속 VR, AR 활용하기

05. 구글 아트 앤 컬쳐 속 VR, AR을 알아보자! ······························· 129
06. 구글 아트 앤 컬쳐 활용 교육! 초·중등 수업, 이렇게 해보세요! ···· 138

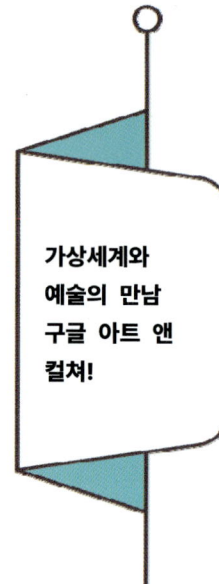

가상세계와
예술의 만남
구글 아트 앤
컬쳐!

가상세계와 예술의 만남 구글 아트 앤 컬쳐!
구글 슬라이드

<챕터11> 360도 VR 사진 활용 교육 준비하기

01. 360도 VR 사진을 알아보자! ··· 142
02. 구글 스트리트 뷰로 360도 VR 사진을 촬영해보자! ···················· 142
03. 360도 VR 사진을 편집하고 감상해보자! ··································· 148

<챕터12> 360도 VR 사진 활용하기

04. 360도 VR 사진을 공유하고 감상해보자! ··································· 159
05. 360도 VR 사진 활용 교육! 초·중등수업, 이렇게 해보세요! ········ 165

스마트폰만
있으면 찍을
수 있다!
360도 VR
사진!

스마트폰만 있으면 찍을 수 있다! 360도 VR 사진!
구글 슬라이드

<챕터13> 코스페이시스 에듀 시작하기

01. 코스페이시스 에듀를 알아보자! ··· 170
02. 회원 가입하고 체험판을 활성해보자! ·· 172
03. 학급 개설 및 학생 학생 가입 방법을 알아보자! ······························· 178

<챕터14> 코스페이시스 에듀 사용 방법 알아보기

04. 코스페이시스 에듀의 3가지 장면 유형을 알아보자! ························ 185
05. 코스페이시스 에듀의 기본 조작 방법을 알아보자! ·························· 187
06. 코스페이시스 에듀의 화면 이동 방법과 단축키를 알아보자! ············ 193
07. 코스페이시스 에듀 심화 활동! 코딩과 물리를 알아보자! ·············· 196
08. 코스페이시스 에듀 활용 교육! 초·중등수업, 이렇게 해보세요! ········ 205

교육 특화 메타버스 코스페이시스 에듀! 나만의 공간을 꾸미고 감상해봐요!

> 교육 특화 메타버스 코스페이시스 에듀!나만의 공간을 꾸미고 감상해봐요! - 구글 슬라이드

<챕터15> 모바일 기기로 코스페이시스 에듀 활용하기

01. 코스페이시스 에듀 모바일 애플리케이션을 알아보자! ····················· 210
02. 구글 카드보드를 활용해 코스페이시스 에듀를 VR로 감상해보자! ·· 213
03. 코스페이시스 에듀 갤러리를 알아보자! ··· 215

<챕터16> 코스페이시스 에듀 친환경 주택 만들기(3D 장면)

04. 공간을 구성해보자! (정지 화면 구성하기) ···································· 220
05. 공간에 생기를 불어넣어보자! (애니메이션, 특수, 코딩 등 활용) ··· 224

코스페이시스 에듀 교육활동 <3D 장면 만들기>

> 코스페이시스 에듀 교육활동 <3D 장면 만들기>
> 구글 슬라이드

코스페이시스 에듀 교육활동 <멀지큐브로 증강현실(AR) 만들고 감상하기>

<챕터17> 증간현실 교구 멀지큐브
01. 멀지큐브를 알아보자! ··· 232
02. 멀지큐브 준비하기! ·· 236
03. 코스페이시스 에듀 갤러리에서 멀지큐브 작품을 감상하자! ········· 236

<챕터18> 코스페이시스 에듀 멀지큐브 장면 만들기
04. 멀지큐브 장면의 특성을 분석해보자! ······························· 240
05. 멀지큐브 장면 유형 1. 5개의 면 활용하기 ························ 242
06. 멀지큐브 장면 유형 2. 멀지큐브를 중심으로 오브젝트 배치하기 ··· 246

 코스페이시스 에듀 교육활동
<멀지큐브로 증강현실(AR) 만들고 감상하기> - 구글 슬라이드

메타버스교육백서 시리즈

1권 메타버스, 교육과 만나다

- 아이들의 [오늘]에 [내일]을 선물해주세요.
- 메타버스 시대, 우리는 무엇을 준비해야 할까요?

2권 메타버스, 공간과 만나다

- eye-opening! 아이들에게 새로운 경험을 선사해주세요.
- VR, AR, 코스페이시스 에듀와 함께 메타 세상을 꿈꿔볼까요?

3권 메타버스, 게임과 만나다

- 교실만이 교육공간일까요?
  아이들이 있는 곳으로 함께 들어가볼까요?
- 게임리터러시 교육, 이 책으로 꽃 피워볼까요?

4권 메타버스, 플랫폼과 만나다

- 제페토, 이프랜드, 게더타운 등 메타버스 플랫폼 전성시대!
- 비대면 교육의 갈피를 살피다. 메타버스 플랫폼을 만나다!

메타버스 교육백서 도서구입 후 혜택

공부하자.com 카페의 출판 시리즈 메타버스 교육백서 게시판에 구글 슬라이드와 유튜브 영상들이 있고, 권별로, 또는 단원별로 볼 수 있다. 책을 구입한 것을 가지고 사진과 함께 **등업요청 게시판**에 올리시면 인증을 해줍니다.

현실위에 가상이 펼쳐진다,
증강현실 AR!

CHAPTER 01

증강현실(AR) 활용
교육 준비하기

01. 증강현실(AR)을 알아보자!
02. 증강현실(AR) 원리를 알아보자!
03. 증강현실(AR) 활용 사례를 알아보자!

01 증강현실(AR)을 알아보자!

증강현실(AR ; Augumented Reality)은 현실 세계에 가상 이미지를 겹쳐서 보여주는 기술을 말합니다.

 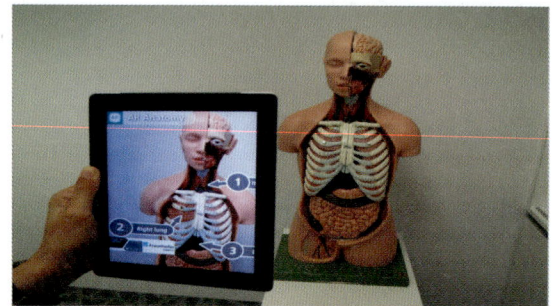

눈앞에 보이는 현실 이미지에 컴퓨터가 만들어낸 가상 그래픽이나 소리 및 기타 정보가 함께 제공되어 보다 생생한 경험을 선사하는 것이지요. 이 용어는 1990년 비행기 제조사 '보잉'이 회사 자체적으로 비행기 조립 순서를 쉽게 가르치기 위한 시스템을 만드는 과정에서 처음 사용되었다고 전해지고 있습니다.

02 증강현실(AR) 원리를 알아보자!

증강현실의 구현 원리는 크게 두 가지로 설명될 수 있습니다. 첫 번째는 '마커 인식 방식'입니다. 여기서 '마커'는 컴퓨터가 인식할 수 있도록 규칙성을 가진 디지털 표식을 말하는데요. 이 마커 위에 디지털 기기의 카메라를 가져가면 디지털 표식을 인식하여 화면 속에 입체 영상이 구현됩니다. 두 번째는 '마커 리스 방식'입니다. 마커 없이 핸드폰이나 태블릿 PC에 장착된 카메라와 센서만을 이용해 증강현실을 만드는 방식입니다. 우리 생활 속에서 흔히 경험할 수 있는 증강현실은 바로 이 두 번째 방식인 경우가 많습니다.

METAVERSE

*출처: 직접 촬영 (사이언스레벨업 AR 동물관찰)
*출처: 삼성 뉴스룸

https://news.samsung.com/kr/%ed%81%ac%ea%b8%b0%c2%b7%ec%83%89%ec%83%81-%ea%b4%9c%ec%b0%ae%ec%9d%84%ea%b9%8c-%ec%a7%91%ec%95%88-%ea%b0%80%ec%a0%84%c2%b7%ea%b0%80%ea%b5%ac-ar%eb%a1%9c-%ea%b3%a8

03 증강현실(AR) 활용 사례를 알아보자!

최근 많은 기업들이 이 증강현실 기술을 실생활에 보다 밀접하게 접목하기 위해 앞다투어 관련 산업에 뛰어들고 있습니다. 지금부터 증강현실(AR)의 구체적인 활용 사례를 알아보겠습니다.

03.01. 아마존 미용실

*출처: 아마존 블로그 공식 홈페이지
https://blog.aboutamazon.co.uk/shopping-and-entertainment/introducing-amazon-salon

아마존이 올해(2021) 영국 런던에 대형 오프라인 헤어숍을 론칭했습니다. '아마존이 미용실을 왜?'라는 생각이 드셨나요? 이 미용실은 기존의 다른 미용실과 차별되는 최첨단 기술이 도입되어 있다고 하는데요. 바로 증강현실(AR) 시스템이 도입된 거울입니다. 고객들은 이 거울을 통해 헤어 시술을 받기 전 다양한 색상과 스타일을 시뮬레이션해 볼 수 있고, 정교한 그래픽 기술로 알맞은 스타일까지 추천받을 수 있다고 합니다.

03.02. 포켓몬GO 게임

증강현실(AR)의 대표적인 사례로 '포켓몬GO'를 빼놓을 수 없지요. 포켓몬GO는 스마트폰에 탑재된 GPS 정보를 활용하여 스마트폰 화면에 가상 그래픽인 포켓몬 캐릭터를 보여주는 증강현실 게임입니다. 플레이어가 직접 스마트폰 액정을 조작하여 캐릭터를 잡을 수 있기 때문에 남녀노소 불문하고 인기가 대단합니다. 얼마 전에는 포켓몬의 오랜 팬으로 알려진 싱어송라이터 에드 시런이 포켓몬GO에서 콘서트를 열고, 이 공연 중에 착용한 의상을 그대로 본떠 아바타 의상 아이템까지 만들기도 했습니다.

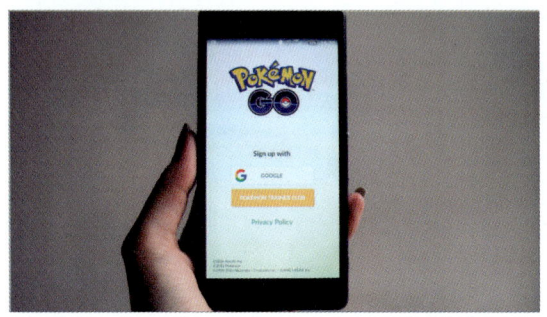 

03.03. 전시·체험 프로그램

증강현실을 이용한 다양한 전시·체험 프로그램도 생겨나고 있습니다. 대표적인 사례로, 경기문화재단 백남준아트센터에서는 소장품에 대한 증강현실(AR) 전시 가이드 서비스를 제공하고 있습니다. 증강현실 기술을 이용해 작품에 대한 관심과 이해를 높이고, 코로나 시대에 관람객에게 안전한 비대면 작품 해설을 제공하겠다는 방침인데요. 안내된 앱을 다운로드만 하면 언제 어디서든 백남준 작가의 작품을 증강현실로 감상할 수 있습니다.

METAVERSE

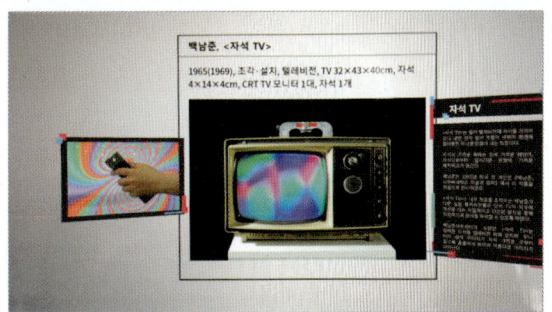
백남준아트센터 AR 앱 'Artivive'

옥정 중앙공원 증강현실 동물원

*출처: 직접 촬영, 국민일보
http://news.kmib.co.kr/article/view.asp?arcid=0016513698&code=61121111&cp=nv

경기 양주시 옥정 중앙공원에는 동물 없는 동물원이 만들어져 화제입니다. 바로 '증강현실(AR) 동물원'인데요. 옥정 중앙공원을 찾는 방문객 누구나 스마트폰으로 앱을 설치해 실행하면 실제 크기의 가상 동물을 생생하게 경험할 수 있도록 하고 있습니다. 고래, 호랑이, 독수리, 얼룩말, 하마, 악어, 코끼리, 기린 등 동물 8종을 구현했고 디지털로 구현되는 가상의 동물들은 최대한 실제 동물과 유사하게 움직이도록 했다고 합니다.

방탄소년단 온라인 콘서트 BTS MAP OF THE SOUL ON:E

*출처: https://www.joongang.co.kr/article/23891045#home
*출처: https://m.news.zum.com/articles/63475035

뿐만 아니라, 유명 아티스트의 공연도 증강현실(AR) 기술을 통해 비대면으로 실감 나게 체험할 수 있습니다. 얼마 전 방탄소년단이 라이브 스트리밍으로 온라인 콘서트(BTS MAP OF THE SOUL ON:E)를 열었는데 여기에 증강현실(AR), 확장현실(XR) 기술을 적용하여 마치 콘서트 현장에 있는 듯한 생동감을 선사했다고 합니다. LG유플러스와 국내 힙합 레이블 에이오엠지

(AOMG)가 손잡고 연 콘서트 무대에도 증강현실(AR) 기술을 적용해 힙합 가수 사이먼 도미닉 등 유명 아티스트가 마치 내 눈앞에 있는 듯한 초실감형 공연을 구현했다고 하지요.

03.04. 인테리어

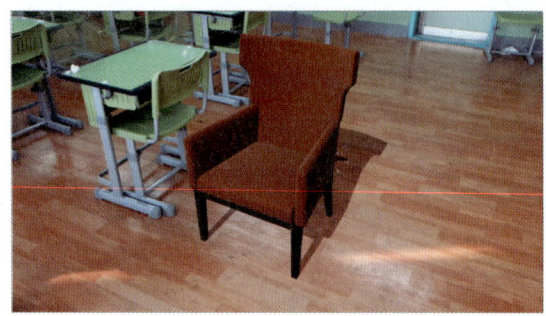
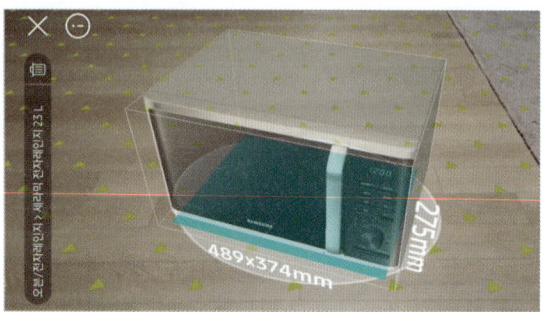

CASAMIA 가구 배치 AR 앱 '굳닷컴'   **삼성전자 가전제품 AR 체험 앱 '삼성닷컴'**

*출처: 직접 촬영

요즘은 가구·가전을 구입하기 전에 내 집에 미리 배치해 볼 수 있다는 사실을 아시나요? 코로나 감염 우려로 매장에 가기가 꺼려진 많은 소비자들이 매장에서 실물을 보지 않고 온라인으로 바로 구매할 수 있는 증강현실(AR) 서비스를 적극 활용하고 있는데요. 업체에서 제공하는 앱에서 원하는 제품을 선택한 뒤 배치하고자 하는 공간에 카메라를 비추면 해당 제품이 실제 비율에 맞게 연출이 됩니다.

03.05. HUD(헤드업디스플레이)

자동차 업계에도 증강현실 바람이 불어오고 있습니다. 승용차의 앞 유리에 투사되어 다양한 정보를 보여주는 헤드업 디스플레이(Head-up display)가 대표적인 예입니다. 차량 내 전방 유리창 자체가 넓은 디스플레이로 활용되어 차량의 진행 방향 및 운전 정보 등을 편리하게 제공받을 수 있어 안전성과 편의성이 모두 확보될 수 있습니다. 자율주행차 시대와 맞물려 글로벌 HUD 시장은 앞으로 급성장할 것으로 예상되고 있으며 이로 인해 AR HUD 시장을 선점하기 위한 업체 간의 경쟁도 치열해지고 있습니다.

METAVERSE

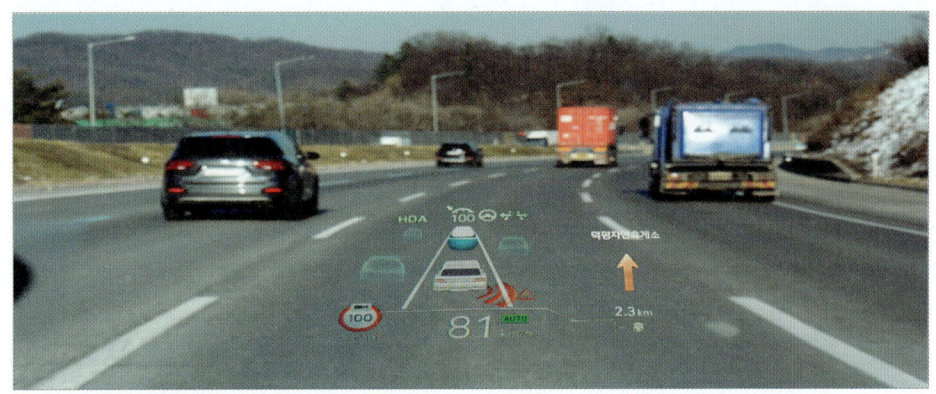

*출처: 현대 모비스 보도자료
https://www.mobis.co.kr/communityid/7/view.do?pageIndex=1&idx=4781

03.06. 교육

사이언스레벨업 AR 과학문화유산

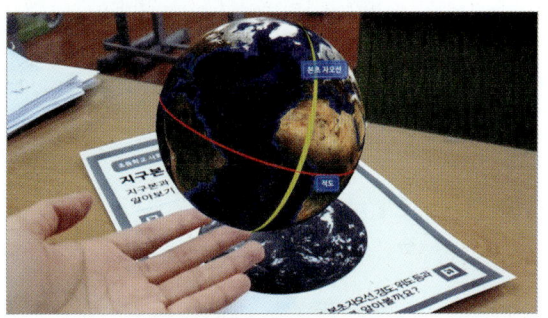

디지털교과서 실감형 콘텐츠

*출처: 직접 촬영

코로나19로 인해 비대면 교육이 확산하면서 교육 분야에도 이 첨단 기술이 적극 도입되고 있습니다. 실험, 실습 등 대면 교육이 제한되면서 생생한 체험을 할 수 있는 증강현실(AR) 콘텐츠에 대한 수요가 늘었기 때문인데요. 태블릿 PC나 스마트 기기만 있으면 수업 현장에서 편리하게 이용할 수 있고, 교과 학습은 물론 4차 산업혁명의 핵심 기술에 대한 이해도 자연스럽게 높일 수 있어 교육 업계에서는 증강현실(AR) 기술을 도입한 실감형 콘텐츠 제작에 박차를 가하고 있습니다.

03.07. 고스트 페이서 (AR 글래스)

코로나19로 인해 홈트레이닝을 하는 사람들이 많이 늘어났지요? 혼자 운동하는 것에 지치셨다면 증강현실(AR) 기술을 적용한 AR 글래스 '고스트 페이서(GHOST PACER)'를 사용해 보시는 건 어떠신가요? 고글같이 생긴 안경을 쓰는 순간 나의 눈앞에 가상의 운동 파트너가 생겨나 나의 속도에 맞춰 함께 달려주기 때문에 운동 효과를 높일 수 있습니다.

*출처: GHOST PACER 공식 홈페이지 캡쳐 (https://ghostpacer.com/)

03.08. 의료

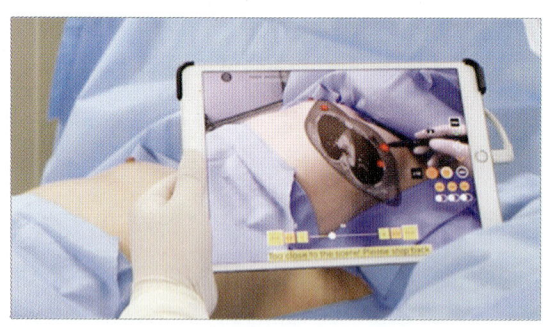

AR 기반 의료 플랫폼 사용 모습   **안경 방식의 암수술 전용 AR 영상구현 기기**

*출처: https://www.skia.kr/
*출처: https://www.etnews.com/20200407000260

METAVERSE

의료 분야에 증강현실을 도입하면 어려운 수술이나 해부 실습을 안전하게 해볼 수 있습니다. 현재 증강현실 기술은 다양한 수술 교육 프로그램에 도입되어 의료 교육의 질을 높이는 데 큰 도움을 주고 있는데요. 최근에는 국내 연구진이 세계 최고 수준의 넓은 시야각과 높은 해상도를 지닌 암 수술용 증강현실(AR) 영상 구현 기기를 개발하였습니다. 이 증강현실(AR) 안경을 착용하면 음성 인식과 손동작 인식 기능을 바탕으로 의사가 암의 형태나 위치를 정교하게 확인하며 수술할 수 있다고 합니다.

지금까지 증강현실의 개념, 원리 그리고 여러 분야에 활용되고 있는 사례들을 살펴보았습니다. 이제 교실 수업에서 학생들과 손쉽게 체험해 볼 수 있는 교육용 증강현실(AR) 콘텐츠들을 알아보겠습니다.

CHAPTER 02

교실 수업에 증강현실(AR) 활용하기

04. 교육용 AR 콘텐츠의 종류를 알아보자!
05. 이것만은 알고 증강현실(AR)을 활용하자!
06. 증강현실(AR) 활용 교육! 초·중등 수업, 이렇게 해보세요!

METAVERSE

04 교육용 AR 콘텐츠의 종류를 알아보자!

교실에서 손쉽고 재미있게 체험해 보실 수 있는 증강현실(AR) 콘텐츠 몇 가지를 여러분께 소개해 드리겠습니다.

04.01. 증강현실 컬러링 '앱 퀴버(Quiver)'

퀴버 (Quiver) 사이트

AR 구현 모습

퀴버(Quiver)는 원하는 색깔을 입힌 캐릭터가 생동감 있게 움직이고, 다양한 애니메이션 효과가 적용되는 증강현실(AR) 컬러링 앱입니다.

퀴버 (Quiver)

해당 앱만 다운로드하면 조작이 쉬워 초등학교 저학년부터 고학년까지 모두 즐겁게 참여합니다.

A퀴버 사이트 도안 다운로드 화면   **도안 및 색칠 도구**

*출처(좌): https://quivervision.com/   *출처(우): 직접 촬영

사이트(https://quivervision.com/) 내 'Service(서비스)-AR Coloring(AR 색칠)-무료/유료/구독자 전용 버전' 탭에서 원하는 도안을 다운로드해 인쇄하시면 됩니다. 무료 버전만으로도 충분히 양질의 콘텐츠를 경험하실 수 있으니 자유롭게 활용해 보시기 바랍니다.

04.02. 구글 아트 앤 컬쳐(Google Art&Culture)

 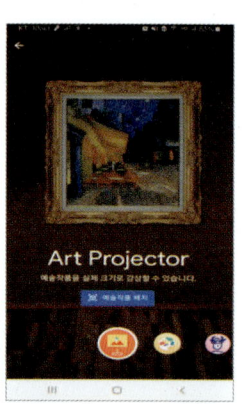  

구글 아트 앤 컬쳐   **'아트 프로젝터' 기능**   **'아트 프로젝터' AR 구현 모습**

*출처: '구글 아트 앤 컬쳐' 앱 화면 캡쳐

구글 아트 앤 컬쳐(Google Art&Culture)는 랜선으로 전 세계의 다양한 유적지와 미술관, 박물관을 자유롭게 구경할 수 있어 학교 현장에서 활용도가 참 높은 사이트인데요. 특히, 해당 앱에서 '아트 프로젝터(Art Projector)' 기능을 활용하면 전 세계의 예술 작품을 교실에 직접 걸어두고 관람할 수 있기 때문에 보다 더 실감나는 증강현실(AR) 체험을 할 수 있습니다.

METAVERSE

04.03. 국립어린이청소년도서관 AR 독서 활동

국립어린이청소년도서관에서는 AR(증강현실) 독서 활동으로 'XR책놀이'와 'AR책카드'를 제공하고 있습니다.

XR책놀이

*출처: 'XR책놀이' 앱 화면 캡쳐

'XR책놀이'는 증강현실, 가상현실 등 실감형 기술을 기반으로 우수 그림책을 6개 국어로 즐길 수 있도록 제작된 독서 콘텐츠입니다. 다국어동화구연 대상 콘텐츠로 선정된 도서 '어느 여름날'과 '기울어' 내용을 바탕으로 한 XR(확장현실) 놀이 활동을 제공합니다.

AR책카드

*출처: 유튜브 캡쳐 https://www.youtube.com/watch?v=E3HZ4LGNG9s

현실위에 가상이 펼쳐진다, 증강현실 AR!

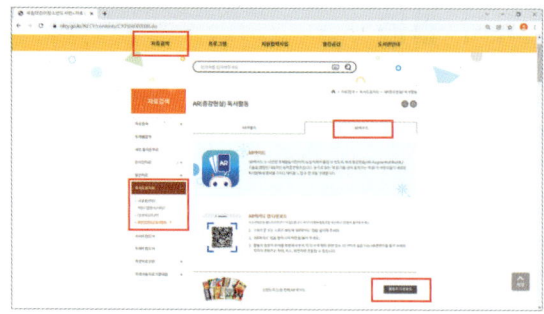 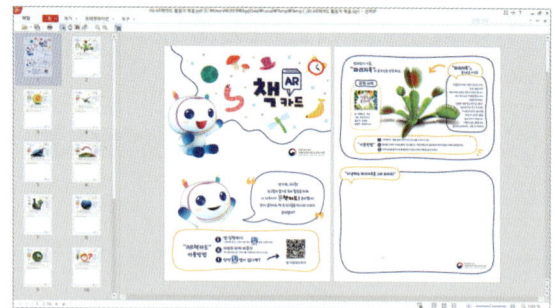

사이트 내 AR책카드 활동지 다운로드 탭　　**AR책카드 활동지**

*출처: 국립어린이청소년도서관 사이트(https://www.nlcy.go.kr/)

'AR책카드'는 다양한 주제들을 어린이의 눈높이에서 즐길 수 있도록 책과 증강현실 기술을 결합한 대표적인 융복합콘텐츠입니다. 국립어린이청소년도서관 사이트(https://www.nlcy.go.kr/)에 가면 상단의 '자료검색 - 독서도움자료 - AR(증강현실)독서활동 - AR책카드' 탭에서 활동지를 다운 받을 수 있으며, 각 도서 주제와 관련 있는 15가지의 실감 나는 AR 콘텐츠를 체험해 볼 수 있습니다.

04.04 국립민속박물관 '민속놀이 AR'

민속놀이 AR

*출처: https://play.google.com/store/apps/details?id=com.armedia.PJ_folkVillage

국립민속박물관 어린이박물관 사이트(https://nfm.go.kr/kids)에서는 '민속놀이 AR'을 제공하고 있습니다. 민속놀이 그림을 직접 색칠하고 움직여보는 증강현실(AR) 콘텐츠입니다.

METAVERSE

국립민속박물관 어린이박물관 사이트

AR 도안 다운로드

*출처: https://nfm.go.kr/kids

사이트에서 상단의 '놀이마당' – '사이버놀이터' 탭을 클릭하면 무료로 제공하는 컬러링 북을 다운로드하실 수 있습니다. 인쇄된 도안에 색을 입히고 실감나게 움직이는 민속놀이 입체 영상을 확인해 보세요.

04.05. EBS 실감형 초등 환경

EBS 실감형 초등 환경

*출처: 'EBS 실감형 초등 환경' 앱 화면 캡쳐

'EBS 실감형 초등 환경'은 EBS에서 초등학교 환경 교육을 위해 제작된 실감형 AR(증강현실) 콘텐츠입니다. 범교과 주제 학습 중 '환경, 지속가능한 발전 교육'과 초등 교과 과정 연계 활용이 가능한 콘텐츠인데요. 학생들이 직접 체험하며 흥미를 느끼고 환경에 관심을 가질 수 있도록 스토리텔링형, 시뮬레이션형, 1인칭 관찰형 등의 다양한 AR 콘텐츠를 담고 있습니다.

AR 구현 화면

*출처: 'EBS 실감형 초등 환경' 앱 화면 캡쳐

나의 하루 생활을 되돌아보며 탄소발자국을 생각해 보도록 하거나, 여러 미션을 해결하며 생태환경에 관심을 가지도록 합니다. 천연기념물 저어새의 삶을 살펴보거나 수달의 한강 정착기를 관찰해 볼 수도 있습니다. 교수 학습 지도안과 활용 안내서도 EBS 홈페이지에서 곧 배포 예정이라고 하니 환경 교육에 도움을 받아보시기 바랍니다.

04.06. 등고선 교육 'LANDSCAP AR'

등고선 교육 시 활용할 수 있는 콘텐츠로 'LANDSCAP AR'이 있습니다. 흰 바탕의 종이 위에 학생이 직접 등고선을 그리고, 앱을 설치하여 카메라 뷰에 가져다 대면 실제 지형 모습을 증강현실로 구현해 줍니다.

LANDSCAP AR

*출처: https://play.google.com/store/apps/details?id=de.berlin.reality.augmented.landscapar&hl=ko&gl=US

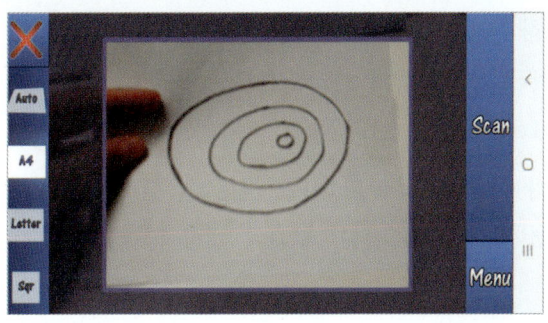 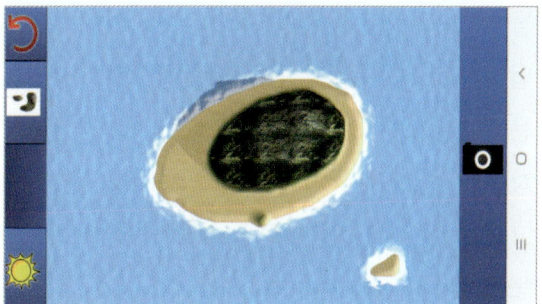

LANDSCAP AR 구현 모습

*출처: 'LANDSCPA AR' 앱 화면 캡쳐

05 이것만은 알고 증강현실(AR)을 활용하자!

증강현실(AR)을 교육에 활용했을 때의 효과와 수업 활용 시 주의사항을 살펴보겠습니다.

05.01 교육적 효과

증강현실을 활용하였을 때의 교육적 효과는 다음과 같습니다. 첫째, 증강현실이 구현하는 입체적인 디지털 시각 효과 그 자체만으로도 학생들의 호기심과 학습 동기를 자극합니다. 실제 교실에서 증강현실을 활용한 수업을 할 때, 교실은 아이들의 탄성과 놀라는 소리로 가득합니다. 분명 아무것도 없었던 빈 책상 위에, 스마트 기기를 켜고 앱을 실행시키자마자 등장하는 생생한 3D 화면은 우리 아이들로 하여금 학습에 더욱 몰입할 수 있도록 유도합니다.

둘째, 조작 활동을 통해 학생 스스로 지식을 구성해 나갈 수 있습니다. 학생들이 디지털 기기에 입체적으로 구현된 사물에 대해 직접 그 크기나 방향을 바꿔가며 다각적으로 탐색할 수 있기 때문입니다. 또한 지도, 그래프, 동영상 등 풍성한 자료를 내 눈 앞에 놓고 조작할 수 있어 창의력과 상상력을 더욱 자극할 수 있습니다. 뿐만 아니라 나의 조작에 따라 실시간으로 결과를 확인하고 수정할 수 있기 때문에 학습 내용을 직관적으로 확인할 수 있고, 실패에 대한 두려움을 없애 능동적인 학습을 가능하게 합니다.

셋째, 시간이나 공간의 제약이 사라집니다. 특히 위험한 실험이나 학교에서 실습해보기 어려운 탐구활동의 경우 증강현실로 구현된 콘텐츠를 활용하면 보다 안전하고 경제적으로 체험해 볼 수 있습니다. 무엇보다 태블릿 PC나 스마트 기기만 있으면 언제 어디서든 학생들이 있는 바로 그곳이 학습의 장이 될 수 있다는 점이 큰 장점입니다.

넷째, 4차 산업혁명의 핵심 기술을 익힐 수 있습니다. 현재 증강현실 기술은 우리 생활 속에 급속도로 스며들며 빠른 속도로 다양한 분야에 적용되고 있습니다. '교실이 없는 시대가 온다'의 저자 존 카우치(John Couch)는 더욱 정밀하고 고도화된 증강현실 기술 덕분에 이제 포켓몬만이 아니라 무엇이든 우리의 집이나 교실에 실제처럼 나타나게 할 수 있게 될 거라고 언급했습니다. 우리 아이들이 이 기술을 교실 속에서 미리 체험하고 올바르게 익히면 미래 사회를 대비할 수 있습니다.

05.02 수업 활용 시 주의사항

증강현실(AR) 콘텐츠를 수업에 활용할 때 주의해야 할 사항이 있습니다. 첫째, 체험 전에 자리 주변을 정돈하고 되도록 고정된 자리에 앉아서 체험하도록 합니다. 학생들이 스마트 기기 화면에 집중하다 보면 주변을 의식하지 못할 때가 많은데, 이 과정에서 학생들끼리 부딪치거나 장애물에 걸려 넘어지는 등의 안전사고가 발생할 수 있기 때문입니다.

둘째, 10분 내외로 이용하고 연속해서 이용하지 않도록 지도합니다. 학생들이 고도의 집중력으로 몰입을 하게 되기 때문에 오랜 시간 하다 보면 눈의 피로를 호소하거나 어지럼증, 멀미, 두통, 무기력감을 느끼는 학생들이 있을 수도 있습니다. 그래서 꼭 활동 중간에 쉬는 시간을 주거나 오랜 시간 연속으로 이용하지 않도록 주의를 주도록 합니다.

METAVERSE

06 증강현실(AR) 활용 교육! 초·중등 수업, 이렇게 해보세요!

학교군 상관없이 교육과정과 연계해서 수업할 수 있는 증강현실(AR) 콘텐츠로 '디지털교과서 실감형 콘텐츠'와 '사이언스레벨업'을 소개해 드리고 싶습니다.

06.01 디지털교과서 실감형 콘텐츠

디지털교과서 속 실감형 콘텐츠 아이콘

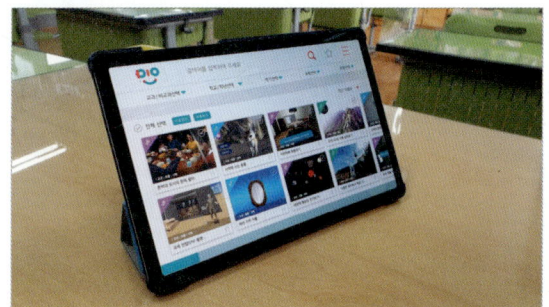

실감형 콘텐츠 앱 화면

*출처: 디지털교과서 사이트(dtbook.edunet.net)
*출처: 직접 촬영함

교육부에서 제공하는 '디지털교과서 실감형 콘텐츠'를 수업에 활용해 보시기 바랍니다. 디지털교과서에 대해서는 많이 들어보셨겠지만, 그 안에 학습의 실재성을 높일 수 있는 증강현실(AR) 콘텐츠가 있다는 것은 잘 모르고 계시는 선생님이 많으신데요.

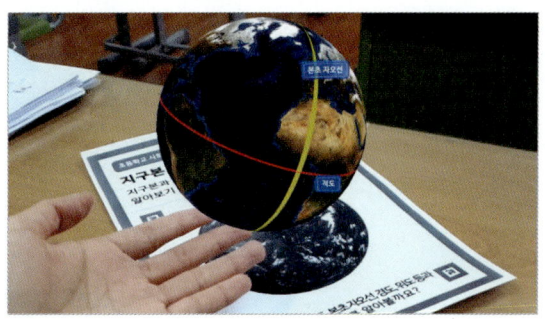

*출처: 디지털교과서 실감형 콘텐츠 직접 촬영

현실위에 가상이 펼쳐진다, 증강현실 AR!   21

디지털교과서 실감형 콘텐츠는 초등학교 3~6학년, 중학교 1~3학년을 대상으로 사회, 과학 교과의 내용을 다루고 있는 증강현실(AR), 가상현실(VR), 360° 사진 및 영상 콘텐츠를 말합니다. 스마트기기(태블릿PC 또는 스마트폰)만 있으면 수업 시간에 손쉽게 활용할 수 있으며, 학생이 개별 속도 및 수준에 따라 자기주도적으로 학습할 수 있어 매우 유용합니다.

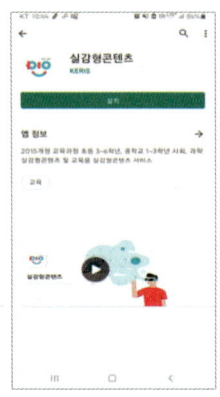
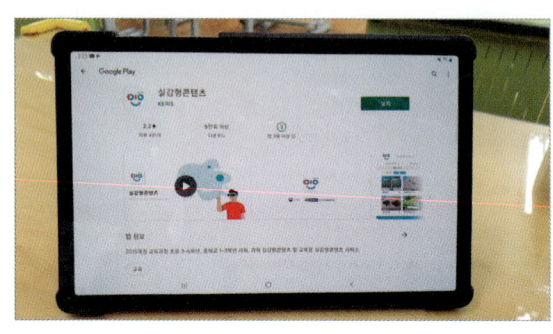

*출처: 디지털교과서 실감형 콘텐츠 직접 촬영

실감형 콘텐츠 앱은 구글 플레이스토어(안드로이드)·앱스토어(iOS)에서 실감형 콘텐츠 앱을 검색하여 다운로드합니다. 최초 1회 설치 후 지속적으로 활용할 수 있어서 학기 초에 미리 스마트기기에 다운로드 해두고 별도의 회원가입 없이 활용할 수 있습니다.

각종 검정교과서도 출판사 별로 실감형 콘텐츠 서비스를 개발해 제공하고 있으니, 각 학교에서 사용하는 출판사 홈페이지를 찾아보시고 적극 활용해 보시면 도움이 되실 듯 합니다.

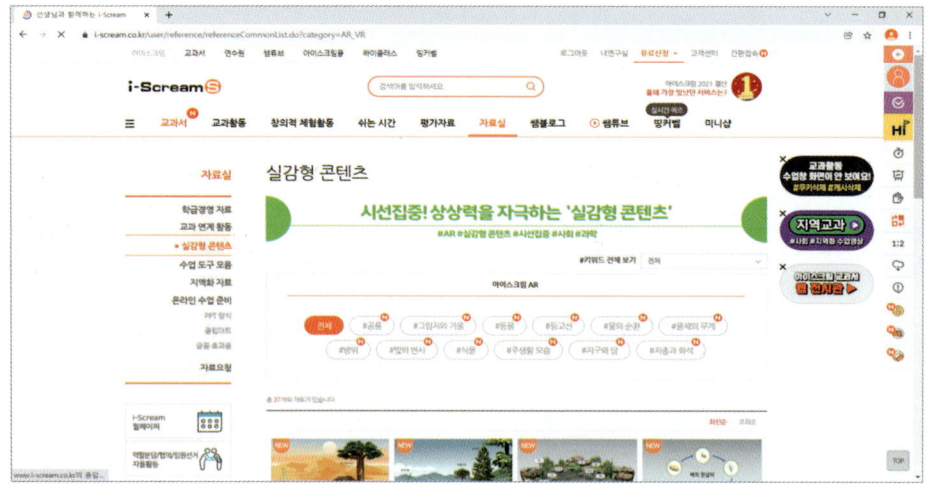

*출처: 아이스크림교육 화면 캡처 (https://www.i-scream.co.kr/user/main/MainPage.do)

06.02 사이언스레벨업

*출처: https://sciencelevelup.kofac.re.kr/

사이언스레벨업은 한국과학창의재단이 과학 원리를 쉽게 이해하고, 재미있게 익힐 수 있도록 만든 과학 콘텐츠 온라인 플랫폼입니다. 사이언스 레벨업 사이트(https://sciencelevelup.kofac.re.kr/)를 통해 접속하거나, 핸드폰에서 해당 앱을 직접 다운로드하면 손쉽게 AR 콘텐츠를 체험해 볼 수 있는데요. 초등학교부터 중고등학교까지의 교육과정 내용을 담은 증강현실 앱이 제작되어 있으며, 해당 사이트에 가시면 교수학습지도안과 교육용 영상, 과학 클립형 자료 등도 탑재되어 있어 수업에 편리하게 활용해 보실 수 있습니다.

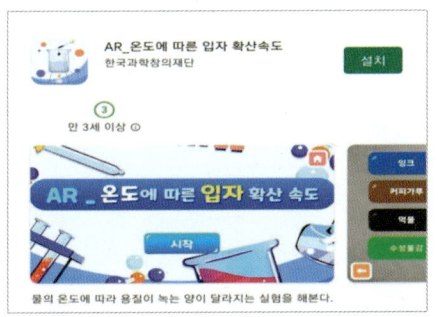 

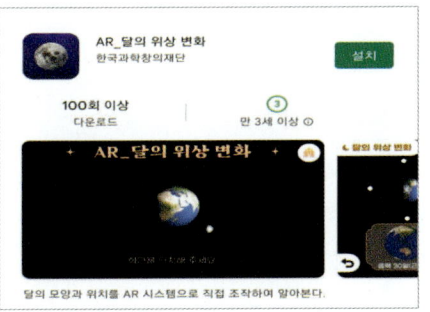 

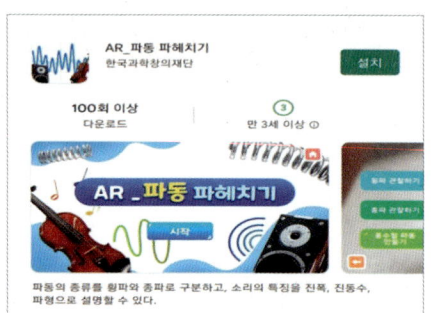 

코로나19로 인해 비대면 교육이 확산 되면서 증강현실(AR)을 활용한 양질의 교육 콘텐츠들이 더욱 많이 늘어나고 있습니다. 소개해 드린 콘텐츠 외에도 다양한 증강현실(AR) 콘텐츠를 수업에 적극 활용하시어 재미와 학습 두 마리 토끼를 모두 잡으시기 바랍니다.

진짜같은 가상공간,
가상현실 VR!

METAVERSE

CHAPTER 03

가상현실(VR) 활용 교육 준비하기

01. 가상현실(VR)을 알아보자!
02. HMD를 알아보자!
03. 가상현실(VR) 활용 사례를 알아보자!

01 가상현실(VR)을 알아보자!

가상현실(VR ; Virtual Reality)은 현실이 아닌 100% 가상의 세계를 오감으로 느끼게 하는 기술입니다.

*출처 : pixabay.com

컴퓨터 소프트웨어로 만든 가상의 환경에 다양한 감각 정보를 제공해서 사용자가 마치 그 안에 실제로 존재하는 것처럼 느끼게 해주는 기술을 말하지요. 가상현실을 체험하기 위해서는 보통 시야를 가려 몰입감을 높여주는 HMD(헤드 마운트 디스플레이)가 필요합니다.

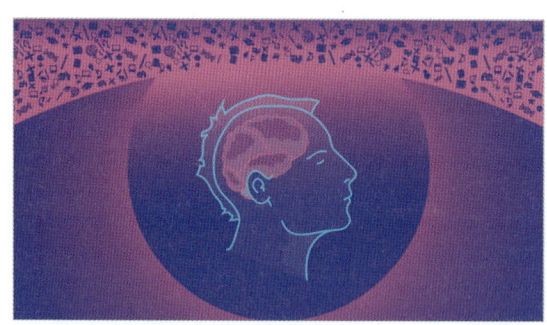

*출처 : pixabay.com

가상현실의 기본 원리는 '뇌를 속이는 것'입니다. 사람의 두 눈은 가로로 평균 6.5cm 떨어져 있어 '양안시차(두 눈에 보이는 물체의 위치가 서로 다르게 입력되는 현상)'가 발생하게 됩니다. 뇌는 이렇게 양쪽 눈에서 다르게 입력된 시각 정보를 모아서 하나의 3차원 입체 이미지를 만들어 내는데요. 이와 같이 눈에 보이는 것을 바탕으로 컴퓨터로 만든 생생하고도 실감 나는 그래픽 영상을 보여주면 뇌는 그것이 곧 현실이고 우리가 그 속(가상현실)에 있다고 느끼게 되는 것입니다.

METAVERSE

02 HMD를 알아보자!

이러한 눈과 뇌의 특징을 이용해 설계된 VR 헤드셋을 한번 살펴볼까요? 머리에 착용하는 VR 헤드셋을 보통 HMD(Head Mounted Display ; 헤드 마운트 디스플레이)라고 부릅니다.

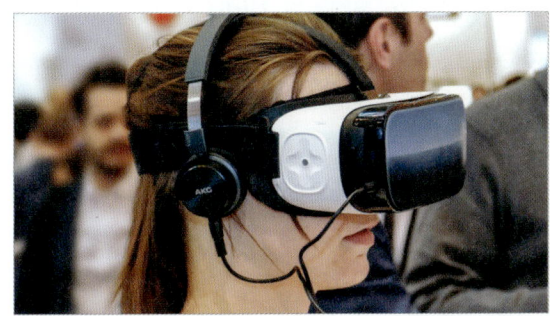

*출처: pixabay.com

안경처럼 머리에 쓰면 시야가 외부와 차단되고 거대한 화면을 보는 듯한 효과를 내며 우리를 가상의 세계에 더욱 몰입할 수 있도록 돕습니다.

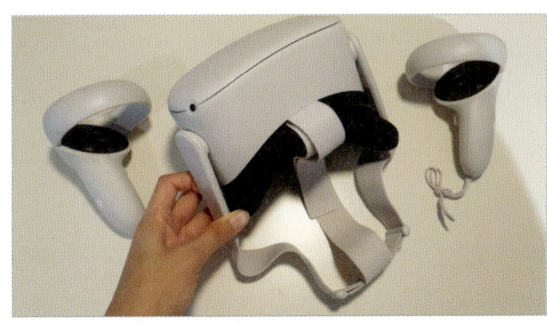

오큘러스 퀘스트2

*출처: 직접 촬영

대표적인 HMD인 오큘러스 퀘스트2를 보면 사람의 두 눈처럼 기기 안쪽에 두 개의 렌즈가 들어가 있는 것을 확인하실 수 있는데요. 두 개의 렌즈를 통해서 시야의 각도를 조절해 입체 이미지를 만들어 낸답니다. 또한 HMD 안에 적용된 '헤드 트레킹(Head Tracking)' 기술이 머리의 움직임을 감지해 우리가 자유롭게 움직여도 영상을 바로 볼 수 있도록 도와주지요.

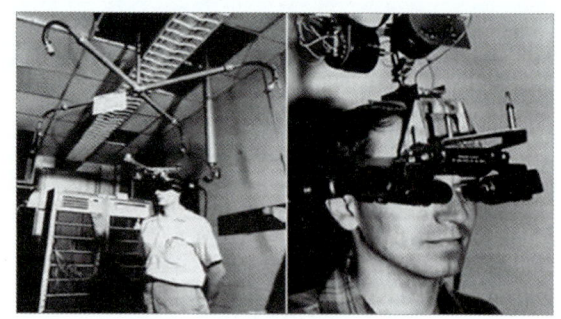

센소라마 시뮬레이터 **이반서덜랜드의 HMD**

*출처: http://it.chosun.com/site/data/html_dir/2016/05/10/2016051085019.html
*출처: https://terms.naver.com/entry.naver?docId=3579549&cid=59086&categoryId=59090

HMD의 기원은 자그마치 1950년대로 거슬러 올라갑니다. 1956년에 모턴 하일리그(Morton Heilig)가 가상현실 디바이스의 원조격인 센소라마 시뮬레이터(Sensorama Stimulator)를 개발하면서부터인데요. 위의 사진을 보시면 마치 1인용 4D 영화관같이 생기지 않았나요? 이 센소라마 시뮬레이터는 3차원 입체 영상에 음향과 바람, 진동까지 생생하게 제공해 당시 사람들에게는 큰 충격으로 다가왔다고 전해지고 있습니다. 하지만 사진에서 확인하실 수 있듯이 그 크기가 너무 크고, 영상 제작 비용이 막대해서 결국 대중화되지 못했다고 합니다.

이러한 문제점을 해결하고 현재와 같은 VR 기기의 소형화를 이뤄낸 사람은 이반 서덜랜드(Ivan Edward Sutherland)입니다. 이반 서덜랜드는 1968년 당시 미국 유타 대학에서 컴퓨터 공학을 전공하고 있었는데요. 그가 개발한 투구 모양의 VR 헤드셋은 크기를 줄이는데는 성공했으나 그 무게가 너무 무거워 천장에 연결된 상태로 사용해야 했고, 그 기능이나 구조도 오늘날 HMD에 비해 아주 단순했다고 하죠. 하지만 모니터에 제한받지 않고 사용자의 두 눈 바로 앞에 신세계를 구현했다는 점을 인정받아 이반 서덜랜드는 오늘날 '가상현실의 아버지'로 불리고 있습니다.

이후 미국항공우주국(NASA)에서 우주인 훈련용으로 마이크와 장갑까지 연결한 완전 몰입형 HMD를 제작하면서 오늘날의 HMD의 모습으로 빠르게 발전되기 시작했습니다. 2000년대 이후부터는 그래픽 기술과 컴퓨터 사양이 혁신적으로 발달하면서 현실적인 VR 기기들이 쏟아져 나오기 시작했습니다. 2015년에 기어 VR, 2016년에 오큘러스 리프트 등 사이즈가 작고 가격도 적당한 기기들이 개발되면서 가상현실은 대중의 관심을 더욱 끌게 되었답니다.

METAVERSE

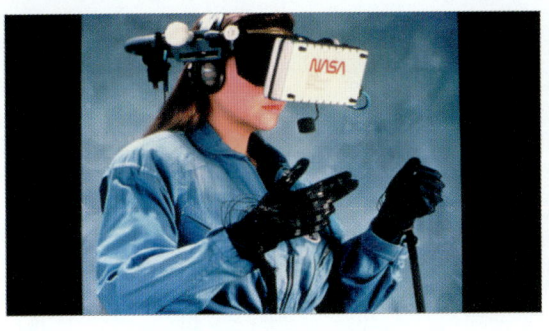
NASA 훈련용 HMD

삼성전자 기어 VR

*출처: NASA.GOV (https://www.nasa.gov/ames/spinoff/new_continent_of_ideas/)
*출처: https://terms.naver.com/entry.naver?docId=3586641&cid=59277&categoryId=59278

학교 현장에서 비교적 저렴하고 쉽게 체험할 수 있는 HMD로는 '구글 카드보드(Google Cardboard)'가 있습니다. 구글 카드보드는 골판지로 만든 가상현실 헤드셋인데요. 구글이 2014년 골판지로 HMD를 만들 수 있는 안내서를 무료로 공개하면서 대중화되었습니다. 이 구글 카드보드 안에 스마트폰을 끼워 넣어 렌즈로 보면 VR 영상을 간편하게 즐길 수 있습니다.

*출처: pixabay.com
*출처: 직접 촬영

진짜같은 가상공간, 가상현실 VR!

03 가상현실(VR) 활용 사례를 알아보자!

가상현실(VR)이 적용되는 범위는 게임, 영화 등을 넘어 의료, 교육, 여행, 스포츠 등 다양한 분야로 확대되어가고 있는데요. 이 기술이 활용되는 분야에 대해 구체적인 사례를 곁들여 소개해 드리겠습니다.

*출처: pixabay.com

03.01. 엔터테인먼트 분야

가상현실이 가장 활발하게 적용되는 분야는 게임과 미디어 콘텐츠 등의 엔터테인먼트 분야입니다. 우선, 가상현실을 다룬 대표적인 영화로는 '레디 플레이어 원(Ready Player One)'이 있습니다. 이 영화는 2018년에 개봉된 SF영화로, 오아시스(OASIS)라는 가상현실 게임이 현실을 지배하는 2045년의 미래 시대를 배경으로 하고 있습니다. 아바타로 살아가는 주인공이 영화 속에서 수행하는 여러 미션을 통해 메타버스 산업의 미래를 구체적으로 보여주는 영화라고 평가받고 있지요.

최근에는 온라인 게임 속 가상현실을 이용해 다양한 이벤트도 진행되고 있습니다. 대표적인 사례로 미국 대통령 선거 때 조 바이든이 세계적인 인기를 누리고 있는 닌텐도(Nintendo) 게임 '동물의 숲'이라는 가상현실 안에 자신의 섬을 만들어 선거 캠페인을 했습니다. 코로나19로 인해 거리 유세가 힘들어지자 비대면 커뮤니케이션 창구로 게임을 선택해 젊은 유권자들에게 다가가고자 한 것이지요. 국내에서는 문재인 대통령이 지난해 어린이날 '마인크래프트(MINECRAFT)'라는 게임 속에서 가상의 청와대를 만들고 어린이들을 초대해 시간을 보내기도 하였습니다. 아이돌 그룹 BTS(방탄소년단)는 글로벌 온라인 게임 '포트라이트(Fortnite)' 안에서 신곡 '다이너마이트'를 실제 콘서트 현장처럼 발표하기도 했지요.

영화 레디 플레이어 원

닌텐도 '동물의 숲' 조바이든 선거 캠페인

*출처: https://www.hankyung.com/economy/article/2021012233871
*출처: https://www.hankookilbo.com/News/Read/A2020090911540002114

03.02. 의료 분야

가상현실 기술이 가장 빠르게 성장하고 있는 분야는 의료 분야라고 합니다. 최근에는 특히 가상현실을 활용한 신체검사가 각광을 받고 있다고 하는데요. 기존 신체검사는 시험지를 통해 색맹, 인지, 청각 검사 등 아날로그 방식으로 단순한 결과만 받을 수 있었고 순발력이나 두뇌 인지 검사는 제약이 많아 검사가 어려웠다고 합니다. 하지만 'VR신체검사'는 360도 가상공간에서 신체 기능을 복합적으로 체크해 점수화하고 그 결과를 종합화할 수 있어 더욱 정확성과 전문성을 갖출 수 있게 되었다고 하네요.

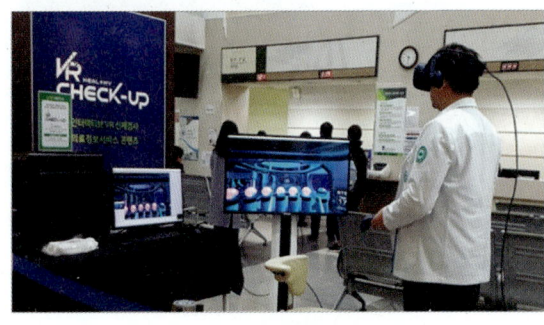
VR 신체검사

가상현실을 이용한 치료

*출처: http://www.kukinews.com/newsView/kuk202112200109
*출처: https://www.seoul.co.kr/news/newsView.php?id=20210625500052&wlog_tag3=naver

또한 전쟁이나 사고 후유증을 겪은 사람들의 트라우마를 치료하는 데도 큰 도움이 된다고 하는데요. 트라우마를 남긴 당시 상황을 가상현실에서 안전하게 마주하게 하면서 고통이나 아픔을 완화하고 적응 치료를 유도하는 것이지요. 관련 사례로 영국 알츠하이머 연구소의 '알츠하이머 환자 간병인 교육'을 들 수 있는데요. 치매 환자들에게 과거를 회상할 수 있는 가상현실을 보여주어 뇌의 자극을 활성화하거나, 간병인을 대상으로 치매 증상을 간접 체험해볼 수 있는 프로그램을 운영해 환자를 이해하는데 도움이 되도록 하고 있다고 합니다.

03.03. 교육 분야

2021년 4월. 포스텍은 국내 대학 최초로 올해 신입생 320명 전원에게 VR(오큘러스퀘스트2) 기기를 제공하고 실제 실험 수업에 활용하게 하여 주목을 받았습니다. 다른 대학에서도 VR을 수업에 활용한 적은 있었지만 신입생 전원을 대상으로 VR 교육을 도입한 건 포스텍이 처음이라고 하는데요. 코로나 시대에 학생들이 언제 어디서든 수업을 들을 수 있도록 하고, VR을 활용한 다양한 실험 수업을 자유롭게 진행할 수 있도록 하기 위한 취지라고 합니다. 이와 관련하여 포스텍의 김욱성 교수는 "위험하고 접근하기 어려운 곳을 드론·로봇으로 영상을 찍어 학생들에게 실감 나게 전달할 수 있다"고 말하기도 했습니다. 가상현실을 통해 위험하거나 복잡한 실험을 안전하고 편리하게 실습할 수 있다면 그 교육적 효과는 이루 말할 수 없겠지요?

 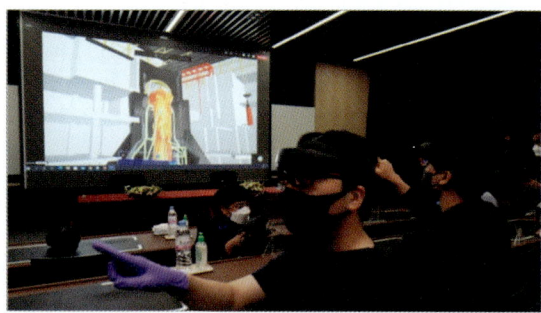

*출처: https://www.chosun.com/economy/science/2021/04/24/OR4VENHFRNGS5CFQFEHCO4D354/
*출처: http://times.postech.ac.kr/news/articleView.html?idxno=21636

03.04. 여행 분야

경기도 온라인 가상현실(VR) 콘텐츠

'헬로 제주(Hello Jeju)'

*출처: https://www.ajunews.com/view/20211212074127354
*출처: https://www.jejunews.com/news/articleView.html?idxno=2187957

VR은 여행 분야에서도 활발하게 적용됩니다. 경기도는 장애인이나 노약자가 도내 관광지나 관광숙박시설을 방문하기 전에 미리 체험해 볼 수 있도록 하는 '온라인 가상현실 콘텐츠'를 제공하고 있습니다. '무장애경기관광' 누리집 내 '여행정보'에 가면 가상현실 기능이 도입된 양평두물머리를 비롯한 도내 관광지 60개소와 관광숙박시설 20개소 등이 소개되어 있습니다. 뿐만 아니라 드론을 이용해 촬영한 '항공VR' 콘텐츠로 관광지의 전경도 감상할 수 있다고 합니다.

제주특별자치도에서는 제주 관광의 뉴 디지털 콘텐츠를 확보하고, 마케팅을 극대화하기 위한 노력으로 가상현실 플랫폼 제페토에 '헬로 제주(Hello Jeju)' 맵을 구축했습니다. '헬로 제주' 맵에는 제주해녀학교와 불턱(불 피우는 곳)이 있어 사용자가 제주해녀문화를 간접 체험할 수 있으며 바다, 돌담, 돌하르방 등 제주의 아름다운 자연유산을 생생하게 만끽할 수 있습니다.

03.05. 예술 분야

'틸트 브러쉬(Tilt Brush)'는 가상현실(VR) 그림판이라고 불립니다. 구글이 2016년에 최초 공개하며 '당신의 방이 곧 캔버스이고, 당신의 팔레트가 곧 당신의 상상력'이라는 설명을 덧붙였다고 하지요. 사용자가 HMD를 착용하고 3D 공간을 자유롭게 돌아다니며 핸드 컨트롤러를 이용해 그림을 그리는 방식으로, 일반적인 재료뿐만 아니라 현실에서는 사용이 불가능한 불, 눈, 별, 무지

개 등을 생생하게 이용할 수 있다고 합니다.

틸트 브러쉬 (Tilt Brush)　　　　　**소마 미술관 온라인 가상전시장 'MOVE SOMA'**

*출처: 유튜브캡쳐 (https://www.youtube.com/watch?v=TckqNdrdbgk)
*출처: https://www.hankyung.com/life/article/202010151005Y

미술작품의 전시 방식도 다차원으로 변화하고 있습니다. 코로나19의 장기화로 언택트 전시에 대한 관심과 수요가 증가하는 가운데, 소마미술관이 국내미술관 최초로 풀3D 방식의 온라인 가상전시장(MOVE SOMA)을 열었습니다. 이 가상공간 안에서는 줌인 기능을 활용해 작품 가까이 다가가면 연필선, 붓 터치 등 재료의 질감을 세밀하게 관찰할 수 있고, 조각이나 설치작품도 작품 크기와 모양의 왜곡없이 입체적 관람이 가능하다고 합니다.

03.06. 훈련(시뮬레이션) 분야

가상현실은 고비용 교육 또는 위험한 훈련 현장의 시뮬레이션 환경을 구축하는 데에도 도움이 됩니다. 환경부 화학물질안전원에서는 가상현실 체험실을 열어 실제 상황처럼 체험하는 화학 훈련을 진행하고 있습니다. 연구원들이 HMD를 착용하고 가상공간에 들어가 직접 노출이 곤란한 화학 사고를 실제 상황처럼 체험해 보는 것이지요.

환경부 화학물질안전원 가상현실 구현 모습

모의 군사 훈련 모습

*출처: http://www.chemicalnews.co.kr/news/articleView.html?idxno=1512
*출처: https://www.sedaily.com/NewsVIew/22RET4E1NC

위험한 군사 훈련에도 가상현실(VR) 기술이 활용됩니다. 육군은 가상현실 기술을 기반으로 한 '게임 기반 온라인 플랫폼'을 개발해 장병들이 모의 전투 속에서 전투 상황, 포탄 화염 등을 실제 상황처럼 훈련해 보도록 하고 있습니다. 또한 이 가상 공간 안에 자신의 훈련 실적을 모방하는 아바타를 만들어 각자의 훈련·교육 성과 데이터를 스스로 관리하도록 한다는 방침입니다.

이렇게 생활 속에 빠르게 스며들고 있는 가상현실을 우리 아이들에게 가르치지 않을 수 없겠지요? 지금 바로, 교실에서 스마트기기만 있으면 아이들과 손쉽고 재미있게 체험해 볼 수 있는 교육용 가상현실(VR) 콘텐츠들을 소개해 드리겠습니다.

CHAPTER 04

교실 수업에 가상현실(VR) 활용하기

04. 교육용 VR 콘텐츠 종류를 알아보자!
05. 이것만은 알고 가상현실(VR)을 활용하자!
06. 가상현실(VR) 활용 교육! 초·중등 수업, 이렇게 해보세요!

METAVERSE

04 교육용 VR 콘텐츠 종류를 알아보자!

교실에서 손쉽고 재미있게 체험해 보실 수 있는 가상현실 (VR) 콘텐츠 몇 가지를 여러분께 소개해 드리겠습니다.

04.01. 유튜브 VR

유튜브 자체에서 제공하는 양질의 가상현실(VR) 영상을 수업 주제에 맞게 활용하시면 좋습니다. 유튜브에 접속해 검색창에 내가 찾고자 하는 주제어와 함께 'VR 또는 360도 영상'을 함께 입력하시면 다채로운 영상을 확인해 보실 수 있습니다. 그 방법을 아래에 단계별로 알려드리겠습니다.

*출처: 유튜브 화면 직접 캡쳐

① 스마트폰으로 유튜브에 접속합니다. 학생들과 역사 학습을 위해 '서대문형무소 VR'이라고 검색합니다. VR로 체험해 볼 수 있는 서대문형무소 관련 영상이 여러 개가 나옵니다.

② 서울시에서 만든 VR 콘텐츠를 클릭합니다.

③ 영상 재생 버튼을 누르면 오른쪽 하단에 구글카드보드 아이콘이 보입니다. 이 아이콘을 클릭합니다.

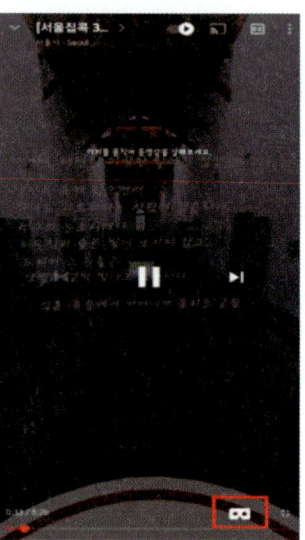

④ 영상이 자연스럽게 두 개의 렌즈로 볼 수 있도록 전환이 됩니다. 이제 핸드폰을 구글 카드보드에 넣어 생생하게 체험해 보도록 하면 됩니다.

⑤ 이 외에도 내가 체험해 보고 싶은 주제어에 'VR'이나 '360도 체험'이라는 단어를 넣어 함께 검색하면 다양한 유튜브 VR 콘텐츠를 이용할 수 있습니다.

VR 여행 검색

VR 롤러코스터 검색

훈련 VR 검색

우주 VR 검색

04.02. 사이언스레벨업

*출처: https://sciencelevelup.kofac.re.kr/

 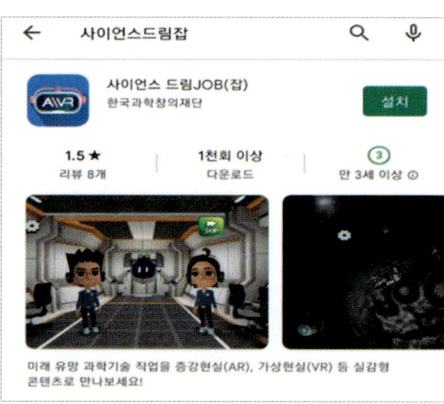

　　　　태양계로 떠나는 여행 앱　　　　　　사이언스 드림JOB(잡) 앱

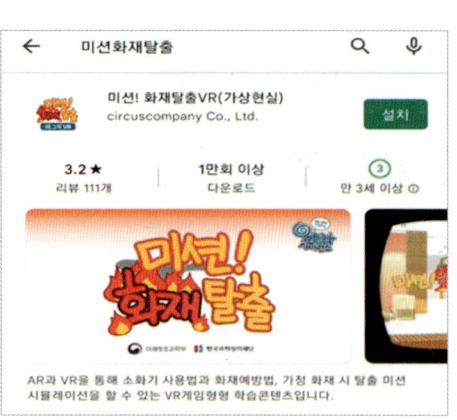 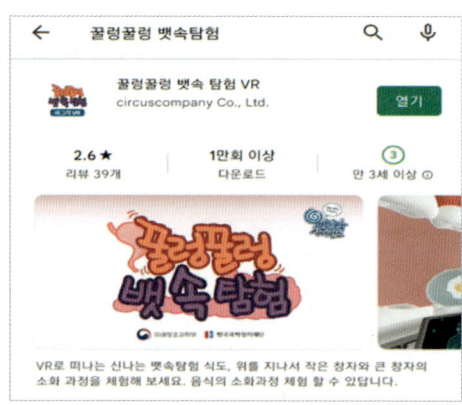

　　　　미션! 화재탈출VR 앱　　　　　　꿀렁꿀렁 뱃속 탐험 VR 앱

*출처: 구글플레이스토어 캡쳐

METAVERSE

사이언스레벨업은 한국과학창의재단이 과학 원리를 쉽게 이해하고, 재미있게 익힐 수 있도록 만든 과학 콘텐츠 온라인 플랫폼입니다. 사이트를 통해 접속하거나, 핸드폰에서 해당 앱을 직접 다운로드하여 AR·VR 콘텐츠를 체험해 볼 수 있습니다. 위와 같이 화재탈출, 뱃속탐험, 태양계여행, 미래 유망 과학기술 직업 체험을 VR로 해볼 수 있습니다.

04.03. 해양생물 VR

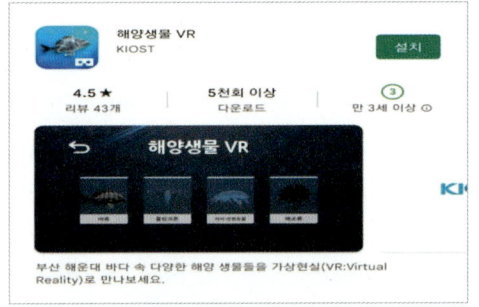 

*출처 : 직접 촬영

한국해양과학기술원에서 제작한 '해양생물 VR'은 부산 해운대 일대에서 출몰하는 해양생물을 가상현실을 통해 체험할 수 있게 구성한 해양생물 입체도감입니다. 식물 플랑크톤, 중형 저서동물, 대형 저서동물, 어류, 해조류 등 6개 분야의 생물 21종이 생생하게 움직이는 모습을 만나볼 수 있습니다.

04.04. 우주체험 VR

 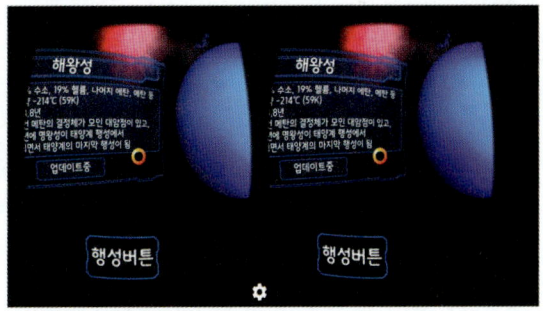

VR Space Adventure 앱

Solar Space Exploration VR 앱

*출처: 직접 촬영

앱스토어나 구글플레이스토어에서 우주 관련 VR을 검색해 보면 우주 비행사가 되어 태양계 여행을 하거나, 우주를 360도로 실감 나게 탐험해 볼 수 있는 콘텐츠가 다수 제공되어 있습니다.

05 이것만은 알고 가상현실(VR)을 활용하자!

가상현실(VR)을 교육에 활용했을 때의 효과와 수업 활용 시 주의사항에 대해 살펴보겠습니다.

05.01. 교육적 효과

가상현실(VR)이 교육적으로 각광받고 있는 이유로 첫째, '접근성'을 들 수 있습니다. 태어날 때부터 핸드폰을 쥐고 태어난 디지털 네이티브(Digital Native)인 우리 학생들에게는 컴퓨터와 각종 스마트기기가 매우 친숙하고 삶의 일부분인 경우가 많습니다. 이러한 스마트기기를 활용해 가상현실을 체험하면 학생들이 4차 산업혁명 시대의 핵심 기술을 자연스럽게 접할 수 있다는 점에서 미래 사회를 대비하는 측면에서 큰 도움이 됩니다.

둘째, 실감 나고 몰입도 높은 교육을 할 수 있습니다. '백문이 불여일견'이라는 표현이 딱 여기에 적합한 표현인 것 같습니다. 우리 아이들은 강의 중심인 수업보다는 다양한 시청각 멀티미디어 자료에 더욱 흥미를 느끼고 집중합니다. 가상현실 기술을 활용한 수업은 학생들이 직접 조작하며 모험하고 탐험하는 경험을 제공하기 때문에 학습자의 자기주도성도 강화할 수 있습니다.

셋째, 시·공간을 초월한 교육을 할 수 있습니다. 가상현실 헤드셋만 쓰면 우리 아이들은 전 세계로 현장체험학습을 갈 수도 있고, 중요한 역사적 사건 현장에 들어가 살아있는 역사를 몸소 경험할 수 있습니다. 뿐만 아니라 가상현실에서 수영 교육이나 화재 및 재난 대피 훈련을 하는 경우 안전성과 편의성도 확보할 수 있지요. 이런 점에서 가상현실 기술은 코로나19로 인한 비대면 수업 방식에 매우 특화되어 있다고 할 수 있습니다.

05.02. 수업 활용 시 주의사항

하지만 우리가 교육에 가상현실을 도입할 때 주의해야 할 사항이 몇 가지 있습니다. 첫째는 중독성입니다. 정서적으로 성숙하지 않은 우리 아이들이 가상현실을 과도하게 사용하게 되면 현실과 가상을 구분하지 못하는 판단력 오류가 발생할 수 있습니다. 심각한 경우 현실세계를 회피하거나 사회 부적응까지 초래할 수 있습니다.

둘째, 도덕적·윤리적 문제 발생 가능성입니다. 현재 가상현실 콘텐츠는 영화나 게임과는 달리 법적인 규제나 가이드 라인이 분명하게 제공되지 않아 우리 아이들이 폭언, 욕설 등 폭력적이고 선정적인 영상에 무분별하게 노출될 가능성이 높습니다. 또한 그 속에서 접하게 될 수도 있는 해킹과 범죄에 대한 교육 자료도 부족한 현실입니다.

셋째, 디지털 멀미의 문제입니다. 가상현실은 시각정보와 신체정보의 불일치를 일으켜 균형 감각이나 방향감각을 잃게 하면서 소위 '멀미'를 유발합니다. 이를 '디지털 멀미'라고 부르는데요. 사람에 따라 어지럼증을 느끼거나 구토를 할 수도 있고 강박증에 시달리게 될 수도 있어 오랜 시간 사용을 자제하고 쉬는 시간을 적절히 가지도록 지도해야 합니다.

넷째, 시력 저하 문제입니다. 가상현실은 빛을 눈에 투과시켜서 3차원 입체 영상이 보이게 하는 기술입니다. 우리가 핸드폰이나 TV를 오래 보게 되면 눈이 피로해지는 것을 느끼는데 가상현실은 이보다 더욱 강한 빛을 오랜 시간 망막에 비추게 되기 때문에, 한창 성장기인 우리 아이들에게 시력 저하 문제가 발생할 수도 있습니다.

다섯째, 개인 정보 문제입니다. 가상현실 또한 컴퓨터로 만들어진 세상입니다. 따라서 사용자가 가상현실 속에서 체험한 기록들은 모두 고스란히 데이터로 남게 되기 때문에 주의를 요하고 있습니다. 소셜 미디어 회사인 페이스북이 VR 헤드셋 시장에 뛰어든 이유가 가상현실 속에서 사람들이 만나서 소통하고 행동하는 패턴을 분석해 마케팅 자료로 활용하려는 목적이었다고 전해지는데요. 이렇게 내가 가상현실 속에서 촬영한 영상물과 기록들이 데이터로 남아 누군가에 의해 악용될 수 있다는 점을 기억하고 주의를 하도록 지도해야 합니다.

06. 가상현실(VR) 활용 교육! 초·중등 수업, 이렇게 해보세요!

초등학생뿐만 아니라, 중학생이나 고등학생도 다양한 VR 콘텐츠를 통해서 재미있고 유익한 수업을 할 수 있는데요. 학교군 상관없이 수업 시간에 활용할 만한 사례를 몇 가지 소개해 드리겠습니다.

06.01. VR 현장체험학습

코로나19로 인해 학교 현장에서는 현장체험학습 및 수학여행이 모두 취소되어 아이들이 많이 속상해하고 있습니다. 이러한 아이들의 마음을 VR 현장체험학습으로 달래 보시는 건 어떠실까요? 최근 가상현실(VR) 기술을 활용하여 직접 현장에 가지 않고서도 실제와 같은 체험을 할 수 있는 콘텐츠들이 많이 등장하고 있기 때문인데요. 놀이동산에 가지 않고도 교실에서도 충분히 롤러코스터를 타 볼 수도 있고요. 유적지나 관광지도 가볼 수 있습니다.

롤러코스터 체험 - 유튜브 화면

롤러코스터 체험 - VR 모드 구현 모습

*출처: 유튜브 캡쳐 (https://www.youtube.com/watch?v=eHAu8BV85vE&t=1s)

한 예로, 인천관광공사는 인천 개항장 체험 VR 앱을 제작하여 초·중·고 학생들에게 근대문화역사 거리인 개항장 일대의 과거 모습을 생생하게 체험할 수 있는 경험을 제공하고 있습니다. 제물포 구락부와 짜장면 박물관에서는 현재 서있는 위치와 동일한 실제 과거 장면 속으로 이동하는 'VR 리얼타임 드라마'로 시간 여행도 떠나볼 수 있다고 합니다.

인천 개항장거리

비바샘 VR 역사 답사

*출처: https://www.hankyung.com/society/article/202110251597h
*출처: 비바샘 화면 캡쳐 (https://v.vivasam.com/themeplace/vrkoreanhis/main.do)

비상교육 교육 사이트 '비바샘'에서는 VR 역사 답사 프로그램을 제공하고 있습니다. 이 프로그램을 활용하면 강화 광성보, 수원 화성, 서대문 형무소 역사관, 서울 암사동 유적, 정동 근대 문화유산, 경복궁, 병산 서원, 경주 동부 사적 지대 등 국내 유명 역사 유적지를 가상현실로 한눈에 살펴볼 수 있습니다. 또한 유적지를 여행자의 시각으로 소개하는 '답사 영상'이나 유적지 전경을 생동감 있게 살펴볼 수 있는 '드론 항공 촬영 영상'도 활용해 볼 수 있다고 합니다.

06.02. VR 학교폭력예방교육

*출처: 유튜브 캡쳐 (https://www.youtube.com/watch?v=Vn9O18_KAOs)

VR 활용 교육의 가장 큰 장점은 생생한 '간접 체험' 경험을 제공한다는 것인데요. 바로 이 점을 학교폭력예방교육에 활용해 보면 어떨까요? 유튜브에는 학교폭력 피해자가 느끼는 괴로움을 간접 체험해 보며 학교폭력의 위험성을 깊이 공감할 수 있는 VR 콘텐츠들이 다수 업로드되어 있습니다. 생생한 VR 콘텐츠가 학교폭력에 대한 관심과 경각심을 높이고, 활동 중심의 수업을 통해 학생들의 참여도도 높일 수 있을 것입니다.

청소년 경찰학교 사이트

*출처: https://theyouthacademy.police.go.kr/main/Content.do?cid=program

또 다른 사례로 '청소년 경찰학교'에 대해 소개해 드리고 싶습니다. 경찰청이 2014년부터 운영해 오고 있는 '청소년 경찰학교'는 전국 55개소에서 운영되고 있으며 체험 중심의 학교폭력예방교육 프로그램을 제공하는데요. 체험을 해본 청소년과 선생님들의 의견에 따르면 이 프로그램을 통해 학교폭력에 능동적으로 대처하는데 큰 도움을 받았다고 전해지고 있습니다. 원래는 이 프로그램을 체험해 보기 위해서는 사전에 신청하고 경찰청에 방문을 해야 하지만, 코로나19의 장기화로 인해 학생들의 방문이 어려워지자 VR 투어로 방문해서 온라인 체험을 할 수 있게 하였습니다.

METAVERSE

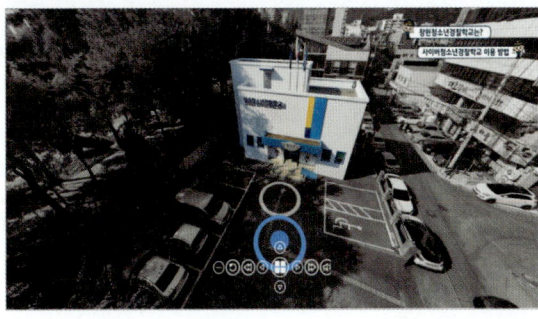 

창원 청소년경찰학교 VR TOUR

*출처: https://theyouthacademy.police.go.kr/gncs/violence/tour/index.htm

크롬 검색창에 '청소년경찰학교 VR'을 검색해 들어가 보세요. 해당 사이트에 방문하면 학교폭력 예방교육 내용을 가상현실로 체험해 볼 수 있는데요. 실제 경찰청장실, 유치장, 과학 수사 체험실, 불법카메라 체험실, 시뮬레이션 사격장 등의 체험공간을 자유롭게 돌아다니며 관찰하고 관련 내용을 재미있게 학습할 수 있습니다. 체험이 모두 끝난 뒤에는 퀴즈도 제공되니 학교 현장에서 학급 학생들과 다 같이 참여해 보시면 좋을 것 같습니다.

06.03 VR 진로교육

'미래직업 체험 실감형 콘텐츠' 앱 구현 모습   **유튜브 채널 '한국고용정보원직업진로' VR 영상**

*출처: 직접 촬영
*출처: 유튜브 캡쳐(https://www.youtube.com/watch?v=IQApHEp6f20&t=165s)

중학교 자유학기제는 총 4개의 영역으로 구성되어 있습니다. 진로탐색, 주제 선택, 예술체육, 동아리인 데요. 이 중 진로탐색 시간에 학생들은 직업을 직접 또는 간접적으로 체험해 보거나, 진로 수업을 통해 다양한 직업의 세계에 대해서 알아보고 본인의 흥미나 꿈을 찾아보게 됩니다. 특히 고교 학점제와 연계해서는 진로 선택을 돕기 위해 학교별로 진로 집중 기간과 진로와 관련된 주제 탐구 활동이 필요한데요.

이와 관련하여 코로나19에 따른 청소년 진로 탐색 및 체험의 공백을 메우기 위해 온·오프라인 연계수업 환경에서 VR을 활용해 보면 어떨까요? KERIS(한국교육학술정보원)에서 제공하는 '미래 직업 체험 실감형 콘텐츠' 앱을 활용하면 미래 4차 산업 기술의 발전으로 새롭게 생겨날 직업인 플라잉카 교통 시스템 디자이너, 웨어러블 디바이스 디자이너, 바이오 장기 3D 프린팅 전문가, 제로에너지 하우스 디자이너, AI 컨설턴트를 가상현실로 체험해 볼 수 있습니다. 또한, 유튜브 검색창에 '한국고용정보원 직업진로 동영상'를 입력해 넣어보세요. 이 유튜브 채널에 가시면 자율주행차 개발자, 스마트팜 전문가, 스마트도시전문가, 동물재활공학사, 나노로봇수술전문의, 스마트도시기획자, VR게임개발자 등의 미래직업을 VR 영상으로 간접 체험해 볼 수 있습니다.

코로나19로 인해 비대면 교육이 확산되면서, 학습에 대한 몰입도를 높이는 가상현실(VR) 콘텐츠들이 더욱 많이 늘어나고 있습니다. 소개해 드린 콘텐츠 외에도 다양한 가상현실(VR) 콘텐츠를 수업에 적극 활용하시어, 학생들이 수업에 보다 능동적으로 참여하고 재미있게 학습할 수 있는 기회가 되길 바랍니다.

교과서에 숨어있는 VR, AR!

METAVERSE

CHAPTER 05

디지털교과서 실감형 콘텐츠 활용 교육 준비하기

01. '디지털교과서 실감형 콘텐츠'를 알아보자!
02. 디지털교과서 회원가입해보자!
03. 실감형 콘텐츠를 시작해보자!

01 '디지털교과서 실감형 콘텐츠'를 알아보자!

코로나19 확산으로 원격수업 수요가 증가하고, 서책과 대면 중심의 교육시장이 비대면 디지털로 전환하는 속도가 급속화되면서 언제 어디서나 편리하게 교과서를 볼 수 있는 '디지털교과서'에 대한 수요가 늘어났습니다. 디지털교과서가 개발되어 교육 현장에 도입된 지는 오래되었지만, 아직 많은 선생님들께서 이 디지털교과서 안에 교육과정과 연계된 증강현실(AR)·가상현실(VR) 콘텐츠가 있다는 사실을 모르시는 것 같습니다. 이번 시간에는 디지털교과서 속에 숨어있는 AR·VR 콘텐츠를 찾아내어 수업에 활용하실 수 있도록 도와드리고자 합니다. 그전에 우선, 디지털교과서에 대해 알아볼까요?

*출처: 직접 촬영함

01.01 디지털교과서

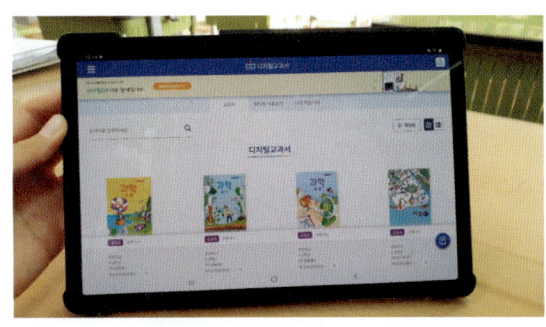

*출처: 직접 촬영함

디지털교과서란 기존 교과 내용(서책형 교과서)에 용어 사전, 멀티미디어 자료, 실감형 콘텐츠, 평가문항, 보충·심화 학습 등 풍부한 학습 자료와 학습 지원 및 관리 기능이 포함되고 에듀넷 등 외부 교육용 콘텐츠와 연계가 가능한 학생용 교과서를 말합니다.(출처 : 2021학년도 디지털교과서 활용 안내) 2021년부터는 회원가입을 하면 하나의 아이디로 '디지털교과서' 및 학습 커뮤니티

'위두랑', 'e학습터', '에듀넷·티-클리어'를 모두 이용 가능합니다. 또한 그 안에서 교사와 학생이 실시간으로 의견을 공유하며 자료 탑재 및 관리, 학습 포트폴리오까지 제작할 수 있어 비대면 원격수업에서 그 활용도가 더욱 각광받고 있습니다.

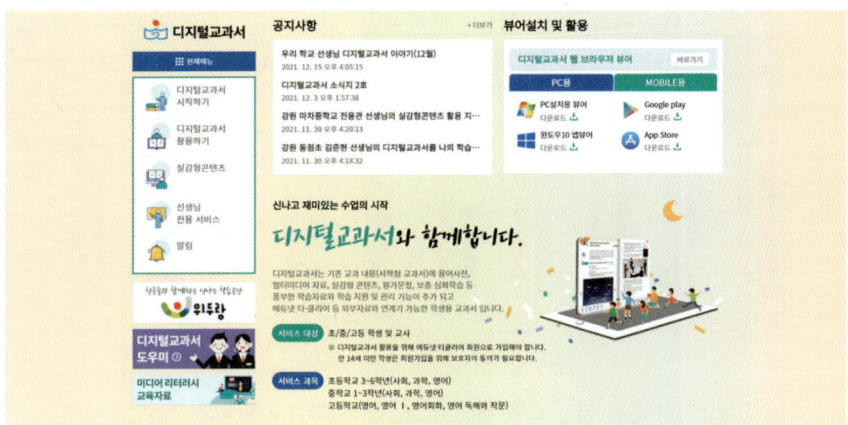

*출처: 화면 캡쳐 (https://dtbook.edunet.net/viewCntl/dtIntro?in_div=nedu)

디지털교과서는 2015 개정 교육과정에 따라 2018년부터 보급되기 시작하였으며, 2021년 현재 초, 중, 고등학교 학생 및 교사를 대상으로 초등학교 3~6학년(사회, 과학, 영어), 중학교 1~3학년(사회, 과학, 영어), 고등학교(영어, 영어Ⅰ, 영어회화, 영어 독해와 작문) 교과서를 제공하고 있습니다.

*출처: 2021년 디지털교과서 활용 안내 자료
(에듀넷(www.edunet.net)-디지털교과서-알림-공지사항)

디지털교과서는 수업환경 및 수업 목적에 따라 다양한 형태로 활용될 수 있는데요. 대면 및 원격 수업 환경에서 실시간 쌍방향 수업 자료로 활용하거나, 디지털교과서의 풍부한 자료를 활용하여 수업 콘텐츠를 제작할 수도 있습니다.

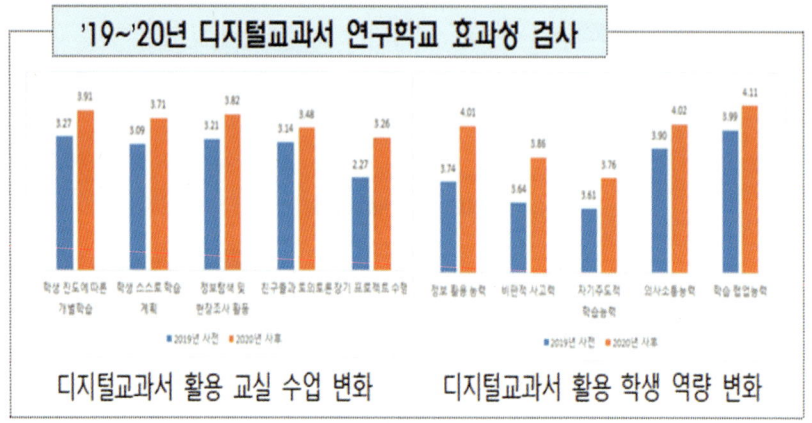

*출처: 2021년 디지털교과서 활용 안내 자료
(에듀넷(www.edunet.net)-디지털교과서-알림-공지사항)

교육부에서 배포한 '2021년 디지털교과서 활용 안내' 자료에 따르면 디지털교과서를 활용했을 때 수업 중 탐구, 토의토론, 협업, 프로젝트 등의 활동이 강화되었으며 학생의 자기주도적 학습력, 정보활용능력, 협업 능력 등이 향상되었다고 전하고 있습니다.

01.02 실감형 콘텐츠

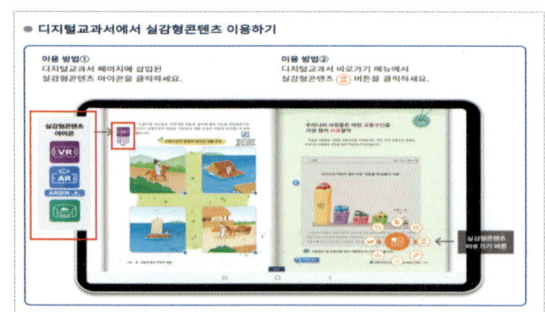

디지털교과서 속 실감형 콘텐츠 아이콘

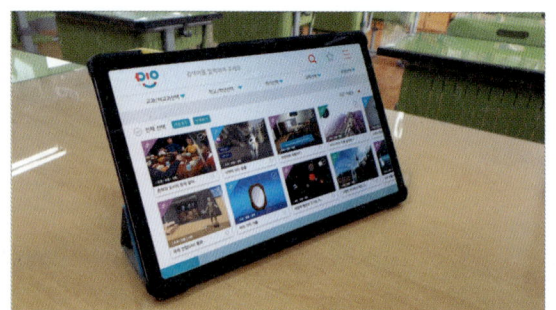

실감형 콘텐츠 앱 화면

*출처: 디지털교과서 사이트(dtbook.edunet.net)
*출처: 직접 촬영함

METAVERSE

이제 디지털교과서에서 제공하고 있는 '실감형 콘텐츠'에 대해 자세히 알아볼까요? '실감형 콘텐츠'란 증강현실(AR)과 가상현실(VR) 등을 활용하여 실감 나는 학습 경험과 몰입을 제공하는 콘텐츠를 말합니다. 실감형 콘텐츠는 전통적 형태의 학습지나 교재와 같은 서책형에서 탈피하여 디지털 교육으로 전환하려는 노력으로 등장했으며, 단순 암기형 교육이 아닌 학생들에게 미래 사회가 요구하는 능력에 대한 역량을 길러주자는 방향으로 제작되었는데요.

교과서에 수록된 교과 학습 내용을 중심으로 입체 시각 효과 기술과 3D 모델링 그래픽을 활용하여 학습 내용을 심층적으로 이해하고, 좀 더 몰입감 있고 실재적인 학습 경험을 체험할 수 있습니다. 실감형 콘텐츠는 2021년 현재 초등학교 3~6학년, 중학교 1~3학년 사회, 과학 교과서에 총 307종을 제공하고 있으며 그 종류로는 가상현실(VR), 증강현실(AR), 360° 사진 및 영상이 있습니다. 그럼 실감형 콘텐츠의 유형별 특징을 하나씩 살펴볼까요?

01.02.01. 증강현실(AR)

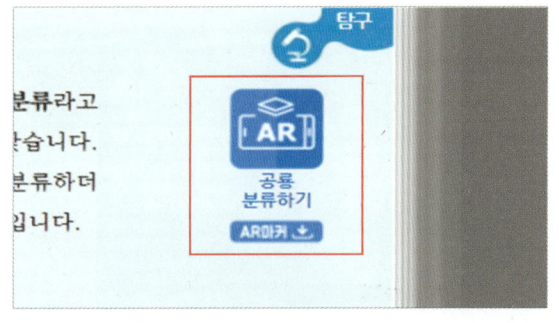
증강현실(AR) 아이콘

스마트기기 실행 모습

*출처: 디지털교과서 초등학교 3-2 과학 AR '공룡 분류하기'

첫 번째는 '증강현실(AR ; Augmented Reality)'입니다. 증강현실은 현실 세계에 가상 이미지를 겹쳐서 보여주는 기술을 말합니다. 실물 자료를 구하기 어려운 학교 현실 속에서 학생들이 실제와 같은 몰입감을 갖고 체험할 수 있는 경험을 제공합니다.

01.02.02. 가상현실(VR)

두 번째는 '가상현실(VR ; Virtual Reality)'입니다. 가상현실은 컴퓨터 그래픽으로 만든 가상의 세계를 현실처럼 느끼게 해주는 기술을 말합니다. 보통 시야를 가려 몰입감을 높여주는 HMD(Head Mounted Display)를 착용하고 체험합니다.

가상현실(VR) 아이콘

스마트기기 실행 모습

*출처: 디지털교과서 초등학교 4-2 사회 VR '촌락과 도시의 문제 알아보기'

01.02.03. 360° 사진 및 영상

360° 사진 및 영상 아이콘

스마트기기 실행 모습

*출처: 디지털교과서 초등학교 5-1 사회 360° 동영상 '우리나라의 지형 살펴보기'

세 번째는 '360° 사진 및 영상'입니다. 컴퓨터 그래픽이 아닌 실제 공간을 360°로 촬영한 사진 및 영상을 말합니다. 실제 현장에 가지 않아도 학생이 키보드나 마우스의 조작만으로 장면을 이동하며 실감 나게 관찰 및 체험을 할 수 있습니다.

교육부에서 제공한 '디지털교과서 실감형 콘텐츠 활용안내서'에 따르면 실감형 콘텐츠의 각 유형과 교육적 활용에 따른 장점을 다음과 같이 설명하고 있습니다. 우선, 가상현실(VR) 콘텐츠는 실제와 유사하게 구현된 가상의 공간에서 몰입감 있는 입체적 경험을 제공합니다. 또한 직접 가 볼 수 없는 장소(화산, 우주, 해저, 인체 내부 등)를 체험하거나, 참여에 제약이 있는 사회제도(선거과정, 민사재판 등)를 간접적으로 경험하며 학습할 수 있습니다. 다음으로, 증강현실(AR) 콘텐츠는 카메라에 인식하면 태블릿 PC나 스마트폰 화면에 사물이나 현상이 입체적으로 구현되어 집중적인 관찰과 조작이 가능합니다. 또한 모의실험이나 탐구활동을 수업에 활용할 수 있습니다. 마지막으로, 360° 사진 및 영상 콘텐츠는 실사 촬영된 공간이나 대상을 다양한 각도에서 관찰할 수 있습니다. 또한 현장 사진과 동영상을 통해 학습 주제에 대한 생생한 이미지를 감상할 수 있습니다.

*출처 : 디지털교과서 실감형 콘텐츠 활용안내서 (에듀넷(www.edunet.net)-디지털교과서-실감형 콘텐츠-활용안내)

02 디지털교과서 회원가입해보자!

디지털교과서 활용을 위해서는 우선 에듀넷(www.edunet.net)에 회원가입이 되어 있어야 합니다. 개인정보보호법에 따라 만 14세 미만 학생의 회원가입에는 보호자(법정대리인)의 동의가 필요합니다. 회원가입의 방법은 두 가지로 나뉩니다.

02.01. 학생이 직접 가입

첫 번째 방법은 가정에서 보호자 지도하에 학생이 직접 가입하여 계정을 생성하는 것입니다. 그 구체적인 단계는 다음과 같습니다.

① 검색창에 '에듀넷'을 검색하여 접속합니다. 바로 접속할 수 있는 링크 주소는 www.edunet.net 입니다.

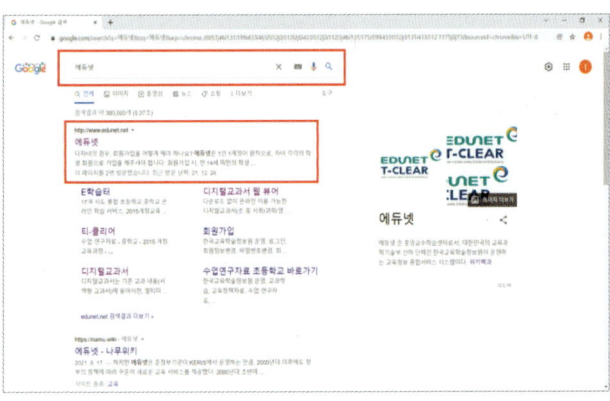

② '에듀넷 회원가입' 버튼을 클릭하고 들어갑니다.

③ 이용 약관 및 개인정보 수집 및 이용에 '동의'를 체크하고, 최종적으로 하단에 있는 '동의함' 탭을 클릭합니다.

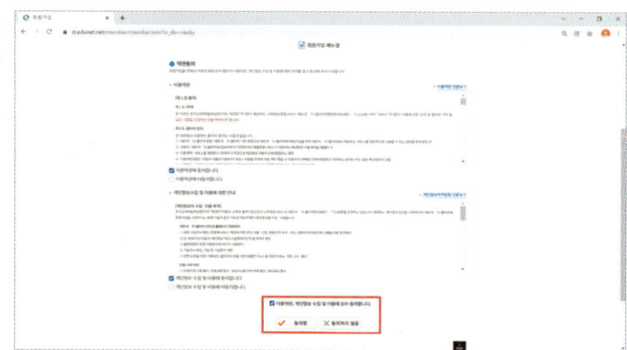

④ 회원 유형에서 '학생'을 선택합니다. 이어서 하단 빈칸에 학생 이름, 학생 성별, 학생 생년월일을 입력합니다.

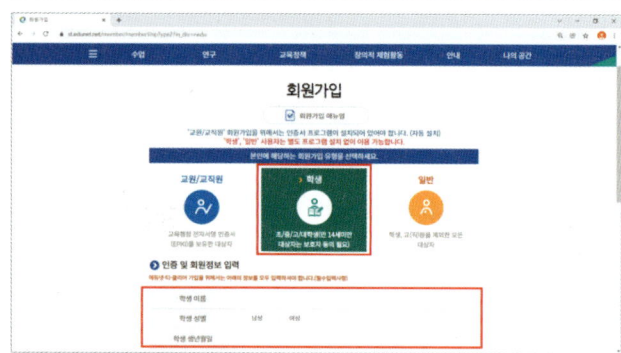

⑤ 만 14세 미만인 경우 보호자(법정대리인)의 동의 절차가 필요합니다. 휴대전화 및 아이핀 인증을 통하여 인증을 합니다. 인증을 마치면 아이디, 비밀번호, 이메일, 학교명, 학년 등을 입력하고 '다음'을 클릭합니다.

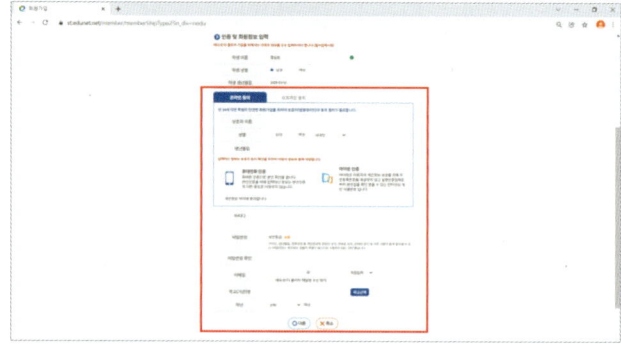

⑥ 회원가입이 완료되었다는 창이 뜹니다.

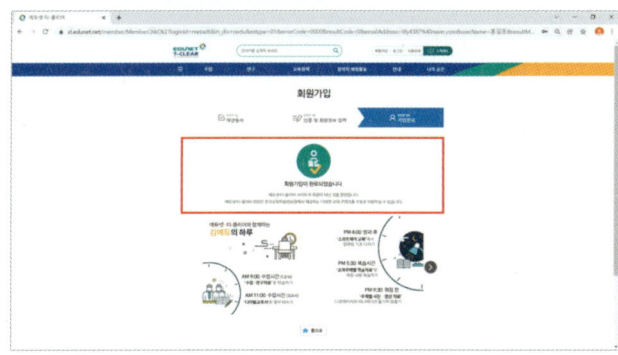

02.02. 교사가 계정 생성

두 번째 방법은 교사가 회원가입을 한 뒤, 학생의 계정을 일괄적으로 생성하여 관리하는 방법입니다. 학기 초에 가정통신문을 통해 보호자 동의서를 받고, 교사가 직접 계정을 생성한 뒤 학생들에게 나누어 주면 교사가 편리하게 관리할 수 있어 학교 현장에서는 이 방식이 주로 활용됩니다. 우선, 교원으로 회원가입부터 해보겠습니다.

① 검색창에 '에듀넷'을 검색하여 접속합니다. 바로 접속할 수 있는 링크 주소는 www.edunet.net입니다.

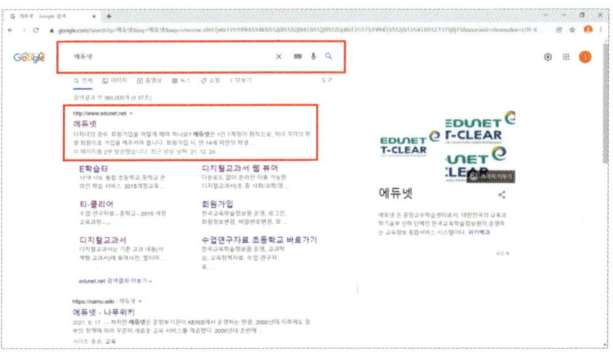

② '에듀넷 회원가입' 버튼을 클릭하고 들어갑니다.

③ 이용 약관 및 개인정보 수집 및 이용에 '동의'를 체크하고, 최종적으로 하단에 있는 '동의함' 탭을 클릭합니다.

④ 회원 유형 중 '교원/교직원'을 선택합니다.

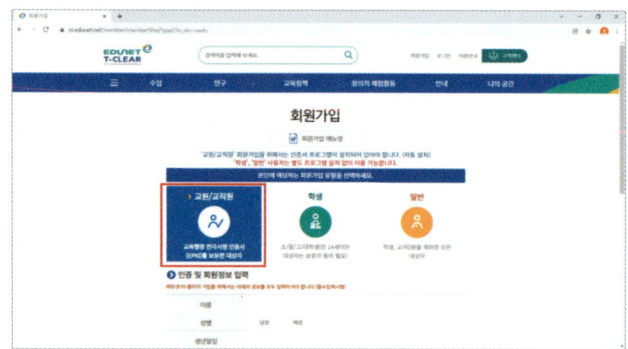

⑤ 이름, 성별, 생년월일을 입력합니다.
   이어서 휴대전화 또는 아이핀으로 본인인증을 합니다.

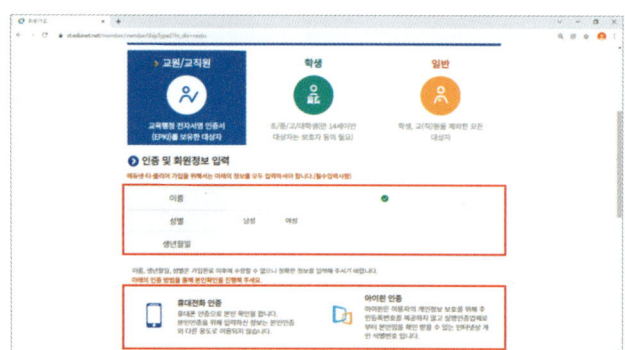

⑥ 아이디, 비밀번호, 이메일, 학교(기관)명을 입력하고 교육행정 전자서명 인증서(EPKI)를 등록합니다. 마지막으로 하단의 '다음' 탭을 클릭하면 회원가입이 완료가 됩니다.

⑦ 이제 학생 계정을 일괄 생성해 보겠습니다. 아이디와 비밀번호를 입력하고 교사회원으로 로그인합니다.

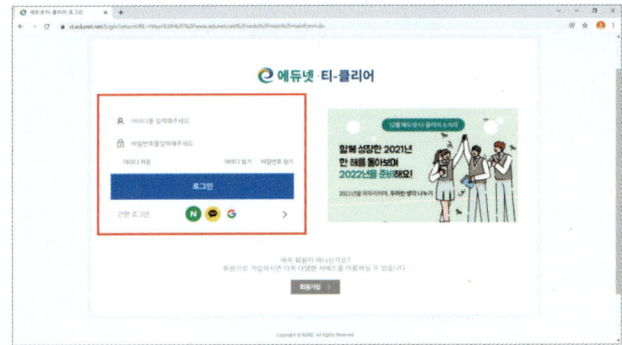

⑧ 로그인 후 화면 우측 상단에서 '회원이름(○○○선생님)'을 클릭하고 들어갑니다.

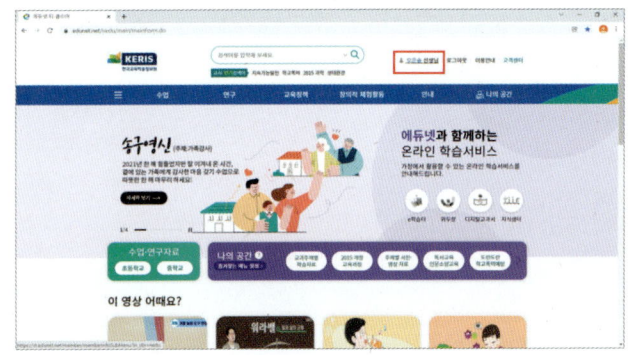

⑨ '학생계정관리' 탭을 클릭합니다.

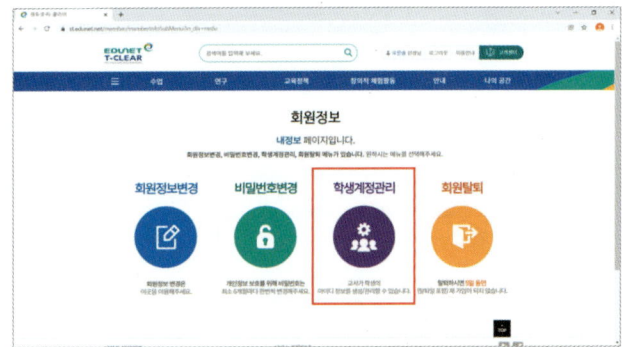

⑩ '추가등록' 탭을 클릭하고 들어갑니다.

교과서에 숨어있는 VR, AR!

⑪ '학생추가'를 클릭하고 학생 인원수를 입력합니다.

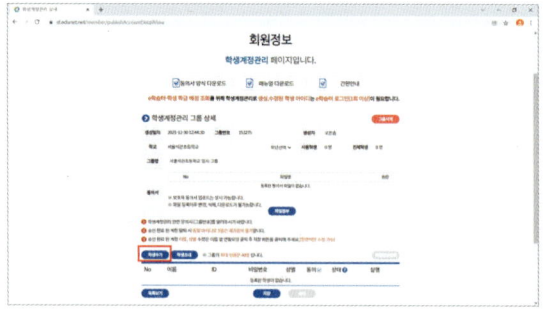 

⑫ 이어서 '학생정보입력'을 클릭합니다.

⑬ 그럼 학생의 아이디와 비밀번호를 일괄 입력할 수 있습니다.

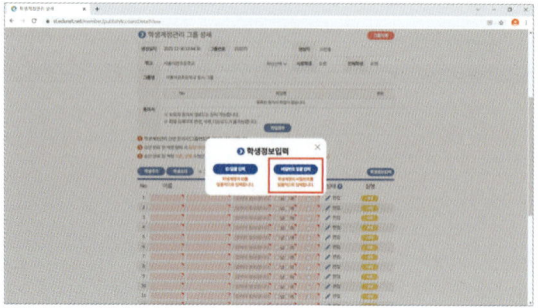 

⑭ 생성 결과 화면입니다.

⑮ 이후, 상단의 '동의서 양식 다운로드'에서 동의서를 다운받아 가정으로 배부 후 수합하면 됩니다.

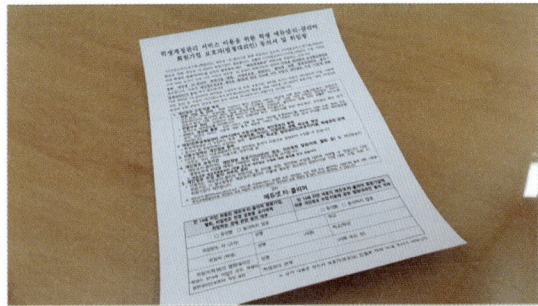

03 실감형 콘텐츠를 시작해보자!

이번에는 실감형 콘텐츠를 설치하고 실행시키는 방법에 대해 자세히 알아보겠습니다.

03.01. 활용 기기 권장 사양

실감형 콘텐츠를 실행하기 위해서는 우선 수업에서 활용하실 스마트기기의 사양을 확인하셔야 하는데요. 실감형 콘텐츠는 태블릿 PC나 스마트폰을 사용하는 모바일 환경(안드로이드, iOS 지원)에서만 구동할 수 있습니다. VR 콘텐츠 실행을 위한 자이로스코프 센서와 AR 콘텐츠 실행을 위한 카메라가 내장되어 있는지 확인해 주세요.

- 실감형 콘텐츠 최적 실행을 위한 태블릿 PC 권장 규격

구분	안드로이드	iOS
CPU	퀄컴스냅드래곤 835	A11
RAM	4G	4G
MEMORY	내장 64G	내장 64G
해상도	2560 x 1600	2732 x 2048
OS	7.0(Nougat) 이상	11.0 이상

- 실감형 콘텐츠 최적 실행을 위한 스마트폰 권장 규격

구분	안드로이드	iOS
CPU	엑시노스 8895	A11
RAM	4G	2G
MEMORY	내장 64G	내장 64G
해상도	2560 x 1440	1334 x 750
OS	7.0(Nougat) 이상	11.0 이상

03.02. 설치 및 실행

이제 실감형 콘텐츠를 설치하는 방법을 알아보겠습니다. 실감형 콘텐츠를 실행하는 방법은 두 가지 있습니다. 디지털교과서 뷰어 간편 메뉴의 '실감형 콘텐츠' 아이콘을 클릭하거나, 실감형 콘텐츠 앱을 직접 다운로드하여 설치 후 실행할 수 있습니다. 이 두 가지 방법을 지금부터 구체적으로 알아보겠습니다.

03.02.01. 실감형 콘텐츠 앱 실행

실감형 콘텐츠 앱을 직접 설치하여 실행하는 방법입니다. 실감형 콘텐츠 앱은 최초 1회 설치 후 지속적으로 활용할 수 있어서 학기 초에 미리 스마트기기에 다운로드해두고 활용하면 좋습니다. 설치 과정을 안내해 드리겠습니다.

METAVERSE

① 구글 플레이스토어(안드로이드)·앱스토어(iOS)에서 실감형 콘텐츠 앱을 검색하여 다운로드합니다.

② 다운로드가 완료되면 앱을 접속합니다.

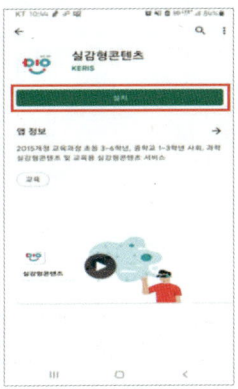

③ 앱 실행 후 접속 화면이 나옵니다.

④ '사진을 촬영하고 동영상을 녹화하도록 허용하시겠습니까?'라는 물음이 나옵니다. 허용을 누릅니다.

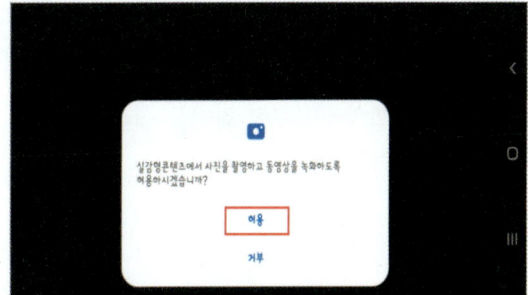

⑤ 튜토리얼을 경험할 것인지 묻는 화면이 나옵니다. '튜토리얼 시작하기'를 눌러보겠습니다.

교과서에 숨어있는 VR, AR!

⑥ 튜토리얼은 전체적인 화면 조작 방법을 알려줍니다.

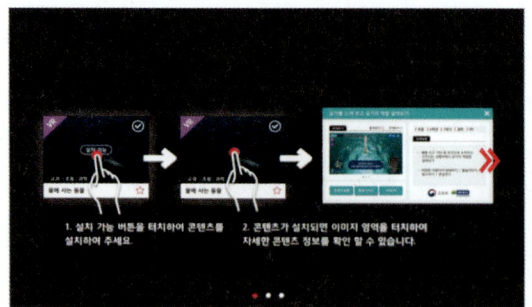 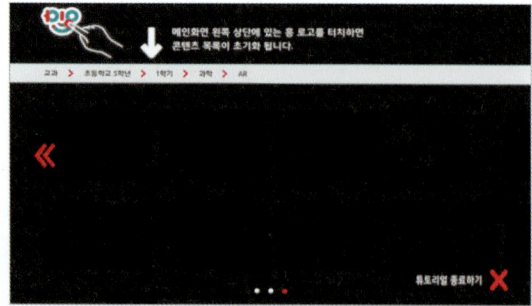

⑦ 튜토리얼을 마치니 실감형 콘텐츠 활용 시 주의사항이 나옵니다.

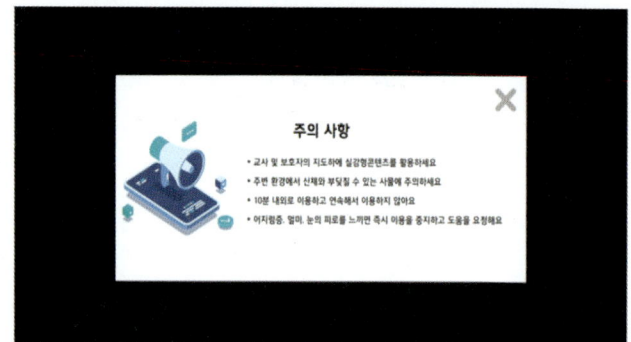

⑧ 이제 앱의 전체적인 구성 화면을 살펴볼까요?

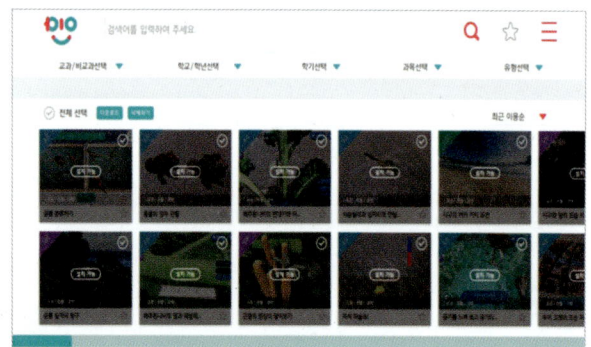

⑨ 상단의 탭을 활용하면 빠르게 내가 원하는 콘텐츠를 찾을 수 있습니다. 첫 번째 탭에서는 '교과/비교과' 내용을 선택할 수 있습니다.

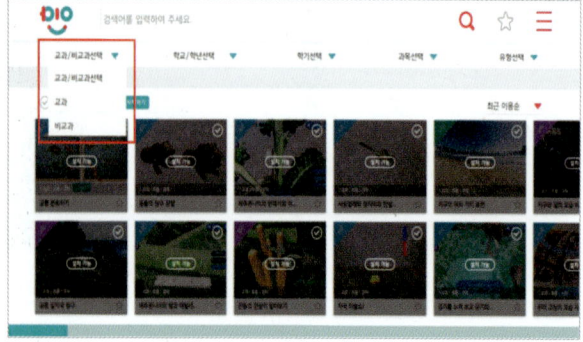

METAVERSE

⑩ 두 번째 탭에서는 '학교/학년'을 선택할 수 있습니다. 실감형 콘텐츠는 초등학교 3학년에서 중학교 3학년까지 서비스를 제공합니다.

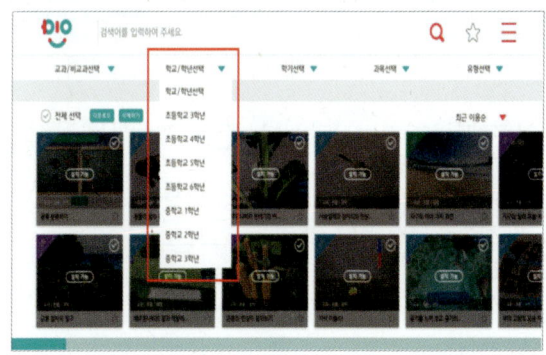

⑪ 세 번째 탭에서는 '학기'를 선택합니다.

⑫ 다음으로 과목 선택(사회/과학)을 할 수 있습니다.

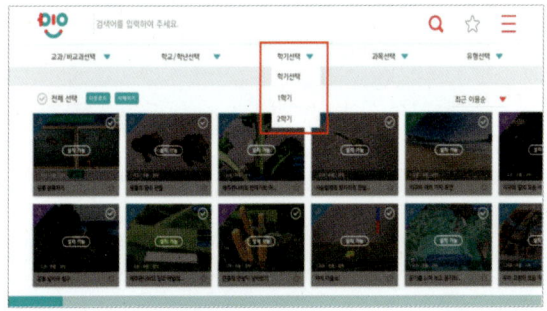
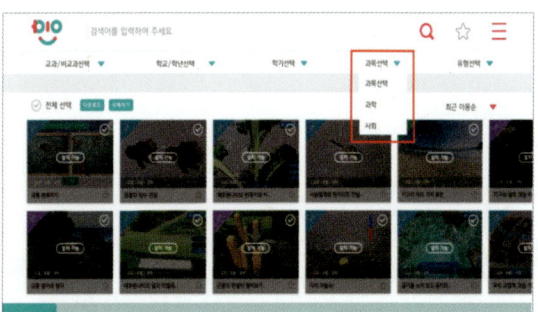

⑬ 마지막으로 콘텐츠의 유형(AR/VR/360°)을 고를 수 있습니다.

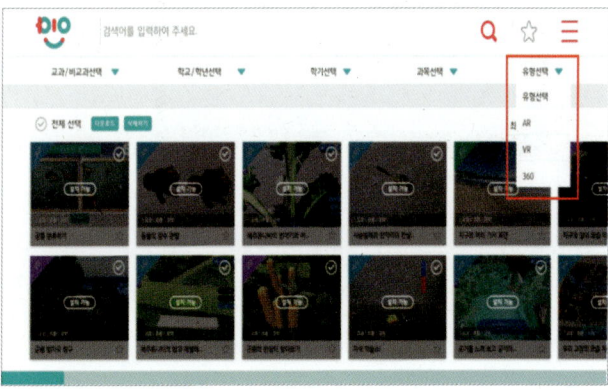

교과서에 숨어있는 VR, AR!

03.02.02. 디지털교과서 연계 실행

이번에는 디지털교과서를 통해 접속하는 방법을 알아보겠습니다. 디지털교과서 페이지에 삽입된 실감형 콘텐츠 아이콘을 클릭하면 수업 중에 교과서를 보고 있는 과정에서도 편리하게 활용할 수 있습니다.

① 디지털교과서를 이용해 실감형 콘텐츠로 접속해 보겠습니다. (디지털교과서의 앱 뷰어, 웹 뷰어 모두 접속 가능합니다.)

② 로그인을 합니다.

③ 내 서재에서 교과서를 클릭하고 들어갑니다.

④ 바로가기 메뉴에서 '차례' 버튼을 누릅니다.

METAVERSE

⑤ 콘텐츠 차례에서 실감형 콘텐츠 목록만 별도로 확인할 수 있습니다.

⑥ 교과서 페이지에 있는 실감형 콘텐츠 아이콘을 클릭합니다.

⑦ 실감형 콘텐츠 앱이 설치되어 있는 경우는 앱으로 바로 연결이 되고, 그렇지 않은 경우는 설치 화면으로 연결됩니다.

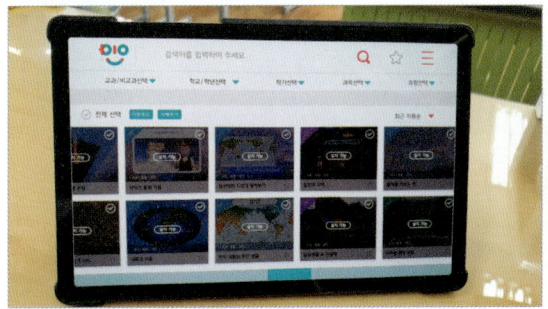 

교과서에 숨어있는 VR, AR!

CHAPTER 06

디지털교과서 실감형 콘텐츠 활용하기

04. 콘텐츠별 활용 방법을 알아보자!
05. 이것만은 알고 실감형 콘텐츠를 활용하자!
06. 실감형 콘텐츠 활용 교육! 도움 자료를 참고해 보세요!

METAVERSE

04 콘텐츠별 활용 방법을 알아보자!

실감형 콘텐츠가 적용된 학습 주제는 디지털교과서 홈페이지(http://dtbook.edunet.net)에서 확인하실 수 있습니다. 이제부터 각 콘텐츠 별 활용 방법을 자세히 알아보겠습니다.

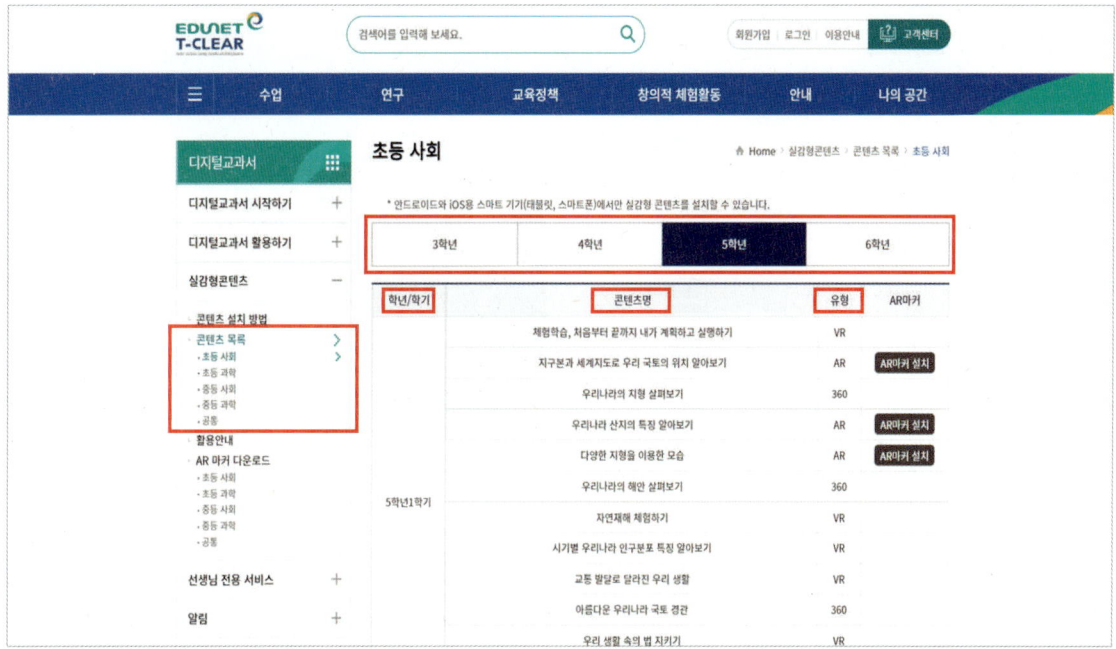

04.01. 증강현실(AR) 콘텐츠

증강현실(AR) 콘텐츠를 활용하는 법을 알아보겠습니다. 디지털교과서 내에는 AR 콘텐츠가 해당하는 단원 및 차시에 아이콘이 배치되어 있습니다.

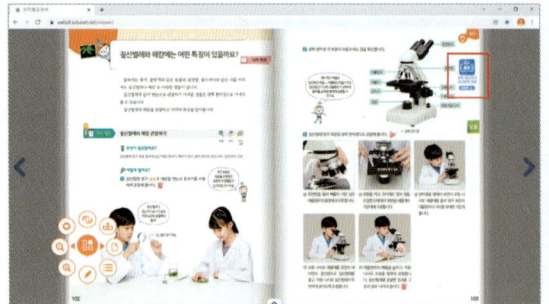
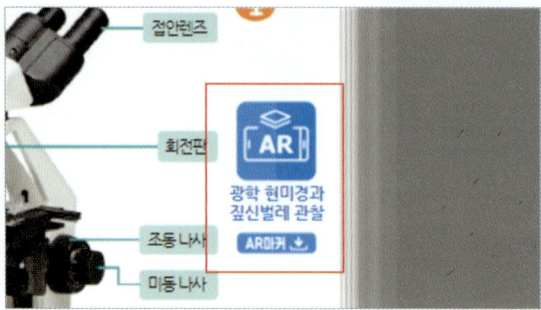

증강현실(AR) 콘텐츠 아이콘

04.01.01. 준비물

AR 마커 다운로드 페이지   AR 마커 다운로드 화면

*출처: 디지털교과서 사이트(dtbook.edunet.net)

증강현실(AR) 콘텐츠를 활용하기 위해서는 '스마트기기(태블릿PC 또는 스마트폰)'와 스마트기기의 카메라가 인식할 수 있는 디지털 표식인 'AR 마커'가 필요합니다. AR 마커는 디지털교과서 사이트(dtbook.edunet.net)에서 다운로드하고 인쇄하여 사용할 수 있습니다.

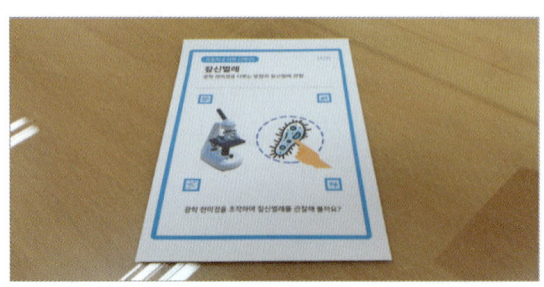

AR 마커   AR 구현된 예

*출처: 디지털교과서 초등학교 5-1 과학 AR '광학 현미경과 짚신벌레 관찰'

METAVERSE

04.01.02. 시연

초등학교 5학년 1학기 사회 '지구본과 세계지도로 우리 국토 위치 알아보기' AR 콘텐츠 실행 모습을 예시로 보여드리겠습니다.

① 디지털교과서 사이트에서 도안을 먼저 다운로드 하겠습니다. 크롬에서 디지털교과서를 검색하거나 사이트 주소(dtbook.edunet.net)를 입력하여 접속합니다.

② 좌측의 탭에서 '실감형 콘텐츠 - AR마커 다운로드 – 초등사회'를 선택합니다.

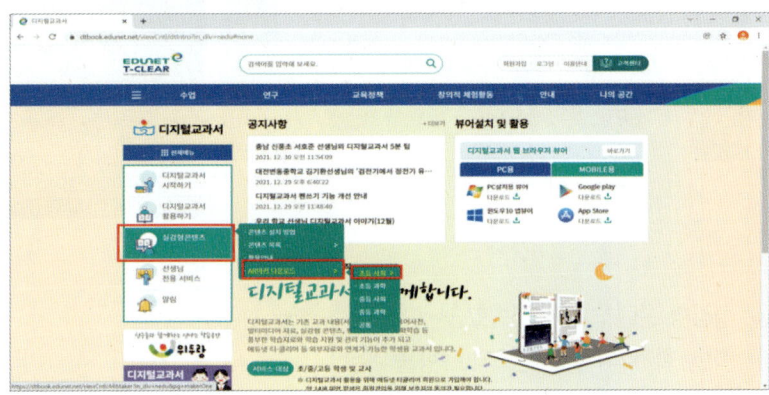

③ '5학년' 탭을 선택한 뒤 해당 차시의 'AR마커 설치' 클릭합니다.

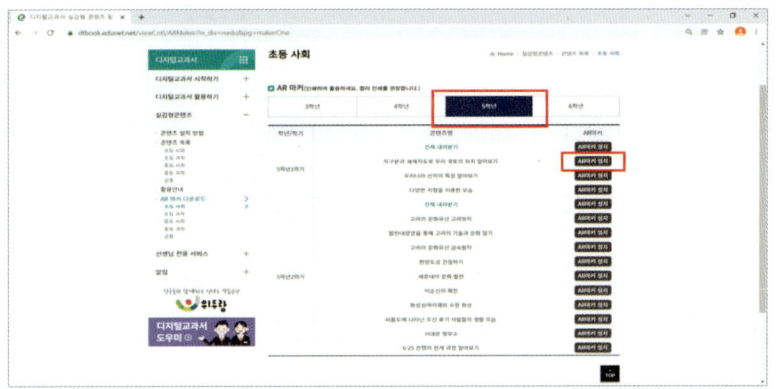

교과서에 숨어있는 VR, AR! 75

④ 다운로드하여 인쇄합니다.

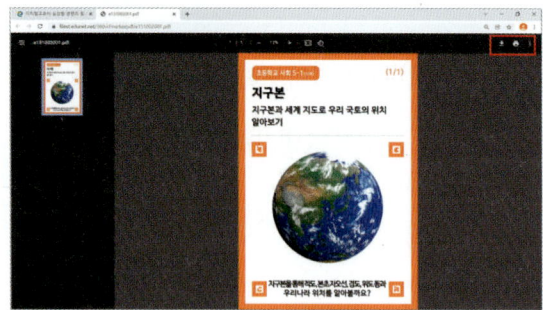 

⑤ 이제 실감형 콘텐츠 앱에 접속해 보겠습니다. 디지털교과서 뷰어에서 'AR아이콘'을 클릭하여 앱에 접속하거나, 앱을 직접 실행시켜 접속할 수 있습니다.

⑥ 실감형 콘텐츠 앱에 접속했습니다. 학년, 학기, 과목, 콘텐츠의 유형을 선택합니다.

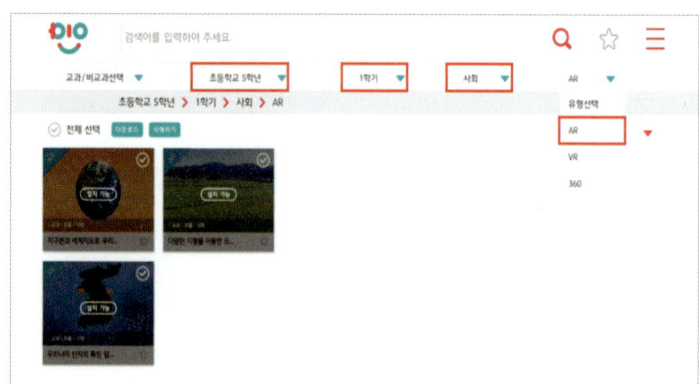

METAVERSE

⑦ 해당 주제를 클릭합니다.

⑧ '콘텐츠설치'를 클릭합니다.

⑨ 콘텐츠가 다운로드 될 동안 잠시 기다립니다.

⑩ 스마트폰의 카메라 뷰에 AR마커 도안을 가져다 댑니다.

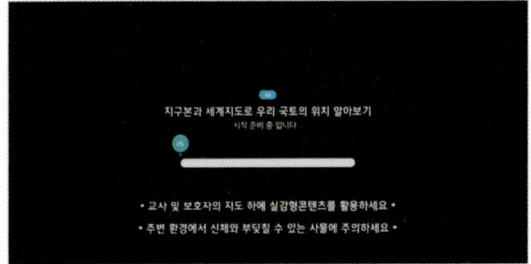

⑪ 카메라가 도안을 인식하자 스마트기기 화면에 입체 영상이 구현됩니다.

교과서에 숨어있는 VR, AR!

⑫ 이어서 학습 내용에 대한 설명을 듣고, 스마트기기의 화면을 손가락으로 직접 터치해 보는 등의 조작 활동도 할 수 있습니다.

04.02. 가상현실(VR), 360° 콘텐츠

디지털교과서 내에는 VR, 360° 동영상 콘텐츠가 해당하는 단원 및 차시에 아이콘이 배치되어 있습니다.

 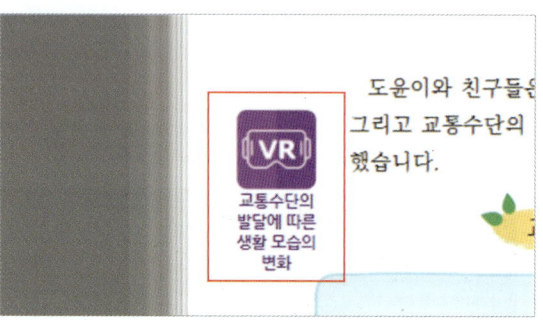

'가상현실(VR) 콘텐츠' 아이콘

 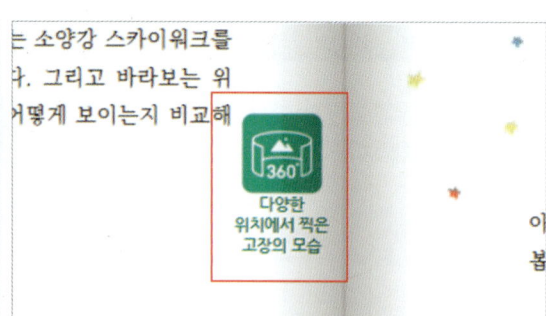

'360° 사진 및 동영상 콘텐츠' 아이콘

*출처: 디지털교과서 초등학교 사회 3-1

04.02.01. 준비물

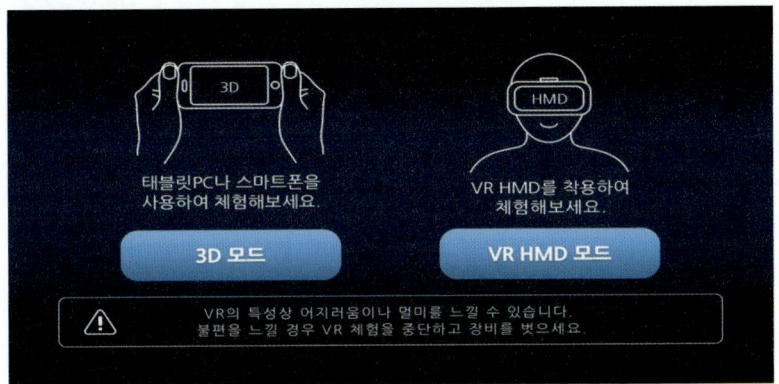

VR · 360° 콘텐츠를 실행시키면 '3D모드'와 'HMD모드' 중에서 선택하라는 창이 나옵니다. '3D모드'를 사용할 경우에는 태블릿PC나 스마트폰이 필요하고, 'HMD모드'를 사용할 경우에는 스마트폰과 HMD가 필요합니다.

HMD

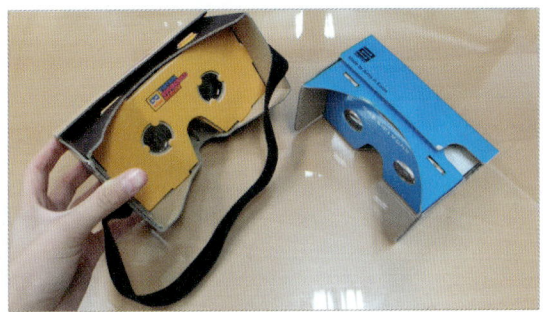

구글 카드보드

*출처: pixabay.com / 직접 촬영

HMD(Head Mounted Display)는 안경처럼 머리에 쓰고 시야를 가려 가상현실에 더욱 몰입할 수 있도록 돕는 헤드셋을 의미하는데요. 학교 현장에서 비교적 저렴하고 쉽게 체험할 수 있는 HMD로 '구글 카드보드(Google Cardboard)'가 있습니다. VR 영상을 실행시킨 스마트폰을 구글 카드보드 안에 넣어 렌즈로 바라보면 간편하게 VR을 체험할 수 있습니다.

04.02.02. 시연

초등학교 4학년 2학기 과학 '화산 분출물 알아보기' VR 콘텐츠 실행 모습을 예시로 보여드리겠습니다.

① 실감형 콘텐츠 앱을 실행시킵니다. 디지털교과서 뷰어에서 'VR 아이콘'을 클릭하여 접속하거나, 앱을 직접 실행시킬 수 있습니다.

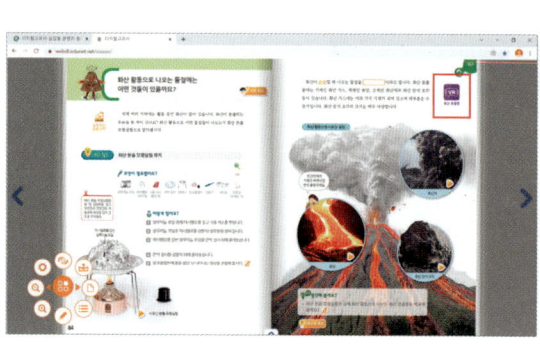

② 실감형 콘텐츠 앱에 접속했습니다. 학년, 학기, 과목, 콘텐츠의 유형을 선택합니다.

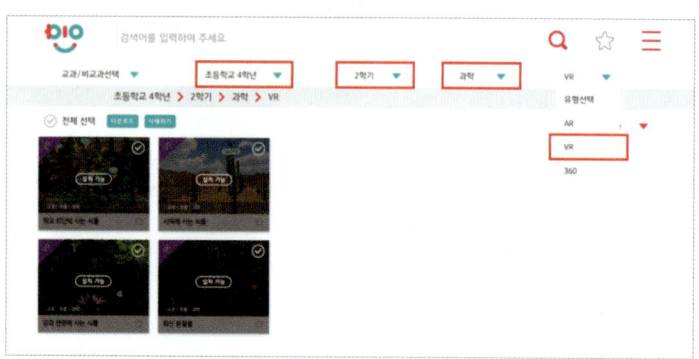

③ 해당 주제 '화산 분출물'을 클릭합니다.

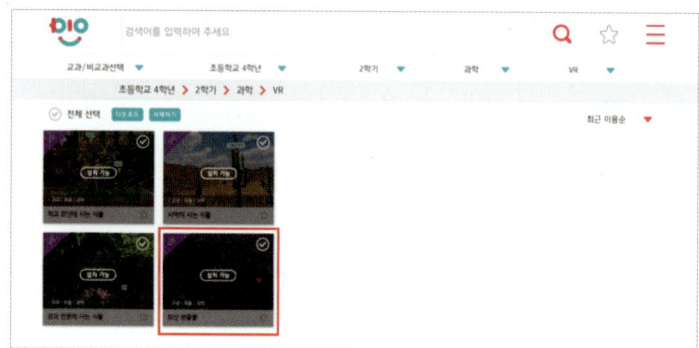

METAVERSE

④ '콘텐츠설치'를 클릭합니다.

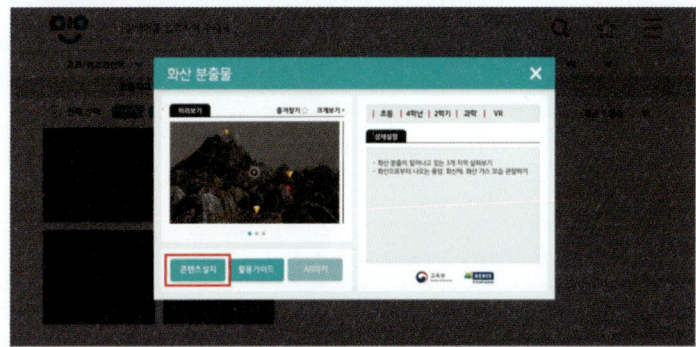

⑤ 콘텐츠가 다운로드 될 동안 잠시 기다립니다.

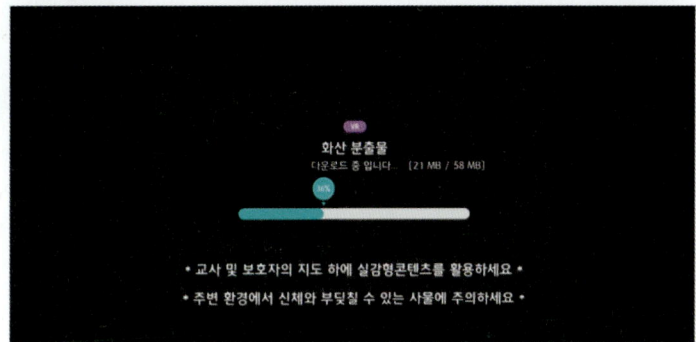

⑥ 구글 카드보드로 체험해 보려고 합니다. 'VR모드'를 선택해 주세요.

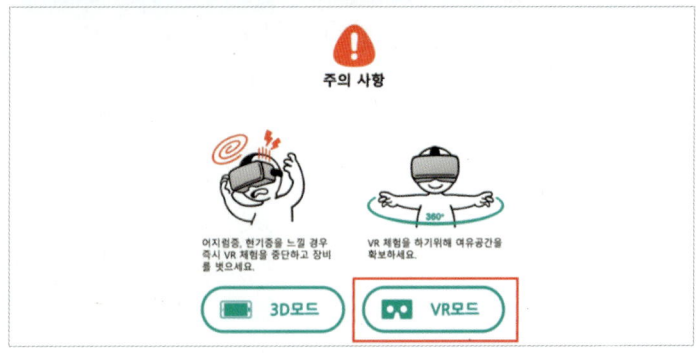

⑦ 그럼 영상이 자연스럽게 두 개의 렌즈로 볼 수 있도록 전환이 됩니다.

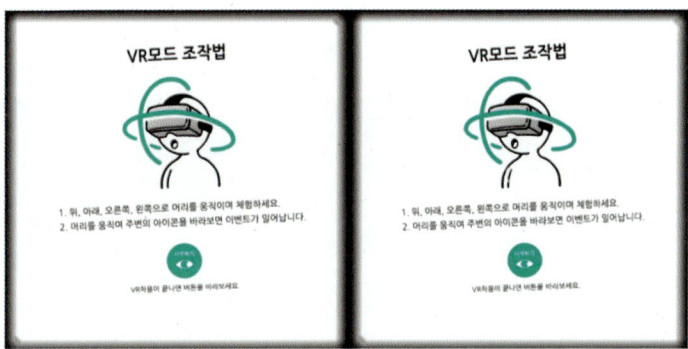

교과서에 숨어있는 VR, AR!

⑧ 스마트폰을 구글 카드보드에 넣어줍니다.

⑨ 구글 카드보드 속 렌즈를 통해 VR 체험을 시작합니다.

⑩ VR 영상 속 안내 음성에 따라 화산 활동을 생생하게 관찰합니다.

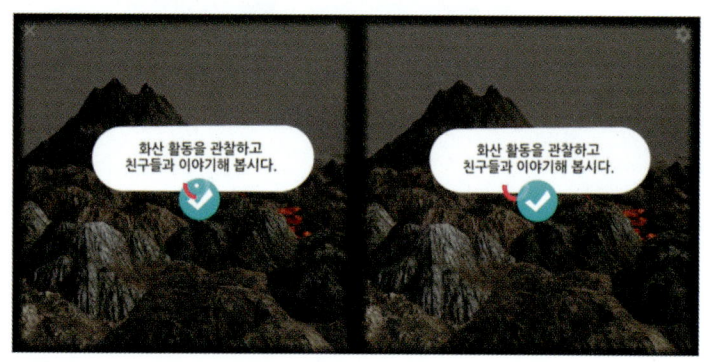

⑪ 구글 카드보드를 움직이면 화산 활동을 여러 방향에서 관찰할 수도 있습니다.

METAVERSE

 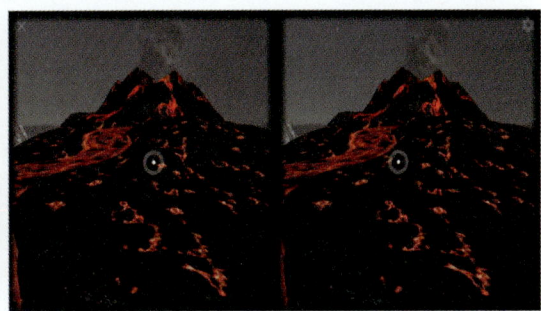

05 이것만은 알고 실감형 콘텐츠를 활용하자!

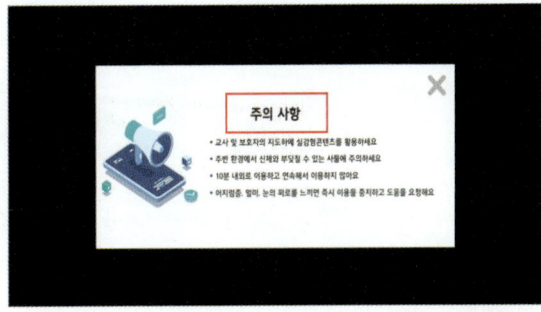 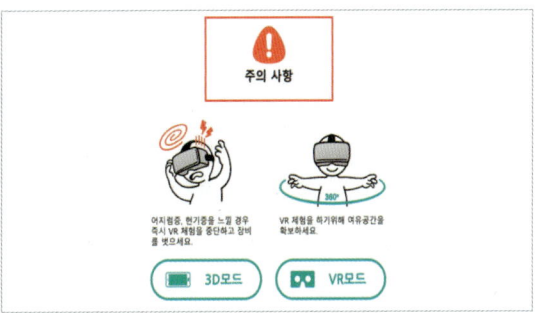

주의사항 안내 화면

실감형 콘텐츠 앱을 실행시키면 위와 같이 안전 및 건강과 관련하여 주의사항을 지속적으로 안내합니다. 실감형 콘텐츠를 체험하기 전에, 학생들에게 자리 주변을 정돈해 여유 공간을 확보하고 되도록 고정된 자리에 앉아서 체험할 수 있도록 지도합니다. 학생들이 스마트기기 화면에 집중하다 보면 주변을 의식하지 못해 체험 도중 학생들끼리 부딪치거나 장애물에 걸려 넘어지는 등의 안전사고가 발생할 수 있기 때문입니다. 또한, 오랜 시간 이용을 자제하고 체험 중간에 쉬는 시간을 꼭 가지도록 지도해야 합니다.

건강활용 가이드북(교사용/학생용)

실감형 콘텐츠는 시각정보와 신체정보의 불일치를 일으켜 균형감각이나 방향감각을 잃게 하면서 '디지털 멀미'를 발생시킬 수 있고 사람에 따라 어지럼증, 현기증을 느낄 수도 있기 때문입니다. 디지털교과서 사이트(dtbook.edunet.net)에 가시면 이와 관련하여 실감형 콘텐츠를 건강하고 안전하게 활용할 수 있는 안내 자료들(가이드북 및 동영상)이 탑재되어 있으니 참고해 보시길 바랍니다.

건강활용 동영상

*출처: 디지털교과서 사이트(dtbook.edunet.net)-디지털교과서 활용하기-건강하게 활용하기

METAVERSE

06. 실감형 콘텐츠 활용 교육! 도움 자료를 참고해 보세요!

실감형 콘텐츠를 활용한 수업을 준비하실 때, 디지털교과서 사이트에 탑재되어 있는 다양한 자료를 참고하시어 도움을 받아보세요.

06.01. 디지털교과서 활용 수업 사례

디지털교과서 사이트 내 '디지털교과서 활용하기' 탭에는 학교군별 디지털교과서 활용 수업 사례를 영상으로 탑재해 놓았습니다. 여러 선생님들이 원격수업 및 대면 수업에서 디지털교과서 실감형 콘텐츠를 활용해 수업하시는 모습을 살펴보실 수 있습니다.

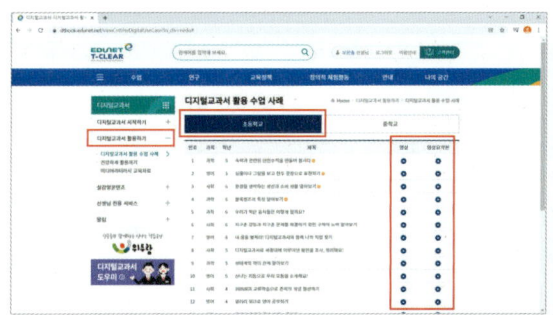 

초등학교 수업 사례 영상

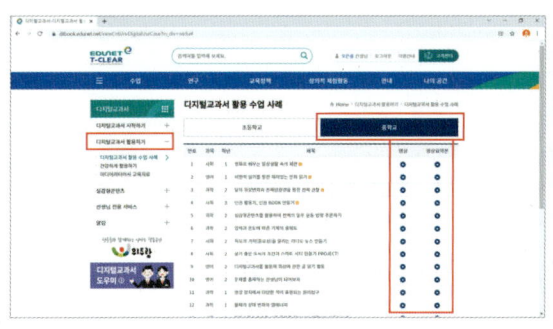 

중학교 수업 사례 영상

06.02. 실감형 콘텐츠 활용안내서

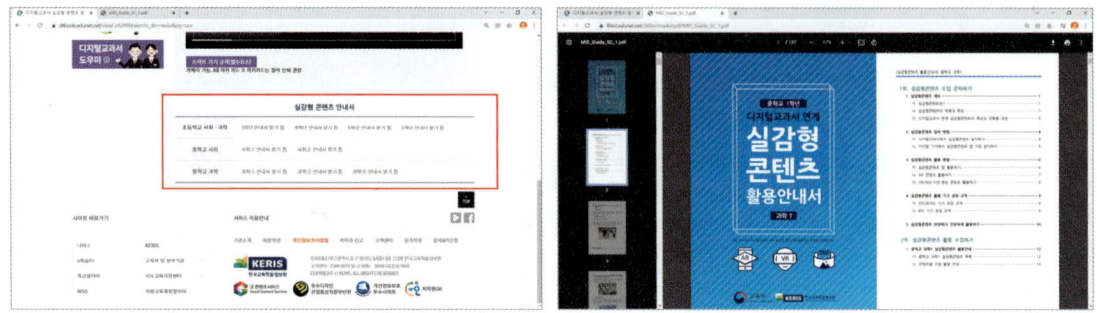

'실감형 콘텐츠'-'활용안내' 탭에는 학교급·학년별로 '실감형 콘텐츠 활용안내서'를 탑재해 두었습니다. 수업 준비에 도움 받을 수 있는 여러 자료들과 콘텐츠별 학습지·활동지가 첨부되어 있어 인쇄하셔서 바로 수업에 활용하실 수 있습니다.

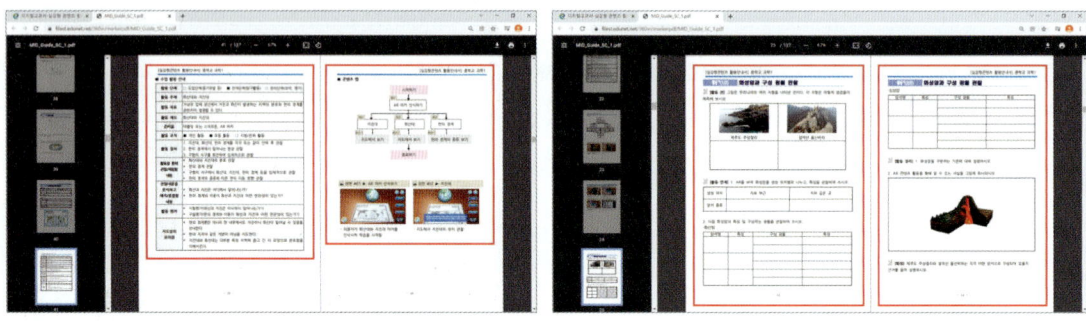

수업 활용 안내 및 콘텐츠 맵　　　　　**수업용 활동지**

METAVERSE

06.03. 선생님 전용 서비스

이 외에도 '선생님 전용 서비스' 탭에서 원격 연수 동영상 및 교재를 참고하실 수 있으며, 각종 수업사례 동영상과 교수학습과정안을 다운로드하실 수 있으니 수업에 적극 활용하시기 바랍니다.

디지털교과서 원격연수콘텐츠

연수교재 및 강의자료

수업사례 동영상

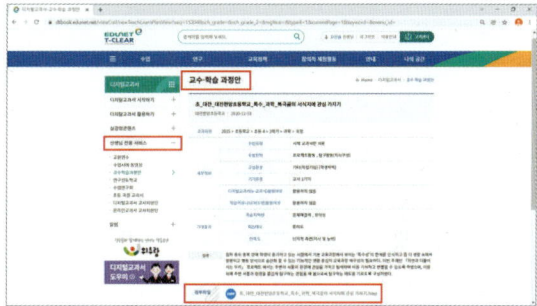
교수학습과정안

오늘 익히신 실감형 콘텐츠를 수업 과정에서 적절히 활용하시어, 학생들이 메타버스의 큰 축을 이루는 증강현실(AR)과 가상현실(VR)을 쉽고 재미있게 체험하는 동시에 배움의 즐거움을 알 수 있게 되길 기대합니다.

수업에 쉽게 적용하는
VR, AR!

메타버스
교육백서

CHAPTER 07

독도 교육에 VR, AR 콘텐츠 활용하기

01. 독도 교육에 VR, AR 활용의 필요성을 알아보자!
02. 디지털교과서 실감형 콘텐츠로 독도를 만나보자!
03. 360도 VR 콘텐츠로 독도를 만나보자!
04. 사이버 체험관에서 독도를 만나보자!

01 독도 교육에 VR, AR 활용의 필요성을 알아보자!

독도는 경상북도 울릉군에 속하는 화산섬으로써 동도와 서도 외에 89개 부속 도서로 이루어져 있는 우리나라의 소중한 영토입니다. 독도 인근에는 메탄하이드레이트, 망간, 니켈 등의 풍부한 지하자원이 매장되어 있으며, 독도 주변 해역은 풍성한 황금 어장이 조성되어 있어 경제적인 가치가 높습니다. 또한 독도는 동해를 안전하게 지키기 위한 전략적 기지로 활용될 수 있어 군사적으로도 중요성이 큽니다.

*출처:

https://www.edunet.net/nedu/contsvc/viewWkstCont.do?clss_id=CLSS0000000362&menu_id=81&contents_id=37669c8c-f17f-4ce0-a917-1ac5f19f9514&svc_clss_id=CLSS0000017802&contents_openapi=naverdic

*출처:
https://dokdo.mofa.go.kr/kor/pds/gallery_list07.jsp?pagenumber=1&st03=C#search

*출처1: https://dokdo.mofa.go.kr/kor/pds/docu.jsp

*출처2: https://www.bbc.com/korean/news-49067675

독도는 역사적, 지리적, 국제법적으로 명백한 우리 고유의 영토입니다. 독도에 대한 영유권 분쟁은 존재하지 않으며, 독도는 외교 교섭이나 사법적 해결의 대상이 될 수 없습니다. 하지만 일본 정부는 독도에 관한 영유권 야욕을 지속적으로 드러내고 있습니다. 그뿐만 아니라 최근 중국과 러시아 또한 독도의 안보를 위협하고 있어 국민들의 안보 의식 고취가 필수적인 상황입니다.

METAVERSE

이에 미래를 이끌어 갈 학생들과 이를 가르치는 교사가 독도에 관한 올바른 인식을 가져야 합니다. 이러한 이유로 국가에서는 '독도의 날'을 지정하여 매년 계기 교육을 실시하고 있습니다. 계기 교육에서 많은 선생님들은 '독도는 우리 땅' 노래 부르기, 독도 영상 시청, 독도 사랑 글짓기, 만화, 포스터 등을 활용한 교육을 현장에서 실시해왔습니다. 최근에는 빠르게 발전하고 있는 기술을 반영하여 새롭게 등장하는 다양한 VR, AR 콘텐츠를 독도 교육에 활용하기도 합니다.

독도 교육에서의 VR, AR 활용의 교육적 효과는 높습니다. 시공간 상의 제약이 있어 직접 가보지 못하는 독도를 가상으로 체험해 볼 수 있기 때문입니다. 독도에 직접 가보는 것과 책과 영상으로만 접하는 것은 큰 차이가 있습니다. 실제로 독도에 다녀온 사람의 경험담에 따르면 독도를 실제로 봤을 때 장엄함이 인상 깊었으며, 독도가 소중한 곳임을 느꼈다고 합니다. 가상현실과 증강현실을 활용하면 독도를 실제로 보는 것에 준하는 경험을 할 수 있어 교육적 효과가 높습니다.

하지만 아직까지 교육 현장에서 독도 VR, AR 콘텐츠의 활용도는 높지 않은 것으로 보입니다. VR, AR이라는 새로운 기술이 다소 어렵게 느껴지며, 특별한 장비가 필요하다는 생각이 들기 때문입니다. 따라서 이번 차시에는 비싼 장비 없이 쉽고 간단하게 활용할 수 있는 다양한 VR, AR 콘텐츠를 소개해 드리고자 합니다. 소개해 드리는 자료는 디지털교과서 실감형 콘텐츠, 독도 교육 360도 VR 사진 및 영상, 독도 사이버 체험관입니다. 여러 콘텐츠를 살펴보시고, 필요에 따라 수업에 적용해 보시기 바랍니다.

02 디지털교과서 실감형 콘텐츠로 독도를 만나보자!

디지털교과서는 기존의 교과 내용에 용어사전, 멀티미디어 자료, 실감형 콘텐츠, 평가 문항, 보충 심화학습 등 풍부한 학습자료와 학습 지원 및 관리 기능이 추가되고 에듀넷 티-클리어 등 외부자료와 연계가 가능한 학생용 교과서입니다. 교육 현장에서 가장 쉽게 VR, AR을 활용할 수 있는 방법은 디지털교과서의 실감형 콘텐츠를 활용하는 것입니다. 실감형 콘텐츠는 AR, VR(3D), VR(HMD), 360동영상 유형별로 분류되어 있으며, 스마트 기기를 이용하여 활용할 수 있습니다. 이 실감형 콘텐츠 사회 교과에는 독도 교육에 활용하기 좋은 VR, AR, 360동영상 자료가 있습니다.

*출처 : https://dtbook.edunet.net/viewCntl/dtIntro?in_div=nedu

02.01. 디지털교과서 실감형 콘텐츠
– AR 콘텐츠를 활용하여 초등 독도 교육하기

첫 번째로 실감형 콘텐츠의 AR 콘텐츠를 살펴보겠습니다. 디지털교과서의 AR 마커를 통해 현실에 독도를 불러와서 교육에 활용할 수 있습니다. 학생들이 태블릿 PC를 이용하여 AR 마커를 찍고 독도를 불러와서 독도의 지형, 역사적 자료를 살펴볼 수 있습니다. 이 수업에서는 태블릿 PC 또는 스마트폰, AR 마커(선택)가 필요합니다.

초등학교 6학년 사회를 보면 '독도를 지켜라'라는 제목의 독도 AR 콘텐츠가 있습니다. 이 차시는 독도 주요 지형에서 독도에 대한 옛 지도 및 기록을 수집하는 내용으로 콘텐츠가 이루어져 있습니다. 설명을 들으며 독도의 지리를 배울 수 있을 뿐만 아니라 팔도총도, 대일본전도, 세종실록지리지 등의 역사적 자료를 살펴보면서 독도가 우리 땅이라는 증거를 배우고 자긍심을 느낄 수 있습니다. 콘텐츠의 마무리에서는 퀴즈를 통해 내용을 재밌게 복습해 볼 수 있습니다. 마지막으로 이 자료는 AR 마커가 없어도 활용할 수 있어 스마트 기기 하나만으로 활동을 구성할 수 있다는 장점이 있습니다.

① 먼저 스마트폰이나 태블릿 PC로 실감형 콘텐츠 앱에 접속합니다.

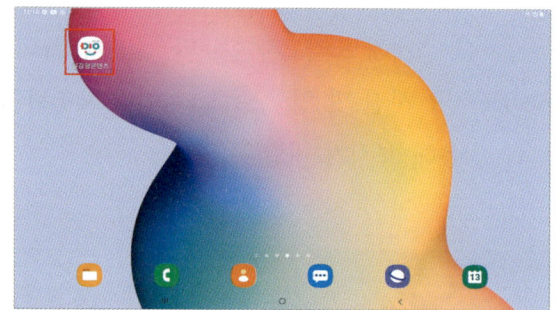

② 상단의 메뉴에서 교과를 눌러주시고, 초등학교 6학년 2학기 사회를 선택합니다.

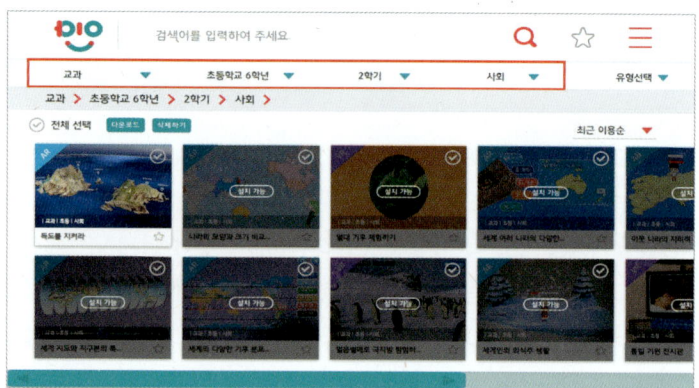

METAVERSE

③ '독도를 지켜라' 콘텐츠를 누르고 실행합니다.

④ 시작하기 버튼을 누른 후에 설명에 따라 클릭합니다.

⑤ 원하는 독도 지형을 누르면 관련 설명이 나옵니다.

수업에 쉽게 적용하는 VR, AR! 93

02.02. 디지털교과서 실감형 콘텐츠
– 360동영상 콘텐츠 활용하기

두 번째로 디지털교과서의 360도 콘텐츠를 알아보겠습니다. 디지털교과서의 360동영상은 초·중등 교육 모두 활용할 수 있으며, 사회뿐만 아니라 창의적 체험활동이나 독도 계기 교육에서도 활용하실 수 있습니다. 학생들이 스마트 기기를 들고 360도로 독도를 감상할 수 있는 실감형 콘텐츠의 360동영상에 대해 살펴보겠습니다.

02.02.01. 초등 교육과정과 연계하기

초등학교 3학년 사회에 보면 '지명으로 알아보는 독도의 자연환경'이라는 이름의 실감형 콘텐츠가 있습니다. 이 콘텐츠에서는 독도 지명 및 자연환경을 살펴볼 수 있습니다. 먼저 독도 이름의 역사에 대해서 알아보는 활동으로 시작하여 독도 지형을 살펴보며 이름의 유래를 알아봅니다. 독도 바위의 모습을 보고 퀴즈를 통해 이름을 맞춰보는 활동이 있어 이 콘텐츠를 활용할 시에 수업을 흥미롭게 구성할 수 있습니다.

① 먼저 스마트폰이나 태블릿 PC로 실감형 콘텐츠 앱에 접속합니다.

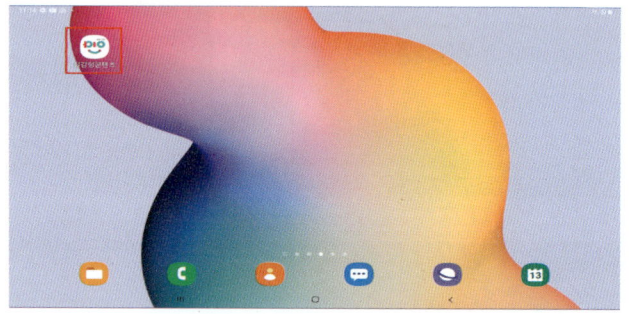

② 상단의 메뉴에서 교과를 눌러주시고, 초등학교 3학년 1학기 사회를 선택합니다.

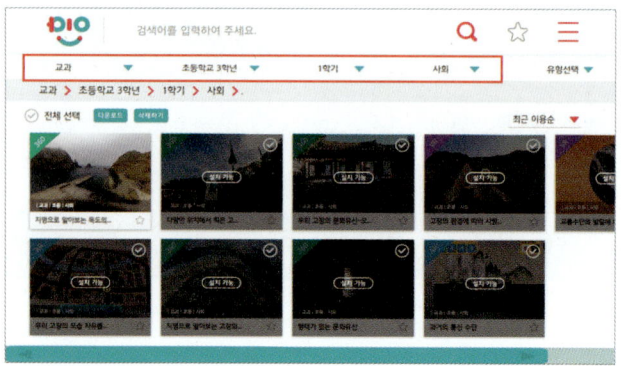

METAVERSE

③ '지명으로 알아보는 독도의 자연환경' 콘텐츠를 누르고 실행합니다.

④ 시작하기 버튼을 누르고 360도 영상을 시청합니다.

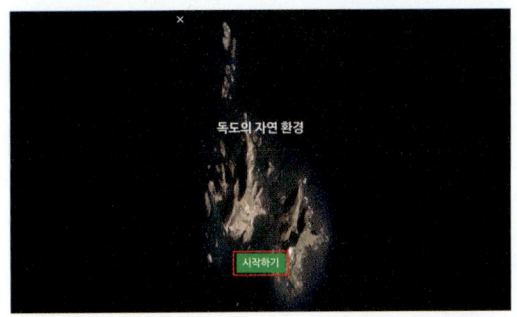 

⑤ 지형 이름 퀴즈와 함께 관련 설명이 나옵니다.

수업에 쉽게 적용하는 VR, AR!

02.02.02. 중등교육과정과 연계하기

중학교 2학년 사회에 보면 '소중한 우리 영토, 독도'라는 명칭의 실감형 콘텐츠가 있습니다. 이 콘텐츠에는 360도 VR로 가상의 독도 답사를 해보며 주요 경관을 관찰하는 내용이 담겨있습니다. 이 자료는 HMD기기를 통해 VR로 체험해 볼 수도 있습니다. 학생들이 HMD기기를 착용하여 독도의 전경 및 주요 장소를 터치하여 360도 실제 사진을 감상해 볼 수 있습니다. 특히 지형뿐만 아니라 독도 숙소, 물골, 독도 접안시설 등을 살펴볼 수 있어 독도에서의 생활 또한 간접 체험해 볼 수 있습니다.

① 먼저 스마트폰이나 태블릿 PC로 실감형 콘텐츠 앱에 접속합니다.

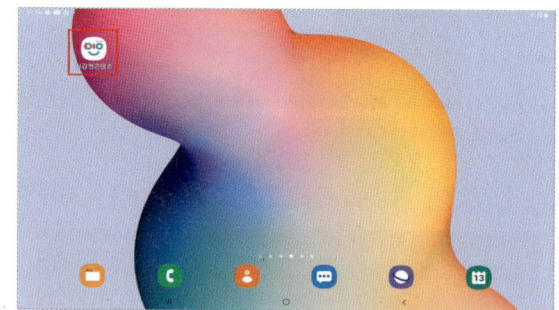

② 상단의 메뉴에서 교과를 눌러주시고, 중학교 2학년 사회를 선택합니다.

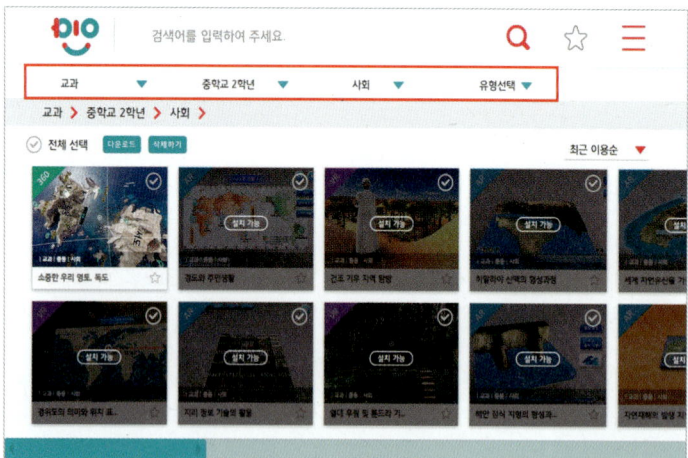

METAVERSE

③ '소중한 우리 영토, 독도' 콘텐츠를 누르고 실행합니다.

④ 영상 시청 방법을 선택합니다.

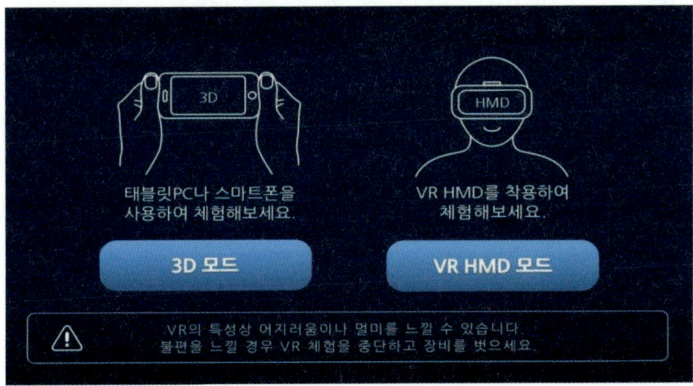

⑤ 원하는 지형을 선택하여 설명을 들으며 자세히 살펴볼 수 있습니다.

03 360도 VR 콘텐츠로 독도를 만나보자!

수업에 활용하기 좋은 독도 교육 360도 VR 영상 콘텐츠로는 대표적으로 해양수산부 국립해양조사원에서 제공하는 '탐험해' 콘텐츠가 있습니다. 국립해양조사원 탐험해 사이트에 접속하면 여러 종류의 VR 콘텐츠가 있습니다. 독도의 보찰바위, 해녀바위, 군함바위 등 여러 공간을 구석구석 살펴볼 수 있는 독도 VR 18개소 콘텐츠가 있으며, 독도 해양을 가상체험해 볼 수 있는 '독도해양공간 가상체험' 360도 VR 영상이 제공되고 있습니다.

*출처: http://www.khoa.go.kr/exploreSea/intro.html

03.01. 360도 VR 사진 – 독도 VR 18개소 살펴보기

먼저 독도 VR 18개소로 떠나보겠습니다. 독도 VR 콘텐츠에 들어가면 하늘에서 바라본 독도의 전경이 고화질로 보입니다. 이 전경을 돌리거나 확대해서 독도를 살펴볼 수 있으며, 독도의 18개의 지형지물을 클릭하여 자세히 살펴볼 수 있습니다. 삼형제굴바위, 보철바위, 우산봉 전경, 독도 선착장 등 다양한 지형지물을 확대해서 볼 수 있습니다. 독도 지형을 입체적으로 살펴볼 수 있어 초·중·고 지리교육에서 활용될 수 있습니다.

① 국립해양조사원 홈페이지에 접속한 후 좌측 '개방해' 메뉴의 '탐험해'를 클릭합니다.

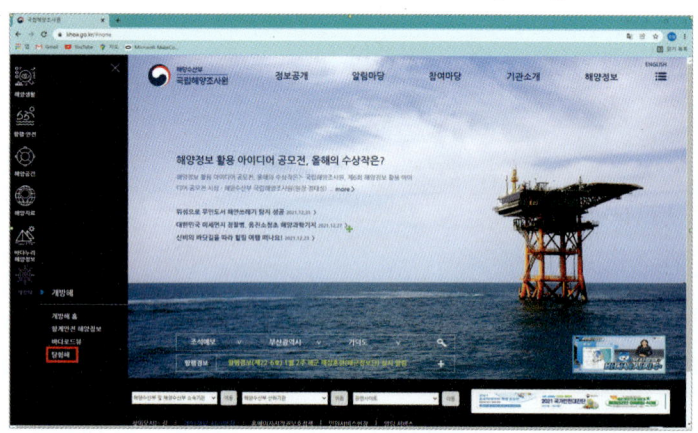

*출처:
해양수산부 국립해양조사원 홈페이지
:https://www.khoa.go.kr/#none

METAVERSE

② 좌측에 '독도 VR 18개소'를 클릭합니다.

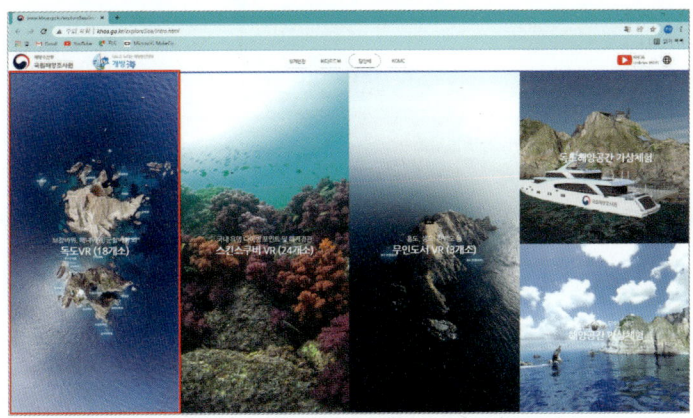

③ 화면을 돌려가며 살펴볼 수 있으며, 원하는 독도 지형을 클릭하여 자세히 살펴볼 수 있습니다.

* 출처: http://www.khoa.go.kr/exploreSea/index.html?type=dokdo&place=place16&lang=ko

03.02. 360도 VR 영상 – 독도해양공간 가상체험 살펴보기

이번에는 독도 해양공간 가상체험 360도 VR 영상입니다. 이 콘텐츠는 크게 세 가지의 장점이 있습니다. 첫째로, 하늘을 날아다니며 바라본 것처럼 독도 구석구석을 영상으로 살펴볼 수 있습니다. 둘째로, 독도 해안 및 바닷속을 살펴볼 수 있습니다. 실제 독도에 가도 보기 힘든 독도의 해양공간을 살펴볼 수 있다는 것이 큰 장점입니다. 마지막으로 구글 카드보드를 활용하여 독도의 풍경을 실제 보는 것처럼 가상체험을 해볼 수 있습니다.

① 국립해양조사원 홈페이지에 접속한 후 좌측 '개방해' 메뉴의 '탐험해'를 클릭합니다.
② 우측에 '독도해양공간 가상체험'을 클릭합니다.

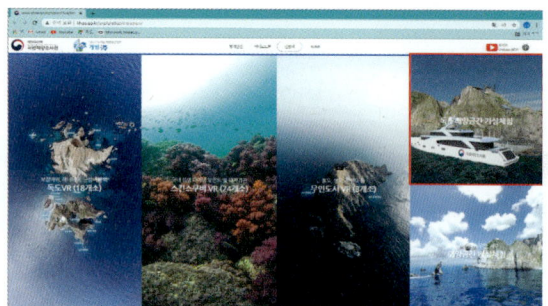

*출처: 해양수산부 국립해양조사원 홈페이지 https://www.khoa.go.kr/#none

③ 연결된 유튜브 동영상을 전체화면으로 설정한 후 스마트 기기를 돌려가며 영상을 감상합니다.

*출처: https://www.youtube.com/watch?v=QyB3VDH7cns

04 사이버 체험관에서 독도를 만나보자!

지금까지 안내해 드린 콘텐츠와 연계하여 독도에 관해 자세한 정보를 얻을 수 있는 VR 콘텐츠가 있습니다. 바로 동북아역사재단 독도체험관의 사이버 체험관입니다. 동북아역사재단 독도체험관은 아동·청소년에게 독도에 대한 올바른 정보와 인식을 전하기 위해 설립된 박물관입니다.

독도체험관은 역사관, 자연관, 4D 영상관, 기획전시로 이루어져 있으며, 이 중 역사관과 자연관에 교육적으로 활용하기 좋은 자료들이 많습니다. 역사관에서는 독도의 첫 등장부터 오늘날까지의 역사를 전근대, 근대, 일제강점기, 해방 후로 나누어 소개하고 있습니다. 자연관에서는 독도의 기후, 독도 지형과 지질, 독도 생태환경으로 나누어서 독도에 대한 지리·지질·기후·해양·생태계 등의 자연 과학적 연구 결과를 바탕으로 소개하고 있습니다.

* 출처: http://dokdomuseumseoul.com/main/main.do

04.01. 독도체험관의 사이버 체험관 알아보기

그중에서도 오늘 소개해 드릴 곳은 사이버 체험관입니다. 사이버 체험관을 이용하면 직접 가보지 않고도 독도체험관을 가상으로 방문해 볼 수 있습니다. 독도체험관의 사이버 체험관에 접속하면 독도체험관을 360도 VR로 전시물을 감상할 수 있습니다. 이때 패드를 활용하거나 HMD기기를 활용하여 체험할 수 있습니다. 사이버 체험관에 접속해서 바닥의 흰 동그라미를 클릭해서 이동하며 둘러볼 수 있습니다. 또한, 전시물에 부착된 색 동그라미 버튼을 누르면 자료 설명 및 교육 영상, 전시해설 영상을 볼 수 있습니다.

① 동북아역사재단 독도체험관 홈페이지 하단의 사이버 체험관을 클릭합니다.

*동북아역사재단 독도체험관 홈페이지 :
http://dokdomuseumseoul.com/main/main.do

② 독도체험관의 사이버 체험관에 접속하면 360도로 전시물을 감상할 수 있습니다.

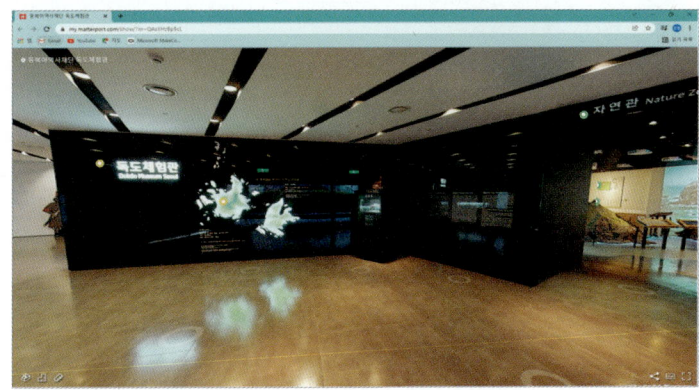

③ 우측 하단의 카드보드 버튼을 누르고 HMD기기와 연동하면 VR로 체험관을 관람할 수 있습니다.

④ 바닥의 흰 동그라미를 클릭해서 이동하며 둘러볼 수 있습니다.

⑤ 전시물에 부착된 색 동그라미 버튼을 누르면 전시해설 영상 및 자료설명을 볼 수 있습니다.

* 출처: https://my.matterport.com/show/?m=QAsXHzBp5cL

04.02. 독도체험관 교육자료 활용하기

독도체험관 견학의 교육 효과를 높이는 방법 중 하나는 학습지나 보고서 등의 자료들을 활용하는 것입니다. 독도체험관 홈페이지의 열린광장에 들어가면 독도 자료 페이지가 있습니다. 이 페이지를 살펴보면 독도체험관 관람 시 활용하기 좋은 학습지가 학생 연령별로 준비되어 있습니다. 초등학교 저학년, 고학년, 청소년 자료까지 준비되어 있어 학생 연령별로 취사선택할 수 있습니다.

* 출처: http://dokdomuseumseoul.com/main/main.do#!/open/dokdodataList.do

이 중 대표적으로 청소년 학습지를 보도록 하겠습니다. 학습지는 E-book 또는 PDF 파일로 구성이 되어있습니다. 독도 관련 12개 주제로 내용이 구성되어 학생들이 독도 학습지를 풀면서 독도의 자연과 역사에 대해서 전반적으로 배울 수 있습니다. 마지막에 십자말풀이, 생각과 느낌 적기 등의 활동을 관람 후 활동으로 활용할 수 있습니다.

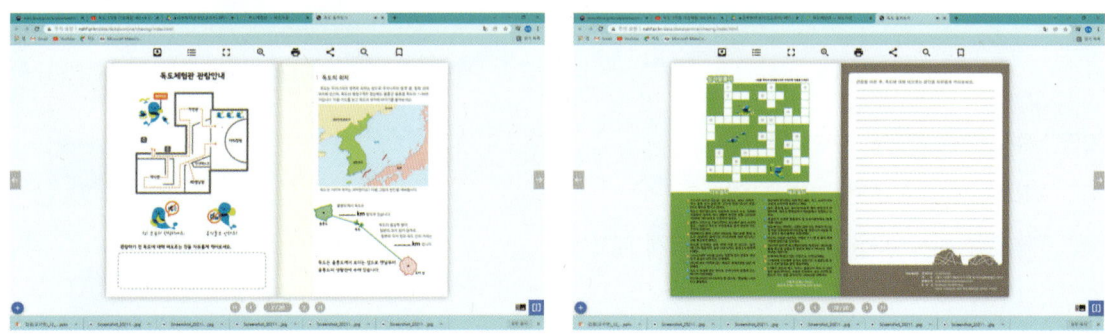

* 출처: http://dokdomuseumseoul.com/open/dokdodataDetail.do

앞에서 말씀드린 독도 VR, AR, 360도 영상 콘텐츠는 창의적 체험활동, 범교과 학습, 자유학기제 주제 선택 활동, 사회 교과와 연계하여 다양하게 활용할 수 있습니다. 적절한 콘텐츠를 사용하여 학생들이 독도의 가치와 중요성을 실감 나게 배우는 멋진 수업을 해보시기 바랍니다.

CHAPTER 08

역사 교육에 VR 콘텐츠 활용하기

05. VR로 경주 여행을 떠나보자!
06. VR로 수원화성 여행을 떠나보자!
07. VR 활용 역사 교육! 초·중등수업, 이렇게 해보세요!

METAVERSE

05. VR로 경주 여행을 떠나보자!

우리나라의 역사를 품은 도시를 떠올리면 대표적으로 경주가 생각날 것입니다. 경주는 불국사, 석굴암, 첨성대 등 다양한 신라의 유적이 모여있는 역사 도시입니다. VR을 활용하면 경주를 가상으로 체험해 볼 수 있습니다. 경주를 가상체험해 볼 수 있는 대표적인 콘텐츠 두 가지를 소개해 드리겠습니다.

05.01. 디지털교과서 실감형 콘텐츠 활용하기

불국사와 석굴암의 우수성 알기에서 활용할 수 있는 실감형 콘텐츠가 있습니다. 디지털교과서 실감형 콘텐츠로 들어가면 신라의 경주 유적지 360도 사진이 있습니다. 실감형 콘텐츠에 접속해서 대릉원 지구, 월성 지구, 불국사 등을 VR로 체험해 볼 수 있습니다.

① 먼저 스마트폰이나 태블릿 PC로 실감형 콘텐츠 앱에 접속합니다.

② 상단의 메뉴에서 교과를 눌러주시고, 초등학교 5학년 2학기 사회를 선택합니다.

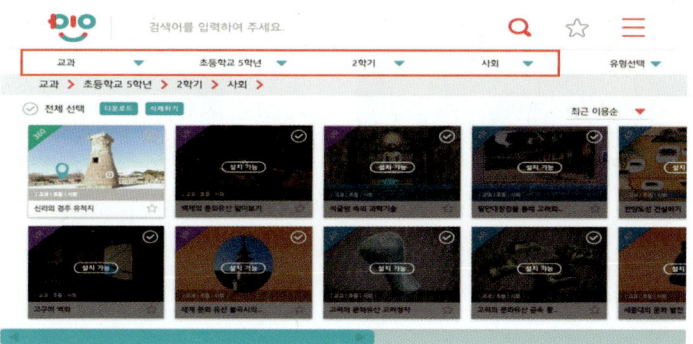

수업에 쉽게 적용하는 VR, AR!

③ '신라의 경주 유적지' 콘텐츠를 누르고 실행합니다.

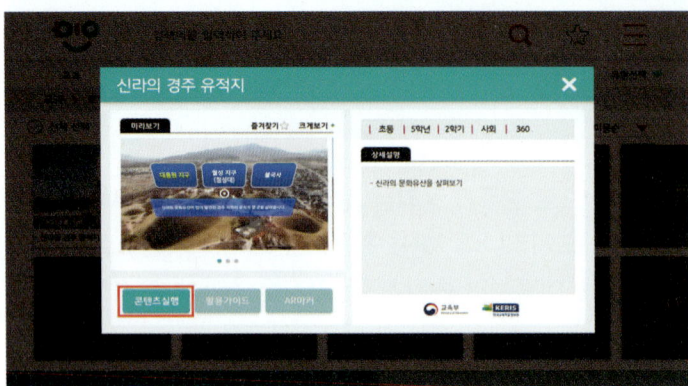

④ 영상 시청 방법을 선택합니다.

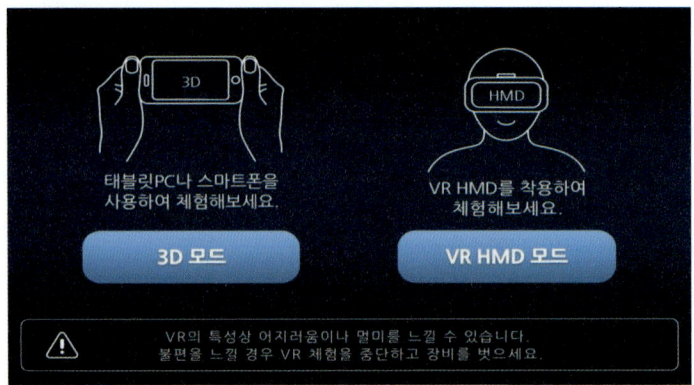

⑤ 스마트기기의 화면을 돌려가며 콘텐츠를 감상합니다.

METAVERSE

05.02. 경주문화관광 홈페이지 360도 VR 콘텐츠 활용하기

이번 콘텐츠는 경주문화관광 홈페이지의 경주 360도 VR 영상입니다. 경주문화관광 홈페이지에 접속해서 영상 속 경주 버튼을 클릭하면 항공촬영한 360도 영상뿐만 아니라 고화질로 촬영된 360도 VR을 볼 수 있습니다. 불국사, 석굴암뿐만 아니라 경주의 다양한 문화유산을 체험해 볼 수 있습니다. 구글 카드보드를 활용하여 학생들이 직접 체험해 볼 수도 있습니다.

① 구글 크롬으로 '경주문화관광' 홈페이지에 접속한 후 상단 중앙의 '영상 속 경주'를 클릭합니다.

② 원하는 360도 VR 영상을 클릭합니다.

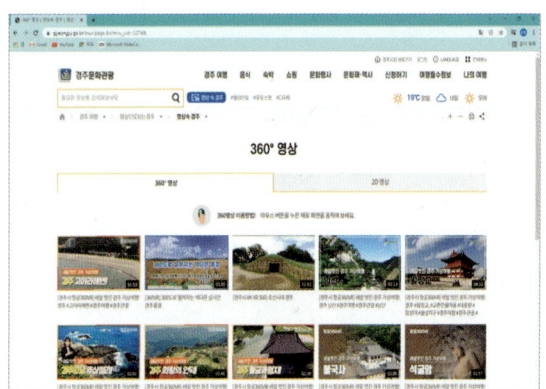

③ 연결된 유튜브 영상을 전체화면으로 설정하여 감상합니다.

*출처: https://www.gyeongju.go.kr/tour/index.do

④ '경주문화관광' 홈페이지의 '영상 속 경주'에서 VR 사진을 감상할 수도 있습니다. '경주문화관광' 홈페이지의 '영상 속 경주'를 클릭합니다.

⑤ '영상 속 경주' 버튼의 우측 삼각형을 클릭하여 VR로 접속하고, 원하는 권역을 선택합니다.

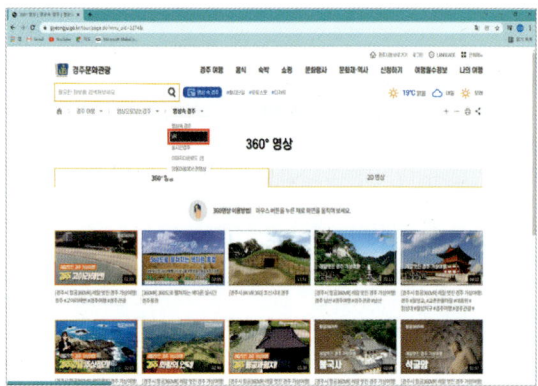 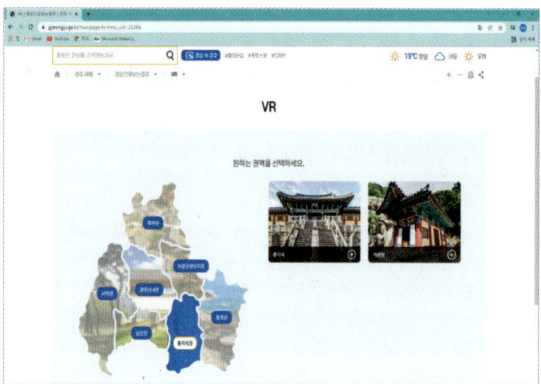

⑥ 항공 사진에서 원하는 장소를 클릭하여 자세히 볼 수 있습니다.

*출처: https://www.gyeongju.go.kr/tour/page.do?mnu_uid=2328&

METAVERSE

05.03. 국립경주박물관 전시관 가상체험 활용하기

국립경주박물관의 전시관 가상체험을 해보는 것도 하나의 방법입니다. 국립경주박물관 홈페이지에 접속하여 우측 상단의 메뉴를 누르고 전시를 누르게 되면 전시관 가상체험이 있습니다. 들어가 보면 국립경주박물관에서 운영하는 여러 전시를 VR로 체험해 볼 수 있습니다. 관람은 독도체험관과 동일하게 바닥의 원을 클릭하며 이동할 수 있고, 작품에 달려있는 색 동그라미를 클릭하여 자세한 설명을 볼 수 있습니다.

① '국립경주박물관' 홈페이지에 접속한 후 상단의 '전시' 메뉴의 '전시관 가상체험'을 클릭합니다.

② 하단의 흰 원을 클릭하여 이동할 수 있으며, 색 동그라미를 눌러 전시관 및 작품에 관한 설명을 볼 수 있습니다.

*출처: https://www.gyeongju.go.kr/tour/index.do

06 VR로 수원화성 여행을 떠나보자!

앞서 소개해 드린 콘텐츠 이외에도 역사 교육에 활용하기 좋은 다양한 콘텐츠들이 있습니다. 바로 수원화성 교육에 활용할 수 있는 수원화성 사이버 투어 사이트입니다.

① 수원화성 사이버투어에 들어가면 수원화성과 화성행궁의 전경 그림이 나옵니다.

② 이 중에 체험하고 싶은 장소를 클릭하면 360도 VR 사진을 볼 수 있습니다. 이 때에 우측 하단의 설명 버튼을 누르면 설명글과 음성이 나오게 됩니다. 원하는 장소를 클릭하여 이동하며 체험할 수도 있습니다.

*출처
:https://www.suwon.go.kr/webcontent/cybertour/main/suwon_tour01.html

METAVERSE

07. VR 활용 역사 교육! 초·중등수업, 이렇게 해보세요!

역사 교육에서의 VR 콘텐츠의 활용은 큰 교육적 효과를 불러올 수 있습니다. 역사 교육에서 VR 콘텐츠를 활용하게 되면 학생들이 역사의 현장에 직접 가보는 효과를 교실 속에서 쉽게 누릴 수 있습니다. 따라서 역사 교육에 적용할 수 있는 몇 가지 아이디어를 안내해 드리고자 합니다. 여러 수업 아이디어를 살펴보시고, 이를 활용한 역사 수업을 구성해보시면 좋겠습니다.

07.01. VR 콘텐츠 초등교육 활용 아이디어
"교실 속에서 떠나는 불국사, 석굴암"

초등 5학년 사회에서는 불국사와 석굴암 등의 대표적인 문화유산을 통하여 고대 사람들이 이룩한 문화의 우수성을 탐색합니다. 이때 문화유산과 관련된 사진, 동영상, 지도 등의 시청각 자료뿐만 아니라 VR 콘텐츠를 활용해 볼 수 있습니다.

신라와 가야의 문화유산 알아보기 차시에서는 학생들이 먼저 교과서를 통해 신라와 가야의 문화유산에 대해 공부하고, 국립경주박물관 전시관에서 신라 문화유산을 관람하며 신라 문화유산의 특징을 찾아봅니다.

이어지는 불국사와 석굴암의 우수성 알아보기 차시에서는 경주 문화관광 홈페이지의 360도 VR 영상 및 사진을 활용할 수 있습니다. 학생들이 먼저 불국사와 석굴암의 우수성에 대해 공부하고, 360도 VR 영상 및 사진으로 유적지의 위치를 알고 자세히 관람하며 구조를 살펴볼 수 있습니다. 학생들이 가상체험을 해본다면 불국사와 석굴암의 우수성을 몸소 느낄 것입니다.

07.02. VR 콘텐츠 중등 교육 활용 아이디어
"VR로 체험하는 한국의 세계문화유산"

중등 교육에서는 자유학기제를 활용한 가상현실-역사 교과 융합 수업을 해볼 수 있습니다. 자유학기제에서는 학생들이 꿈과 끼를 찾을 수 있도록 학생 참여형으로 수업을 개선하고, 진로탐색

활동 등 다양한 체험 활동이 가능하도록 교육과정을 유연하게 운영합니다. 이러한 취지에 맞도록 학생들이 VR로 한국의 세계문화유산을 체험하며, 관련된 직업을 탐색하는 활동을 해볼 수 있습니다.

주제 선택 활동의 일환으로 VR로 체험하는 한국의 세계문화유산 수업을 운영할 수 있습니다. 가상현실-역사 교과 융합 수업으로 학생들은 가상현실과 증강현실에 대해 배워보고 유네스코에 등재된 우리나라 문화유산에 대해 조사해 봅니다. 이후 스마트 패드, 스마트폰, 구글 카드보드 등의 스마트 기기를 활용하여 경주역사유적지구, 석굴암과 불국사, 수원화성 등의 한국의 세계유산을 가상체험합니다.

진로탐색 활동으로 학생들은 큐레이터, 가상현실 전문가 등의 직업에 대해 배워볼 수 있습니다. 커리어넷을 활용하여 큐레이터가 하는 일, 큐레이터의 활동 분야, 큐레이터가 되기 위해 필요한 적성과 흥미에 대해 학생들이 직접 조사해 봅니다. 또한 교사는 가상현실 전문가라는 직업을 소개합니다.

커리어넷 홈페이지 : https://www.career.go.kr/cnet/front/main/main.do

한국의 문화유산을 VR로 체험하는 수업을 통해 학생들은 학습동기가 유발되며, 가상체험의 기회를 얻습니다. 또한 미래기술과 교과 통합 진로교육을 통해 진로탐색의 기회를 얻을 수 있습니다. 앞에서 안내한 여러 VR 콘텐츠 및 수업 활용 아이디어를 살펴보시고 수업에 적용해보시기 바랍니다.

가상세계와 예술의 만남
구글 아트 앤 컬쳐!

METAVERSE

CHAPTER 09

구글 아트 앤 컬쳐 활용 교육 준비하기

01. 구글 아트 앤 컬쳐를 알아보자!
02. PC로 구글 아트 앤 컬쳐를 살펴보자!
03. 애플리케이션으로 구글 아트 앤 컬쳐를 살펴보자!
04. 구글 아트 앤 컬쳐 속 인공지능을 찾아보자!

01 구글 아트 앤 컬쳐를 알아보자!

구글 아트 앤 컬쳐는 전 세계 80개국 2000여 곳 이상의 문화 기관에서 보유하고 있는 귀중한 유산과 이야기, 지식을 담고 있는 비영리 플랫폼입니다. 어디에 있는 누구에게나 온라인으로 세계 문화유산을 손쉽게 접할 수 있게 하는 것을 목표로 운영되고 있습니다. 구글 아트 앤 컬쳐로 접속하면 전 세계의 예술 작품, 문화예술 콘텐츠뿐만 아니라 예술 작품을 활용한 여러 재미있는 기능들을 활용할 수 있습니다.

미술 감상 교육을 구성할 때에 가장 좋은 방법은 학생들이 미술작품을 실제로 감상하고 느껴보는 것입니다. 그러나 여러 시·공간상의 제약으로 인해 교실에서 사진 또는 영상으로 감상하는 경우가 많습니다.

구글 아트 앤 컬쳐를 활용하면 360도 VR 영상을 활용하여 전 세계의 다양한 미술관에 직접 가볼 수가 있으며, AR을 활용하여 교실 속에 실제 크기의 미술작품을 전시할 수도 있습니다. 스마트 기기 하나만 있으면 세계적인 명화를 교실 속에서 감상할 수 있다는 것입니다.

*출처:
https://play.google.com/store/apps/details?id=com.google.android.apps.cultural&hl=ko&gl=US

이번 단원에서는 구글 아트 앤 컬쳐에 대한 전반적인 소개 및 활용 방법을 안내합니다. 또한 구글 아트 앤 컬쳐를 활용하여 구성할 수 있는 미술 수업에 대해서도 알려드릴 예정입니다. 살펴보시고 더욱 실감 나는 미술 수업을 구글 아트 앤 컬쳐로 구성해 보시기 바랍니다.

METAVERSE

02 PC로 구글 아트 앤 컬쳐를 살펴보자!

구글 아트 앤 컬쳐는 PC와 안드로이드, iOS 모두 접속 가능합니다. 먼저 PC로 접속하여 PC와 애플리케이션에서 공통으로 활용할 수 있는 기능을 알아보겠습니다.

02.01. 구글 아트 앤 컬쳐 접속 방법

① 크롬에서 구글 아트 앤 컬쳐라고 검색을 해서 접속을 하거나, 사이트 주소를 직접 입력합니다.

② 구글 아트 앤 컬쳐에 접속한 후 하단의 번역 버튼을 눌러 한국어로 번역합니다.

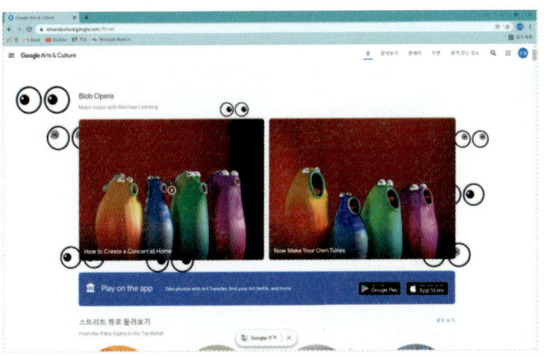
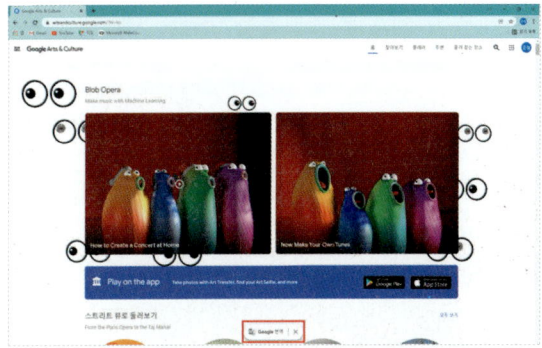

③ 처음 접속하면 나오는 구글 아트 앤 컬쳐 홈에서는 다양한 콘텐츠가 매일 새롭게 게시됩니다.

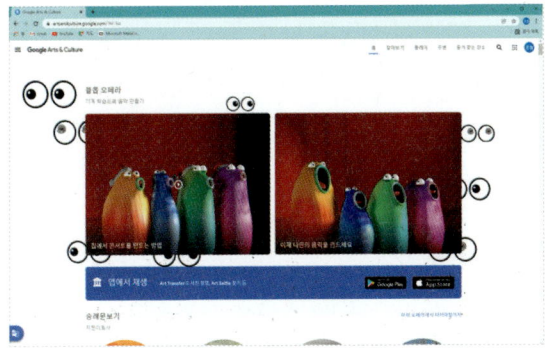

02.02. '찾아보기' 메뉴 둘러보기

① 우측 상단의 찾아보기 버튼을 클릭하면 구글 아트 앤 컬쳐의 주요 기능을 살펴볼 수 있습니다. 하이라이트 메뉴에는 구글 아트 앤 컬쳐의 핵심 기능이 게시되어 있습니다. 하이라이트 메뉴에는 'EXPERIMENTS(실험실)', 'Art Camera', '360° 동영상', 'Street View' 기능이 있습니다.

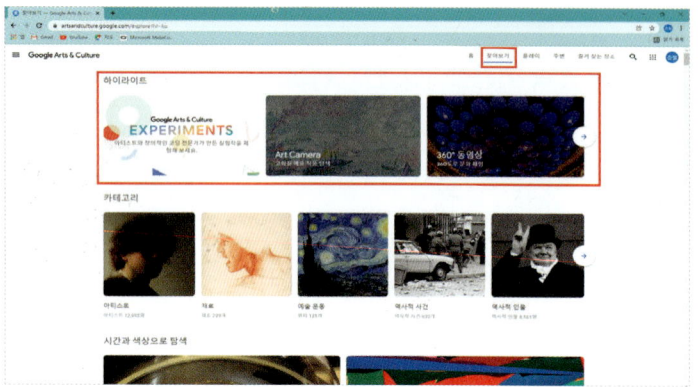 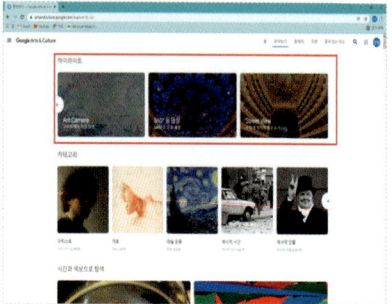

② 'Art camera'에서는 유명 작품을 고화질로 확대, 축소하며 작품을 감상할 수 있습니다. 감상을 원하는 작품을 선택 후 스크롤을 아래로 내리면 작품에 대한 설명이 나옵니다.

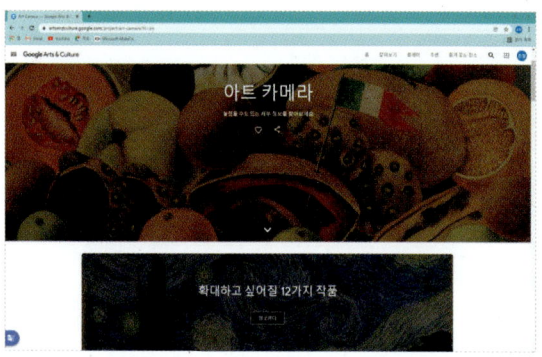 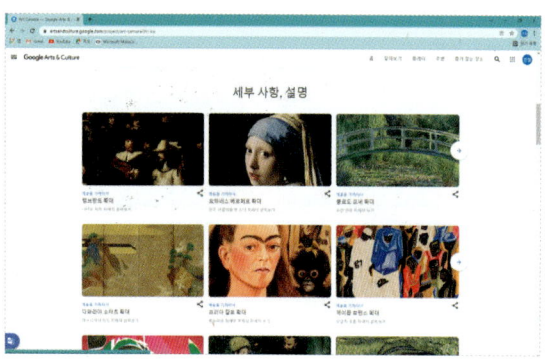

③ '360 동영상'에서는 여러 미술관, 박물관, 문화유산 등을 큐레이터 설명과 함께 360도 영상으로 둘러볼 수 있습니다.

 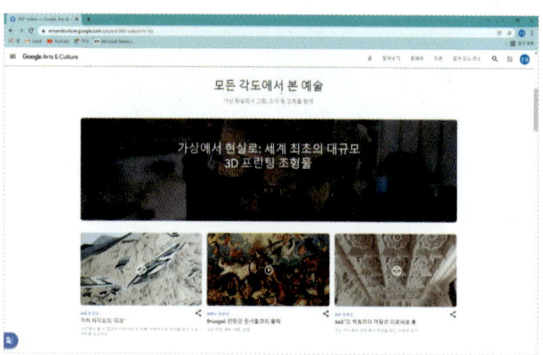

METAVERSE

④ 'Street View'는 실제 박물관, 문화유산 등의 장소를 가상으로 관람하는 경험을 할 수 있습니다.

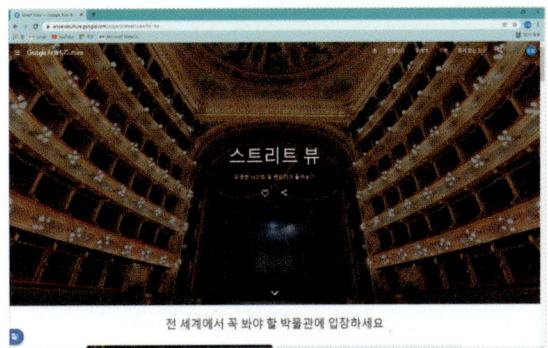 

⑤ 찾아보기로 돌아와서 카테고리를 보면 여러 미술작품과 사진 등을 아티스트, 재료, 화파, 역사적 사건, 역사적 인물, 장소별로 분류하여 살펴볼 수 있습니다.

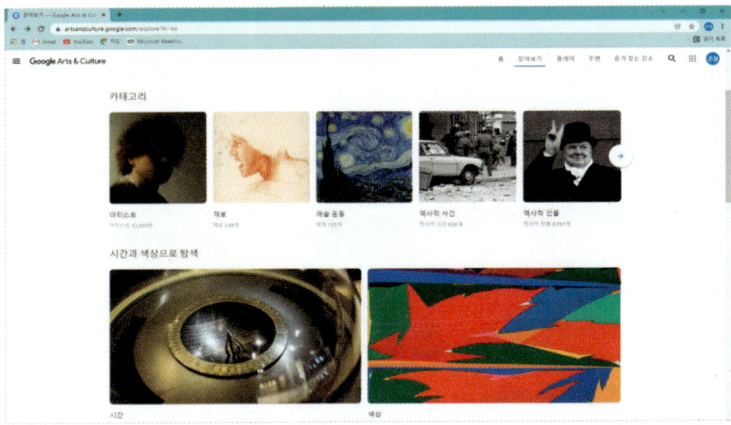

⑥ 시간과 색상으로 탐색을 보면 시대별, 색상별로 나누어 작품이 분류되어 있습니다.

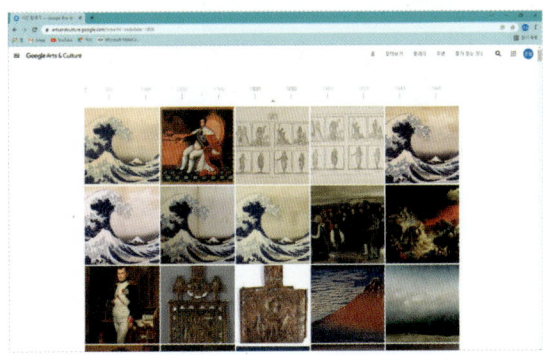 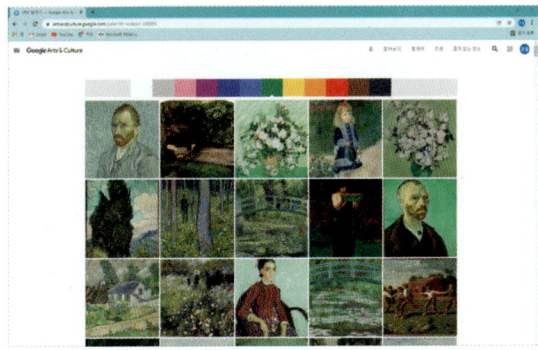

가상세계와 예술의 만남 구글 아트 앤 컬쳐!

02.03. '플레이' 메뉴 둘러보기

① 다음으로 상단에 플레이 메뉴를 들어가겠습니다. 플레이에서는 구글 아트 앤 컬쳐 실험실을 체험해 볼 수 있습니다. 구글 아트 앤 컬쳐 실험실에는 아티스트와 창의적인 코딩 전문가가 만든 다양한 실험작이 있습니다.

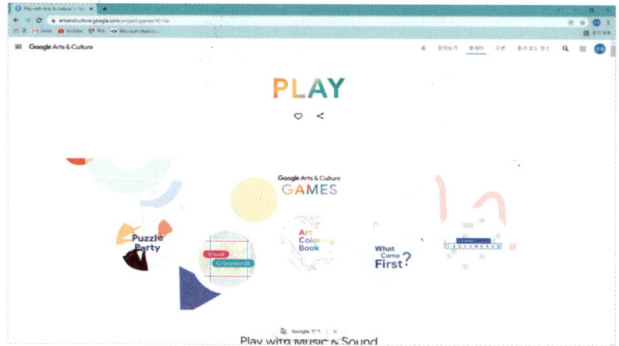 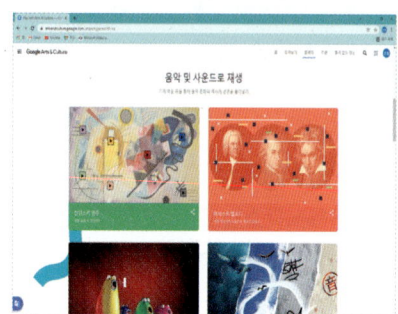

② 대표적으로, 퍼즐을 맞추며 미술작품을 자세히 살펴보거나 아트 컬러링 북을 통해 학생들이 모작을 만들어보는 등 미술을 즐겁게 배울 수 있는 게임 콘텐츠가 있습니다.

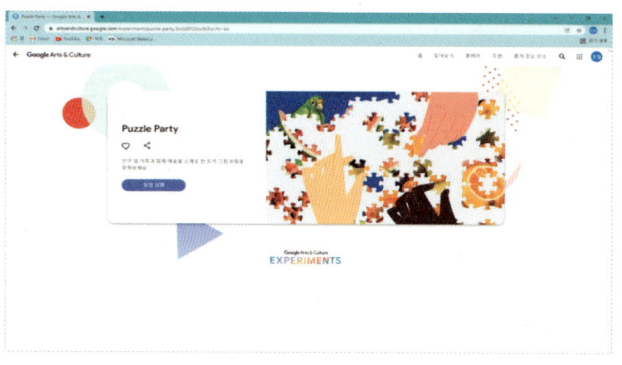 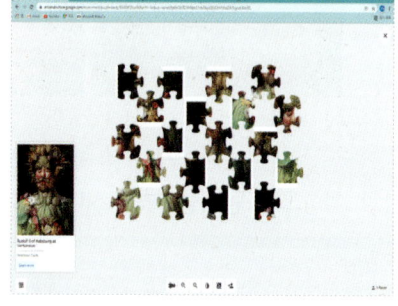

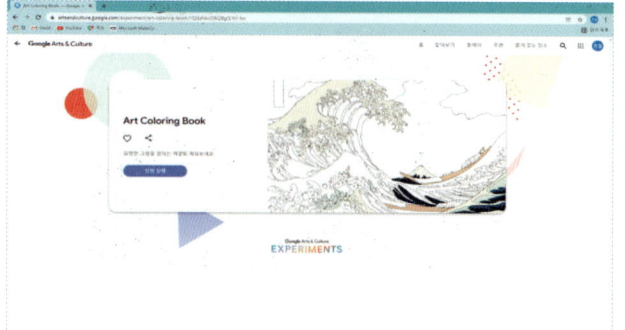 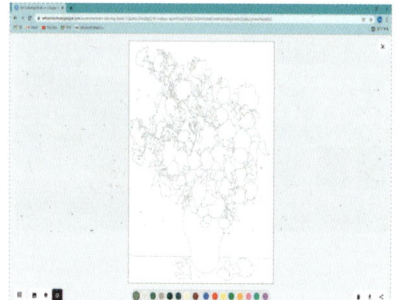

02.04. '주변' 메뉴 둘러보기

① 주변을 클릭해보면 내 주변의 박물관 및 전시회를 알아볼 수 있습니다.

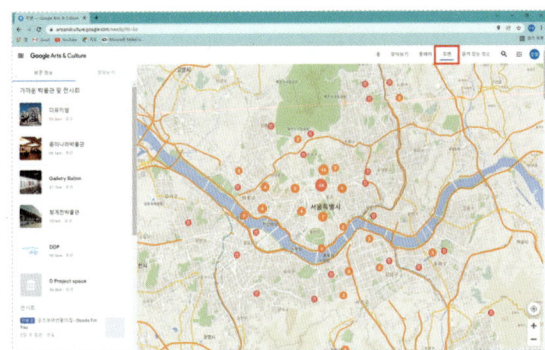

02.05. '즐겨 찾는 장소' 메뉴 활용하기

① 즐겨 찾는 장소를 눌러보면 즐겨 찾는 장소와 갤러리가 보입니다. 즐겨 찾는 장소에서는 내가 하트를 누른 예술 작품들이 모이게 됩니다.

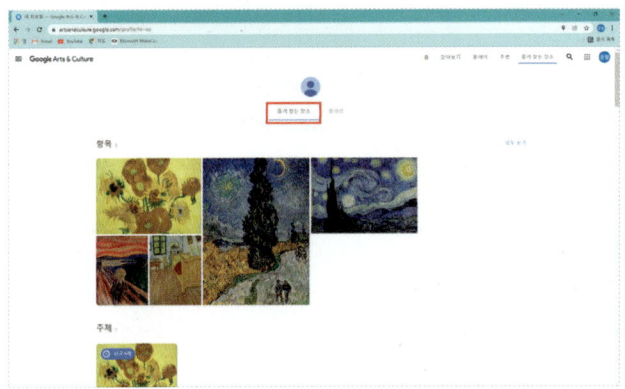

- 개별 작품 검색 후 작품 하단의 하트를 누르면 즐겨찾는 장소에 작품이 저장됩니다.

② 갤러리 메뉴에서는 즐겨 찾는 장소에 모인 예술품들을 이용해서 나만의 갤러리를 만들 수 있습니다. 갤러리 만들기를 클릭합니다.

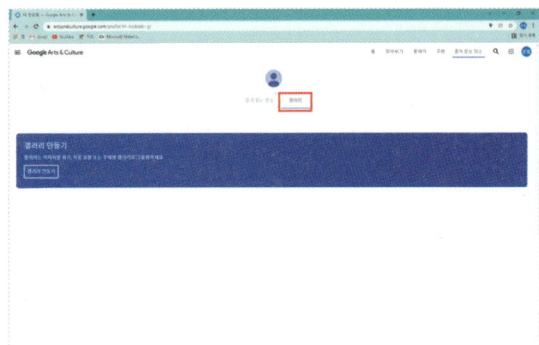

③ 즐겨 찾는 장소에 모인 작품 중 갤러리에 담고 싶은 작품을 클릭하고 우측 상단의 '계속' 버튼을 클릭합니다.

④ 갤러리 제목, 내용을 작성하고 공개로 전환합니다. 공개로 전환하지 않을 시 공유가 불가능합니다. 그 후 우측 상단의 '완료' 버튼을 누르면 갤러리가 완성됩니다.

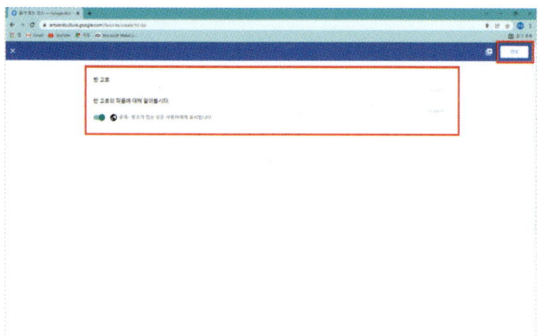 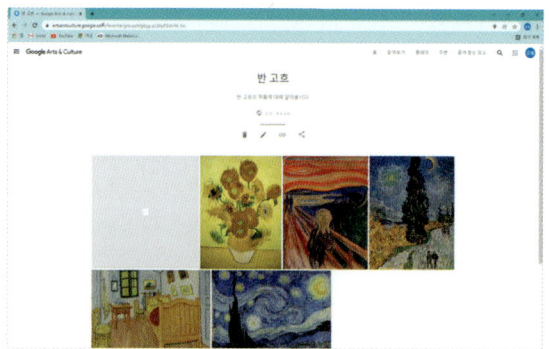

⑤ 링크 버튼, 공유 버튼을 눌러 링크를 복사하거나 친구에게 공유할 수 있습니다.

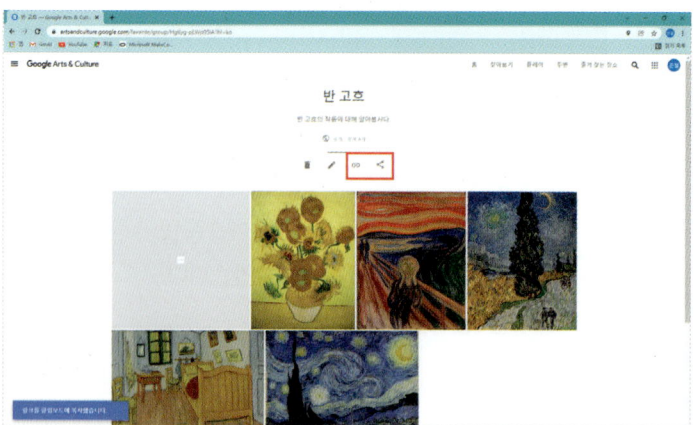

02.06. 검색 기능 이용하기

① 상단의 검색 기능을 활용해볼 수도 있습니다. 상단 검색창에 '빈센트 반 고흐'를 검색해보겠습니다.

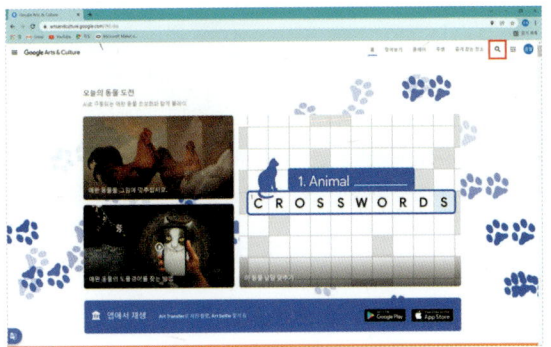 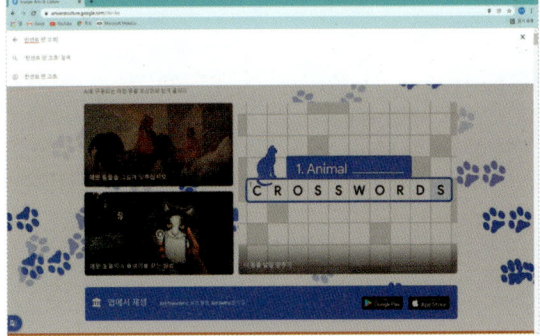

② 검색하면 이름이 나오고 아티스트에 대한 설명이 나옵니다.

 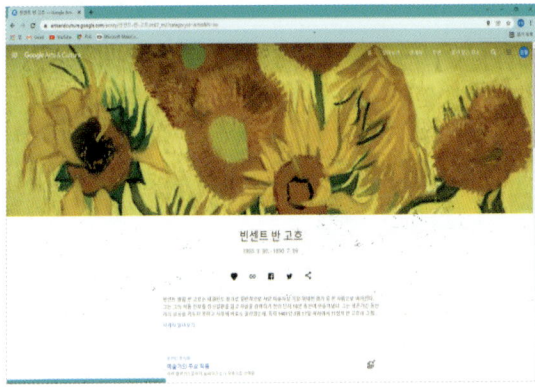

③ 밑으로는 관련 스토리와 예술가 자세히 알아보기 기능이 있습니다. 예술가 자세히 알아보기 기능을 보면 예술가의 작품이 나오게 되는데 이를 인기순, 시간별, 색상별로 나눌 수 있습니다.

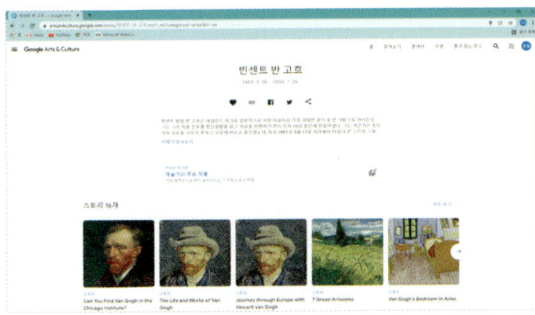 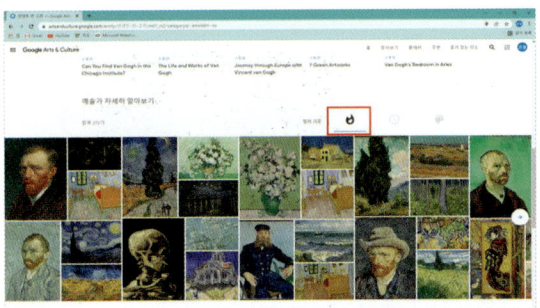

작가에 대한 정보 나열   **인기순으로 정렬**

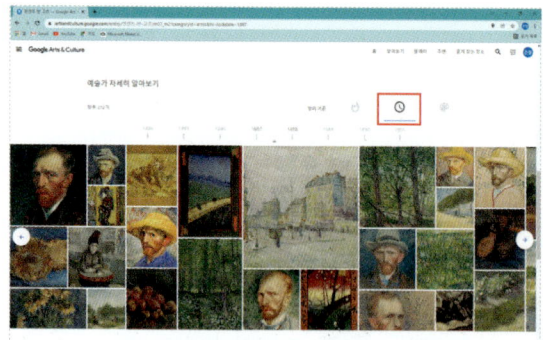 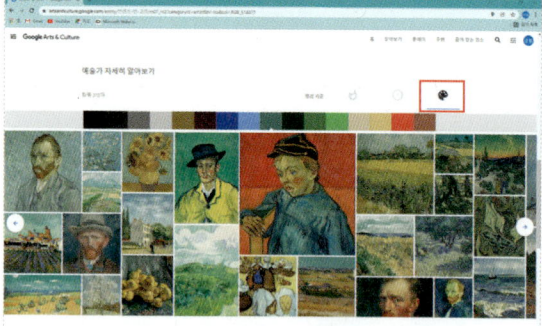

시간별로 정렬　　　　　　　　　　　　**색상별로 정렬**

④ 이번에는 개별 작품을 검색해보겠습니다. 세계적인 명화 'The Starry Night'을 검색하고 밑으로 스크롤하여 원하는 작품을 클릭해보겠습니다.

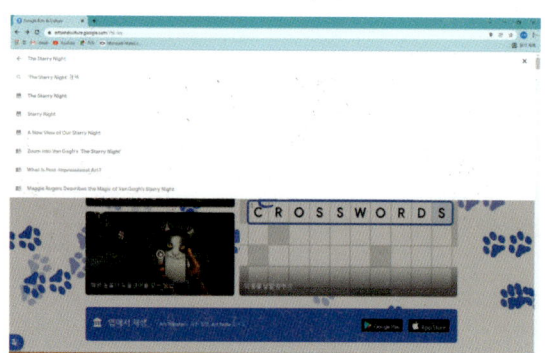 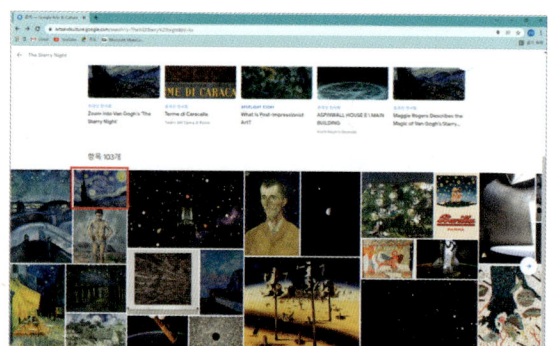

⑤ 들어가면 작품 사진과 작품명, 작품 설명, 작품이 게시된 미술관 위치가 나와있습니다. 작품 하단의 하트를 누르면 즐겨찾는 장소에 작품이 저장됩니다.

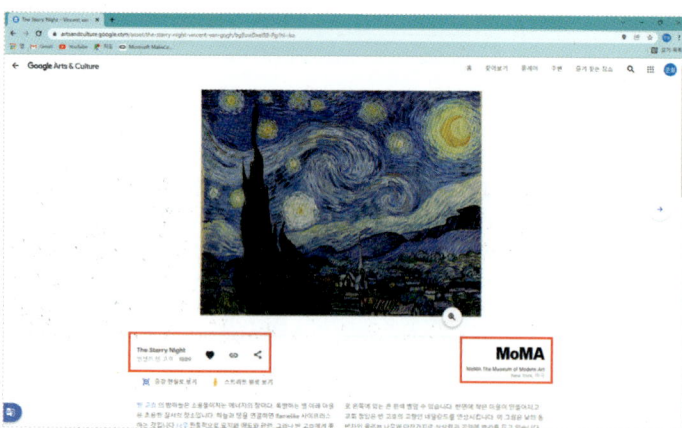

⑥ 그림을 클릭하고 스크롤해서 확대해보면 작품의 붓터치가 보일 정도까지 확대해서 볼 수 있습니다.

⑦ '스트리트 뷰로 보기' 버튼을 클릭하여 실제 미술관의 작품 바로 앞으로 이동해볼 수도 있습니다. 참고로, '증강 현실로 보기' 기능은 애플리케이션에서만 지원합니다.

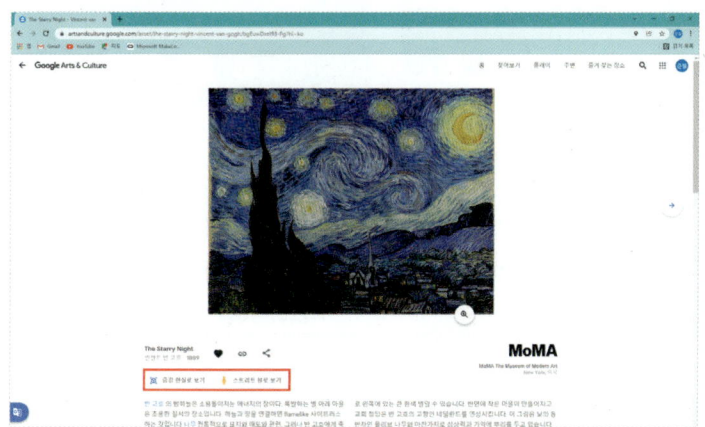
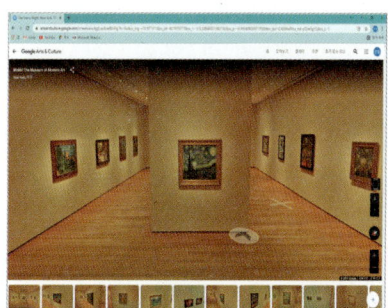

03 애플리케이션으로 구글 아트 앤 컬쳐를 살펴보자!

스마트패드나 스마트폰을 활용하여 구글 아트 앤 컬쳐 애플리케이션으로 접속할 경우 PC를 활용할 때보다 더 많은 기능을 사용할 수 있습니다. VR, AR을 활용한 기능, 카메라를 사용한 기능을 추가로 사용할 수 있습니다. 앱으로 이용할 수 있는 다양한 기능에 대해 알아보겠습니다.

① 스마트폰이나 스마트패드에 Arts & Culture 앱을 깔고 접속한 후에 하단에 Google 번역 버튼을 눌러 한국어로 번역합니다.

② 하단에 카메라 버튼을 누를 경우 총 7개의 기능을 사용할 수 있습니다.

③ 'Art Projector'에서는 실제 크기의 예술작품을 증강현실로 구현해볼 수 있습니다.

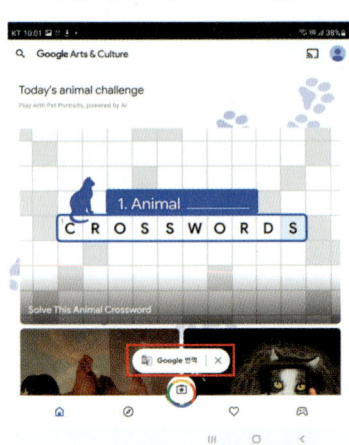

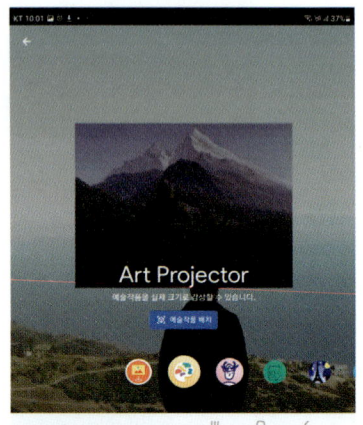

④ 'Color Palette'에서는 내 사진의 색상을 사용해 예술작품을 찾아볼 수 있습니다.

⑤ 'Art Filter'에서는 박물관의 예술품을 기반으로 한 필터를 사용해 볼 수 있습니다.

⑥ 'Pet Portraits'에서는 전 세계 박물관에 소장된 예술작품 중에서 나의 반려동물의 사진과 닮은 작품을 찾아볼 수 있습니다.

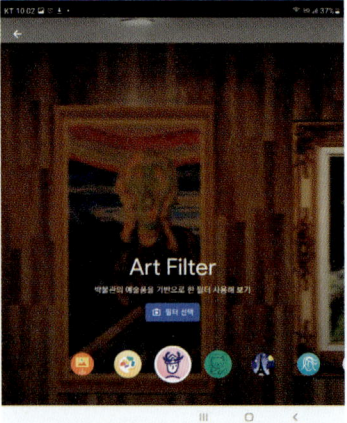

⑦ 'Art Transfer'에서는 사진을 촬영하고 고전 예술작품 스타일로 만들어 볼 수 있습니다.

⑧ 'Art Selfie'에서는 나와 닮은 초상화를 찾아볼 수 있습니다.

⑨ 'Poket Gallery'에서는 현실 속에 몰입형 갤러리를 배치하고 둘러볼 수 있습니다.

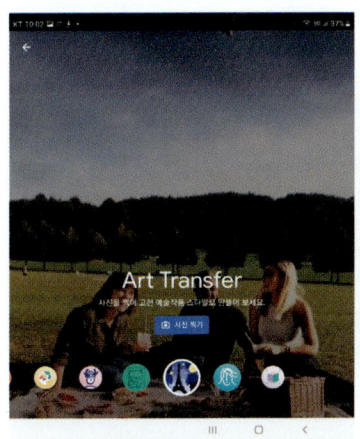

04 구글 아트 앤 컬쳐 속 인공지능을 찾아보자!

구글 아트 앤 컬쳐의 다양한 기능에는 인공지능 기술이 적용되었습니다. 아트셀피의 기계학습을 기반으로 한 컴퓨터 비전 인식 기술은 얼굴 사진과 수많은 초상화를 비교·대조하여 비슷한 작품을 찾아줍니다. 아트 트랜스퍼는 미술작품의 특징과 색상 등을 인공지능이 분석하고 알고리즘으로 만들어 사용자가 지정한 사진을 미술작품처럼 재현합니다. 이외에도 구글 실험실의 여러 기능과 사진 분류 등 다양한 분야에서 인공지능 기술이 적용되어 더욱 편리하고 재밌는 콘텐츠들을 제공하고 있습니다.

*출처: https://www.blog.google/outreach-initiatives/arts-culture/where-world-your-art-selfie/
*출처: http://it.chosun.com/site/data/html_dir/2020/04/03/2020040301344.html

CHAPTER 10

구글 아트 앤 컬쳐 속 VR, AR
활용하기

05. 구글 아트 앤 컬쳐 속 VR, AR을 알아보자!
06. 구글 아트 앤 컬쳐 활용 교육! 초·중등 수업, 이렇게 해보세요!

METAVERSE

05 구글 아트 앤 컬쳐 속 VR, AR을 알아보자!

앞서 살펴본 구글 아트 앤 컬쳐 속 다양한 기능 중에 가상 현실과 증강 현실이 적용된 기능들을 보셨을 것입니다. 구글 아트 앤 컬쳐 속 VR, AR 기능을 활용하면 실감 나는 미술 수업을 구성할 수 있습니다. 구글 아트 앤 컬쳐에는 어떤 VR, AR 기능이 있는지 살펴보겠습니다.

05.01. 구글 아트 앤 컬쳐 속 VR 기능 살펴보기

구글 아트 앤 컬쳐 속 VR 기능에는 대표적으로 '360도 동영상'과 'Street View', '가상 현실 투어'가 있습니다. 세 가지 기능에 대한 설명 및 활용 방법을 알아보겠습니다.

05.01.01. 구글 아트 앤 컬쳐 360도 영상 콘텐츠 알아보기

찾아보기 메뉴의 맨 아래에 보면 구글 아트 앤 컬쳐에서 제공하는 모든 360도 동영상을 볼 수 있습니다.

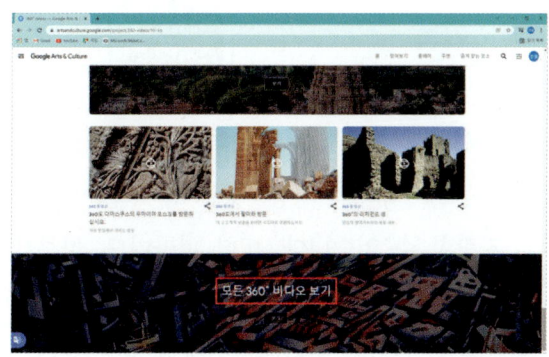 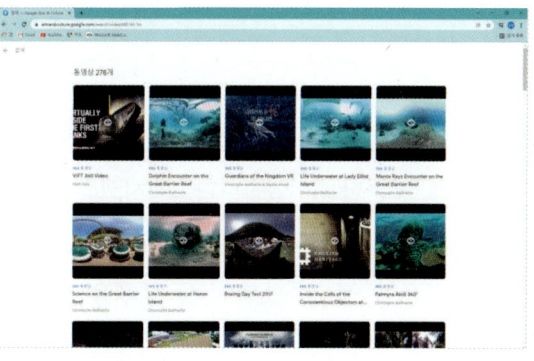

예술작품뿐만 아니라 파푸아 뉴기니 전통춤, 하와이의 용암동굴, 정조대왕 능행차, 고대 로마 경기장 등의 세계 자연/문화유산을 살펴볼 수 있습니다. 또한, 우주왕복선의 내부를 살펴볼 수도 있으며, 자연사박물관의 공룡 화석을 360도로 관람할 수 있습니다.

 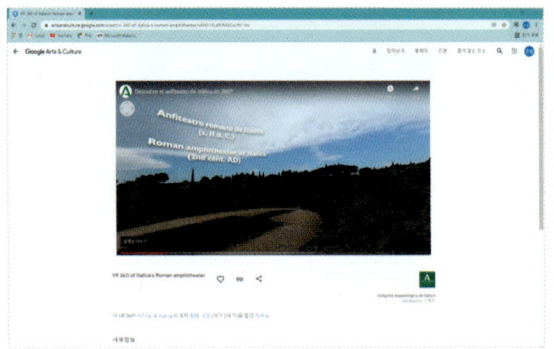

이 콘텐츠는 미술교육 뿐만 아니라 다양한 과목에 적용할 수 있습니다. 전통춤을 학생들에게 보여주고 따라 하는 체육의 표현활동에 적용해볼 수 있으며, 세계지리 수업 시에 로마 경기장 가상 체험을 적용해볼 수 있습니다. 또한 공룡화석, 용암동굴 영상 등은 지구과학 수업에 적용해 볼 수 있습니다.

360도 영상을 수업에 활용할 시에 교사가 작품 관련 설명을 미리 번역하여 학생들에게 제공해야 합니다. 360도 영상의 장점은 큐레이터의 설명이 영상과 함께 제공된다는 것입니다. 하지만 영상 제목 또는 작품 설명이 모두 영어로 제공되고, 번역 기능을 사용하더라도 다소 어색한 부분이 있어 교사가 사전에 번역하여 학생들에게 설명할 필요가 있습니다.

05.01.02. 구글 아트 앤 컬쳐 '스트리트 뷰' 기능 알아보기

구글 아트 앤 컬쳐의 스트리트 뷰 기능을 활용하면 전 세계 유명 미술관, 박물관, 랜드마크 등에 가상으로 방문할 수 있습니다. 멕시코의 프리다 칼로 박물관, 영국의 대영박물관 등 구글이 제휴하고 있는 전 세계의 다양한 박물관을 스트리트 뷰로 관람할 수 있습니다. 또한 피라미드, 콜로세움 등의 유명 랜드마크로 가상 여행을 떠나볼 수 있으며, 시드니 오페라 하우스, 러시아 볼쇼이 극장, 각종 거리예술 등 수많은 장소를 가상체험해 볼 수 있습니다. 구글 아트 앤 컬쳐 스트리트 뷰를 활용하여 박물관 가상체험을 하는 방법을 안내해드리겠습니다.

METAVERSE

① 찾아보기 메뉴의 스트리트 뷰를 클릭한 후에 원하는 미술관의 노란색 사람 아이콘을 클릭합니다.

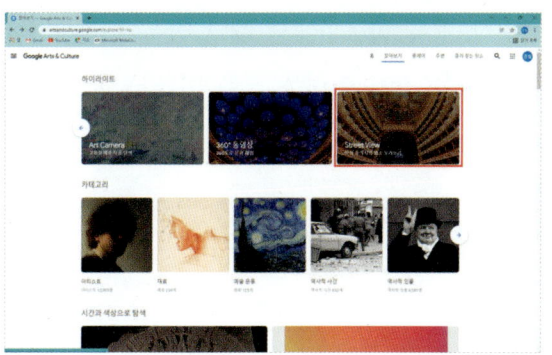
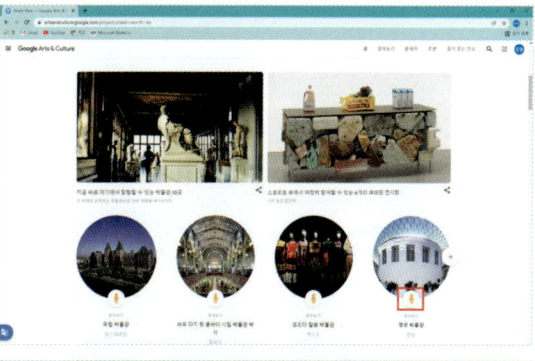

② W, S, A, D키나 화살표 방향키로 상하좌우로 움직이며 관람할 수 있고, 박물관 하단의 화살표를 눌러 이동할 수 있습니다.

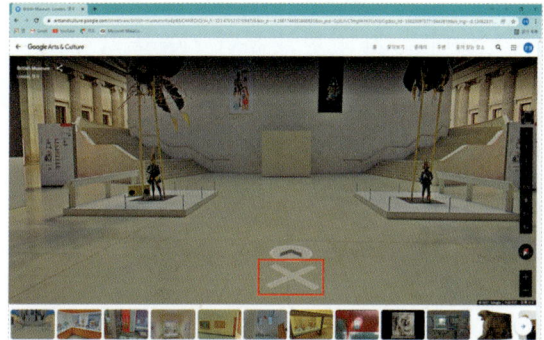

③ 오른쪽 숫자는 박물관 층을 의미하며, 숫자를 누를 경우 해당 층으로 이동합니다. 우측 하단의 플러스/마이너스 버튼으로 확대/축소를 할 수 있습니다.

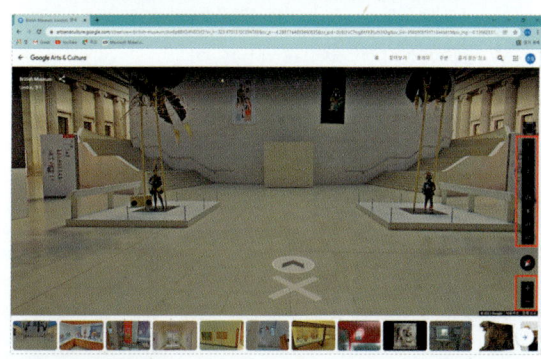

④ 하단의 사진을 클릭하면 해당 장소로 바로 이동할 수 있습니다.

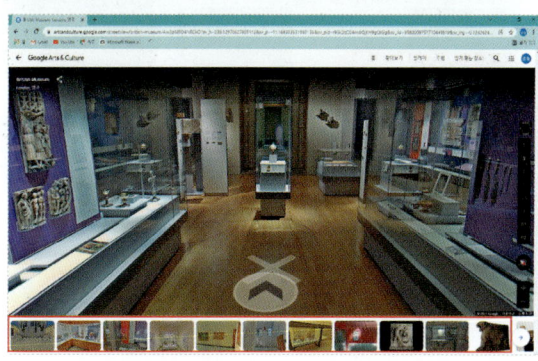

가상세계와 예술의 만남 구글 아트 앤 컬쳐!

원하는 작품이 게시되어 있는 장소로 바로 이동할 수 있는 방법도 있습니다. 구글 아트 앤 컬쳐에서 작품을 검색하여 스트리트 뷰로 보기 버튼을 클릭할 경우 박물관에서 해당 작품이 전시되어 있는 공간으로 바로 이동합니다. 박물관에서 원하는 작품을 찾기 어려운 경우 이 기능을 활용해 보는 것도 좋은 방법입니다.

05.01.03. 구글 아트 앤 컬쳐 '가상 현실 투어' 알아보기

구글 아트 앤 컬쳐를 스마트폰으로 접속하면 구글 카드보드를 활용하여 가상 현실 투어를 해볼 수 있습니다. 가상 현실 투어 기능을 통해 전 세계의 예술과 문화를 여행할 수 있을 뿐만 아니라 문화 유적, 명작, 문화 명소를 가상체험할 수 있습니다. 이 콘텐츠를 활용할 시의 유의점은 두 가지입니다. 첫째, 구글 카드보드를 준비해야 합니다. 둘째, 360도 사진 및 영상과 함께 제공되는 설명이 모두 영어이기 때문에 수업에 활용 시 교사의 사전 설명이 필요합니다. 구글 아트 앤 컬쳐의 가상 현실 투어 기능을 활용하는 방법을 안내해드리겠습니다.

① 스마트폰으로 구글 아트 앤 컬쳐에 접속하고, 찾아보기 메뉴의 가상 현실 투어를 클릭합니다.

② 가상 현실 투어 기능 메인 화면에서 아래로 스크롤합니다.

③ 원하는 콘텐츠를 클릭합니다.

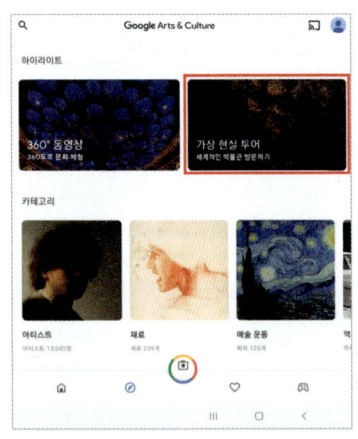

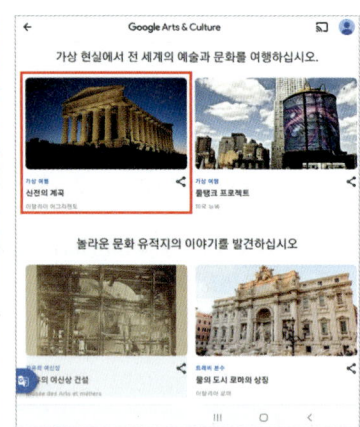

METAVERSE

④ 스마트폰을 가로로 돌려 카드보드에 장착합니다.

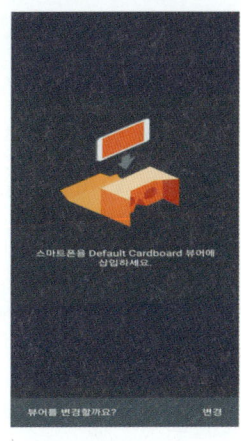

⑤ 카드보드의 버튼을 2번 누를 경우 설명 화면으로 넘어갑니다.

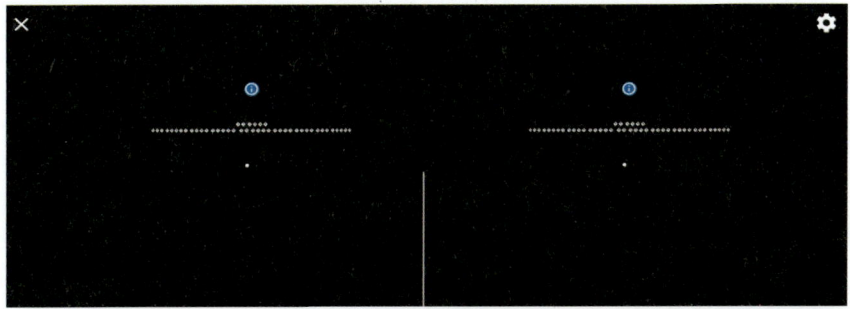

⑥ 구글 카드보드의 버튼을 눌러 다음 장면으로 넘어갈 수 있습니다.

가상세계와 예술의 만남 구글 아트 앤 컬쳐!

05.02. 구글 아트 앤 컬쳐 속 AR 기능 살펴보기

구글 아트 앤 컬쳐 속 VR 기능에는 대표적으로 'Art Projector'와 'Poket Gallery'가 있습니다. 두 가지 기능에 대한 설명 및 활용 방법을 알아보겠습니다.

05.02.01. 구글 아트 앤 컬쳐 '아트 프로젝터' 알아보기

구글 아트 앤 컬쳐의 아트 프로젝터 기능을 활용하면 전 세계의 다양한 작품을 교실 등 원하는 곳에 어디든지 배치하여 감상할 수 있습니다. 지금부터 아트 프로젝터 사용법을 안내해드리겠습니다.

① 구글 아트 앤 컬쳐 앱을 다운로드하여 설치합니다.

② 앱을 실행시키고, 번역 기능을 실행합니다.

③ 하단의 카메라 버튼을 누릅니다.

METAVERSE

④ '아트 프로젝터' 기능을 찾아 '예술작품 배치'를 클릭합니다.

⑤ 카메라로 바닥을 가리키고 원 모양으로 움직여 예술작품을 놓을 장소를 지정합니다.

⑥ 하단에서 예술작품을 선택하여 탭하거나 강조표시된 영역으로 드래그합니다.

⑦ 예술작품을 원하는 위치에 배치하고 감상합니다.

⑧ 자신이 원하는 예술작품을 검색하여 관람할 수도 있습니다. 반 고흐를 검색합니다.

⑨ 감상하고 싶은 작품을 선택합니다.

가상세계와 예술의 만남 구글 아트 앤 컬쳐!

⑩ 가운데에 [증강현실로 보기] 버튼을 클릭합니다.
⑪ [Art Projector 시작] 버튼을 클릭합니다.
⑫ 카메라로 바닥을 가리키고 원 모양으로 움직여 미술작품을 게시할 장소를 지정해 줍니다.
⑬ 자유롭게 작품 감상을 합니다.

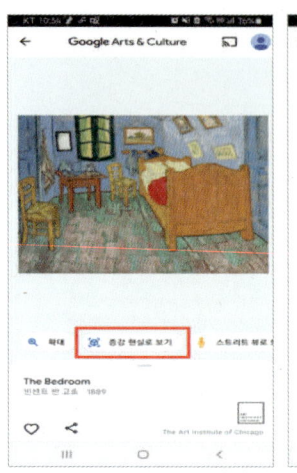  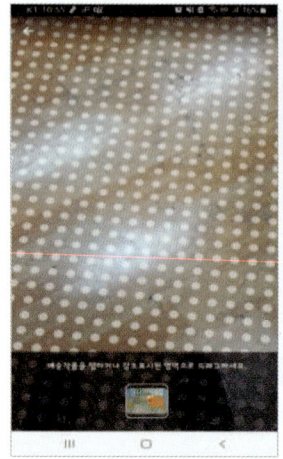 

05.02.02. 구글 아트 앤 컬쳐 '포켓 갤러리' 알아보기

현실에 작은 박물관을 불러와서 관람할 수 있는 방법이 있습니다. 구글 아트 앤 컬쳐의 포켓 갤러리 기능을 활용하는 것입니다.

① 앱을 실행시키고, 번역 기능을 실행합니다.
② 하단의 카메라 버튼을 누릅니다.
③ '포켓 갤러리' 기능을 찾아 '갤러리 둘러보기'를 클릭합니다.

  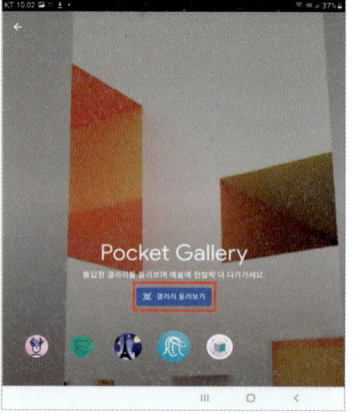

METAVERSE

④ 평평하고 밝은 표면을 가리킨 후 천천히 움직이면 바닥에 흰 점이 여러 개 생깁니다.

⑤ 하단에서 원하는 미술관을 골라 드래그하여 배치합니다.

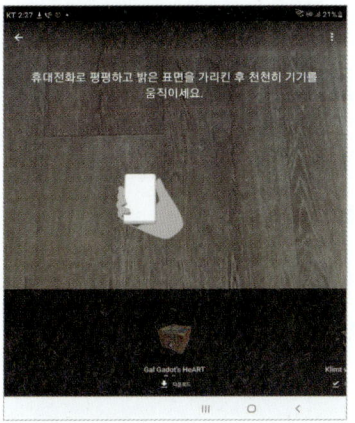 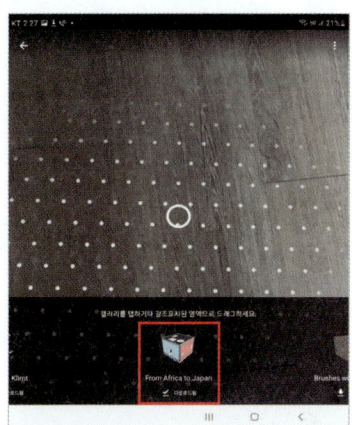

⑥ 하단의 시작하기 버튼을 누르면 갤러리를 관람할 수 있습니다.

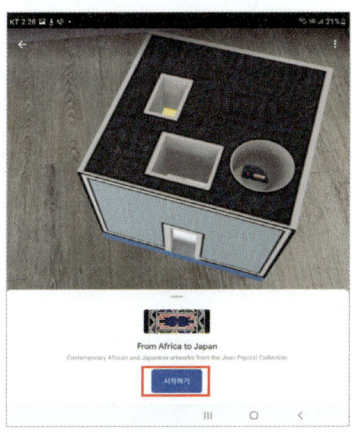 

이 기능은 학생들이 실제 견학하듯이 스마트기기를 들고 돌아다니며 관람할 수 있다는 것이 큰 장점입니다. 다만, 감상에 몰입하여 주변 사물과 부딪혀 사고가 발생할 수 있으니 충분한 공간을 확보하여 활동을 진행해야 합니다.

가상세계와 예술의 만남 구글 아트 앤 컬쳐!

06 구글 아트 앤 컬쳐 활용 교육!
초·중등 수업, 이렇게 해보세요!

구글 아트 앤 컬쳐의 VR, AR 기능을 비롯한 다양한 콘텐츠를 활용하면 실감 나는 미술 수업을 구성해볼 수 있습니다. 학습하는 내용에 따라 구성을 달리하여 초·중·고 교육에 모두 활용 가능합니다.

06.01. 구글 아트 앤 컬쳐 초등교육 활용 아이디어
"온라인 미술관 관람하기"

초등 미술 교과 감상 영역에서 학생들은 규칙을 지키며 미술관을 관람하고 작품을 감상하는 방법을 배우며 미술과 관련된 다양한 문화 공간을 찾아 체험합니다. 미술관을 직접 관람하며 학습하는 것이 가장 좋지만, 현실적인 제약들로 인해 이론 교육에 그치는 경우가 많습니다. 그러나 구글 아트 앤 컬쳐를 이용하면 교실 속에서도 온라인을 통해 미술관 관람을 해볼 수 있습니다.

온라인 미술관 관람하기 수업 구성은 다음과 같습니다. 먼저, 학생들이 미술관 관람 예절, 작품 감상 방법을 배웁니다. 그 후에 구글 아트 앤 컬쳐의 스트리트 뷰 기능을 사용하여 가상으로 미술관을 관람합니다. 관람이 끝난 후 가장 인상 깊었던 작품을 선정하고 발표하여 미술작품에 대한 자신의 선호를 표현해볼 수 있습니다. 자신이 선택한 작품을 발표하며 생각과 느낀 점을 공유하는 과정 속에서 다른 사람의 의견을 바른 태도로 듣는 자세를 강조하면 더욱 좋습니다. 미술관의 규모 및 역사, 미술관의 주요 작품 등을 사전에 알려주는 것도 관람의 교육적 효과를 높일 수 있는 방법입니다.

06.02. 구글 아트 앤 컬쳐 중등교육 활용 아이디어
"나만의 미술관 만들기"

중등 미술 교과 감상 영역에서는 미술의 다양한 유형을 이해하고, 작품에 대한 생각과 느낌을 표현하는 것을 중요시합니다. 이를 위해 구글 아트 앤 컬쳐의 갤러리 기능과 증강 현실로 보기 기능

METAVERSE

을 활용하여 나만의 미술관 만들기 활동을 해볼 수 있습니다.

먼저, 학생들이 교과서로 공부한 미술작품을 구글 아트 앤 컬쳐로 검색하여 살펴보고 갤러리를 구성할 작품에 하트를 눌러 즐겨 찾는 장소에 담아둡니다. 이후 갤러리를 만들고 증강 현실로 보기 버튼을 눌러 교실 속에 배치하여 감상할 수 있습니다. 자신이 만든 갤러리의 링크를 공유하여 친구들과 함께 감상하는 활동까지 진행할 수 있습니다.

갤러리는 미술작품에 사용된 재료와 표현 기법을 중심으로 구성할 수 있습니다. 개인 또는 팀별로 재료나 표현 기법을 하나씩 고른 후에 주제에 맞는 작품들로 갤러리를 구성하고 친구들과 공유할 수 있습니다. 서로의 갤러리를 감상하며 재료나 표현 기법에 따라 작품이 어떤 특징을 갖는지 의논해볼 수 있습니다.

또한, 미술가별로 갤러리를 구성해볼 수도 있습니다. 개인 또는 팀별로 교과서 속 미술가 혹은 학생들이 좋아하는 미술가를 선택합니다. 선택한 미술가의 작품 중에 맘에 드는 작품을 골라 갤러리를 구성합니다. 자신의 갤러리를 발표하고 친구들과 공유하며 작품의 공통적인 특징을 찾아낼 수 있습니다. 또한, 시대별로 미술가의 삶을 들여다보고 살아온 환경에 따라 작품이 어떻게 변했는지를 살펴보며 미술작품 속의 숨겨진 의미를 알아볼 수 있습니다.

스마트폰만 있으면
찍을 수 있다!
360도 VR 사진!

CHAPTER 11

360도 VR 사진 활용
교육 준비하기

01. 360도 VR 사진을 알아보자!
02. 구글 스트리트 뷰로 360도 VR 사진을 촬영해보자!
03. 360도 VR 사진을 편집하고 감상해보자!

01 360도 VR 사진을 알아보자!

최근 VR에 대한 사람들의 관심이 높아지면서 VR 사진, 영상 등의 콘텐츠가 많이 생기고 있습니다. 사진이나 영상을 360도로 돌려보며 마치 그 공간에 있는 것 같은 느낌을 받으면 많은 사람들이 신기해하며 감탄을 자아냅니다. 이런 콘텐츠를 감상하다 보면 360도 사진을 직접 찍어보고 싶다는 생각이 들 수 있을 것입니다.

*출처: 직접 촬영

그런데 VR 사진을 찍으려면 비싼 장비가 필요할 것만 같다는 생각이 듭니다. 360도 VR 사진을 활용하고 싶지만 용어에 대한 생소함과 만만치 않은 장비 가격 때문에 접근하기가 다소 어렵습니다.

하지만 360도 VR 사진을 스마트폰만으로도 찍을 수 있는 방법이 있습니다. 이 방법을 사용하면 누구나 손쉽게 360도 VR 사진을 촬영할 수 있습니다. 이번 차시에서는 360도 VR 사진을 스마트폰으로 찍는 방법과 이를 수업에 어떻게 적용할 수 있는지 알아보겠습니다. 살펴보시고 360도 사진을 활용한 멋진 수업을 현장에서 적용해보시기 바랍니다.

02 구글 스트리트 뷰로 360도 VR 사진을 촬영해보자!

스마트폰으로 간단하게 360도 VR 사진을 찍을 수 있는 방법이 있습니다. 바로 구글 스트리트 뷰를 이용하는 것입니다. 구글 스트리트 뷰 앱을 사용하면 안드로이드, iOS 등의 운영체제에 상관없이 고화질로 사진을 찍을 수 있습니다. 초등학생을 비롯한 누구나 스마트폰 사용 방법만 알고 있으면 쉽게 촬영할 수 있습니다.

METAVERSE

02.01. 구글 스트리트 뷰란?

구글 스트리트 뷰는 몰입형 스트리트 뷰 이미지로 세계의 거의 모든 국가를 가상으로 쉽게 여행할 수 있는 애플리케이션입니다. 구글 스트리트 뷰는 구글 어스, 구글 지도와 연동되어 우리나라뿐만 아니라 세계의 다양한 장소를 탐험할 수 있습니다. 그러나 구글 어스, 구글 지도와의 차이점은 스트리트 뷰 이미지를 촬영하고 공유할 수 있다는 것에 있습니다. 구글 스트리트 뷰 애플리케이션에서 제공하는 360도 파노라마 사진 촬영 기능을 이용해 스트리트 뷰에 이미지를 추가하여 전 세계 사람들과 공유할 수 있습니다.

*출처: https://play.google.com/store/apps/details?id=com.google.android.street&hl=ko&gl=US

02.02. 360도 VR 사진 촬영방법 알아보기

① 구글 스트리트 뷰 애플리케이션을 설치하고 실행합니다.

② 하단에 만들기 아이콘을 클릭합니다.

③ 우측에 Photo Sphere를 클릭합니다.

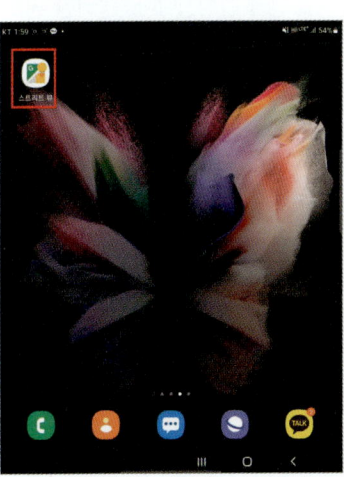  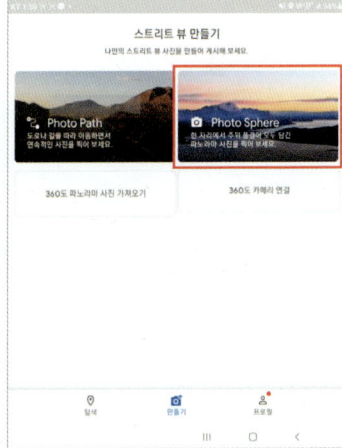

스마트폰만 있으면 찍을 수 있다! 360도 VR 사진!

④ 카메라를 주황색 점에 맞추면 자동 촬영됩니다.
⑤ 카메라를 돌려가며 모든 방향을 꼼꼼히 촬영합니다.
⑥ 잘못 촬영했을 시 좌측 하단의 되돌리기 버튼을 눌러 재촬영합니다.

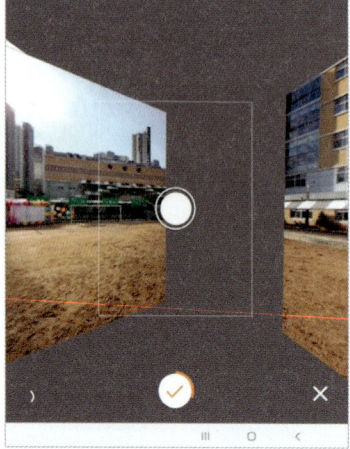

⑦ 촬영 진행도에 따라 중앙의 주황색 링이 점점 차오릅니다.
⑧ 모든 점을 다 촬영하고 나면 초록색으로 바뀝니다. 이 때에 체크 버튼을 누르면 촬영이 완료됩니다.
⑨ 촬영이 끝난 후에 사진이 합쳐지는 과정을 잠시 기다리면 사진이 완성됩니다. 촬영한 파노라마 사진은 우측 하단 프로필을 클릭하면 볼 수 있습니다.

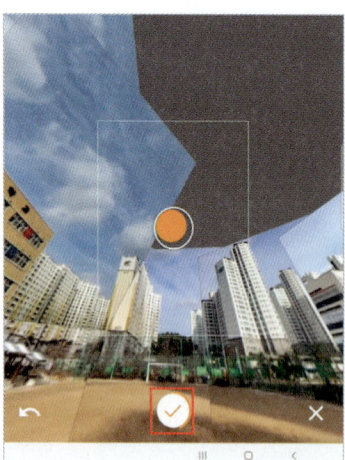

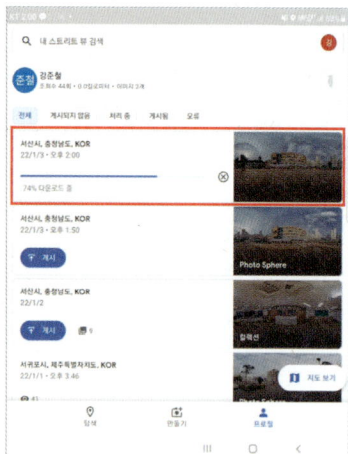

144

⑩ 촬영한 사진을 클릭하여 드래그하며 감상할 수 있고, 우측 상단 나침반을 누르면 스마트폰을 들고 기울이며 사진을 살펴볼 수도 있습니다.

⑪ 사진이 완성되면 내 스마트폰 갤러리에도 파노라마 사진으로 자동저장됩니다.

02.03. 360도 VR 사진 깔끔하게 촬영하기

360도 VR 사진을 촬영하다 보면 사진이 어긋나거나 깨지는 현상이 발생할 수 있습니다. 다른 각도로 촬영한 여러 장의 사진을 합성하는 방식이기 때문에 다소 어긋나는 현상은 불가피하게 생길 수 있습니다.

하지만 가끔씩 사진이 심하게 어긋나서 사용하지 못하게 되는 문제가 발생하기도 합니다. 이런 문제를 최소화할 수 있는 방법을 말씀드리겠습니다.

02.03.01. 넓은 공간에서 촬영하기

① 구글 스트리트 뷰로 360도 사진을 촬영할 때에는 여러 장의 사진을 하나로 합성하는 방식을 사용합니다. 이때 카메라와 풍경 사이의 거리가 좁을 경우 카메라의 위치나 각도가 조금만 달라져도 사진 변화가 크게 나타납니다.

② 그러나 카메라와 풍경 사이에 충분한 거리가 있을 경우 촬영 위치나 각도가 조금 달라지더라도 사진이 크게 달라지지 않습니다. 이러한 이유로 탁 트인 넓은 공간에서 사진을 촬영할 때에 질 높은 사진을 찍을 수 있습니다.

02.03.02. 카메라 위치 변화 최소화하기

일반적으로 360도 사진을 촬영하게 되면 카메라를 여러 방향으로 움직이고 돌리면서 촬영하게 됩니다. 하지만 이렇게 촬영할 경우 스마트폰의 위치가 계속 바뀌기 때문에 촬영 구도가 틀어지며 사진끼리 자연스럽게 합성되지 못합니다.

올바른 360도 사진을 찍는 첫 번째 방법은 카메라의 움직임을 최소화하여 각도만 틀어서 촬영하

는 것입니다. 공중의 한 지점에 카메라를 고정하고 렌즈의 방향만 바꾼다고 생각하면 이해하기 쉽습니다. 카메라의 움직임은 최소화하고 촬영 각도만 바꾸면서 촬영하면 깔끔한 사진을 제작할 수 있습니다.

02.03.03. 발을 숨기고 촬영하기

두 번째 방법은 발이 나오지 않게 촬영하는 것입니다. 가만히 선 상태로 하단을 촬영하게 되면 촬영자의 발까지 찍히게 됩니다. 발과 다리가 찍히게 되면 완성한 사진에 옥에 티를 남길 수 있습니다. 발이 나오지 않고 깔끔하게 사진을 찍기 위해서는 바닥 촬영 시에 다리를 뒤로 쭉 빼고 찍는 것입니다. 다리를 뒤로 쭉 빼고 발이 카메라에 담기지 않는 것을 확인하고 찍을 시에는 완성도 높은 사진을 촬영할 수 있습니다.

스마트폰만 있으면 찍을 수 있다! 360도 VR 사진! 147

03 360도 VR 사진을 편집하고 감상해보자!

360도 VR 사진을 감상하는 가장 기본적인 방법은 스트리트 뷰 앱을 사용하는 것입니다. 하지만 스트리트 뷰 앱에서는 감상 방법이 단조롭고 편집이 제한적이라는 단점이 있습니다. 하지만 별도의 애플리케이션을 사용하면 편집뿐만 아니라 다양한 구도로 감상할 수 있습니다. 학생들도 쉽게 사진을 편집하고 감상할 수 있는 방법을 말씀드리겠습니다.

03.01. 안드로이드 스마트폰 갤러리 앱 활용하기

360도 VR 사진을 가장 쉽게 편집 및 감상할 수 있는 방법은 갤러리 앱을 이용하는 것입니다. 안드로이드 기반의 스마트폰에 기본적으로 탑재된 애플리케이션이기 때문에 학생들에게 익숙하고 활용방법도 간단합니다.

03.01.01. 안드로이드 스마트폰 갤러리 앱에서 360도 VR 사진 편집하기

① 구글 스트리트 뷰로 사진 촬영을 완료한 후에 스마트폰 갤러리로 들어가서 편집할 사진을 클릭합니다.

② 하단의 연필 모양을 클릭합니다.

③ 좌측 하단 버튼을 눌러 사진의 기울기를 조정하거나 자를 수 있습니다.

METAVERSE

④ 필터 기능을 사용하여 사진의 분위기를 바꿀 수 있습니다.

⑤ 사진의 밝기, 노출, 대비, 채도 등의 세부사항을 조정할 수 있습니다.

⑥ 스티커를 붙여 사진을 꾸미거나 사진의 일부분을 가릴 수 있습니다.

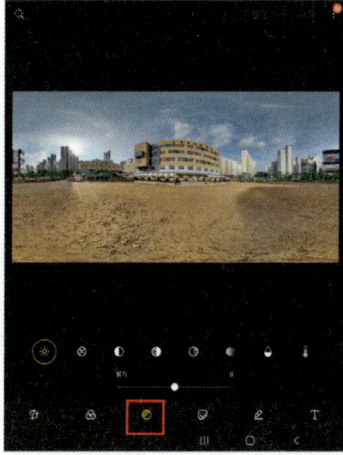

⑦ 원하는 펜과 색깔을 골라 그리거나 적을 수 있습니다.

⑧ 사진에 원하는 텍스트를 삽입할 수 있습니다.

⑨ 편집이 완료되면 우측 상단의 저장 버튼을 누릅니다.

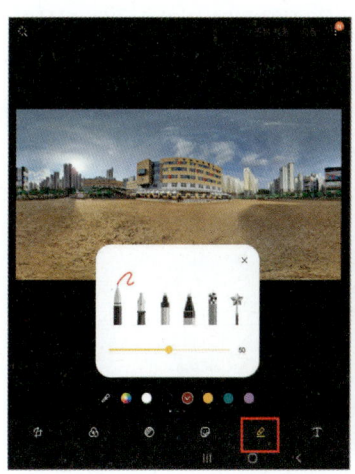

03.01.02. 안드로이드 스마트폰 갤러리 앱에서 360도 VR 사진 감상하기

① 갤러리 앱에서 360도 사진을 찾습니다.

② 중앙 하단 360도 포토로 보기 버튼을 클릭합니다.

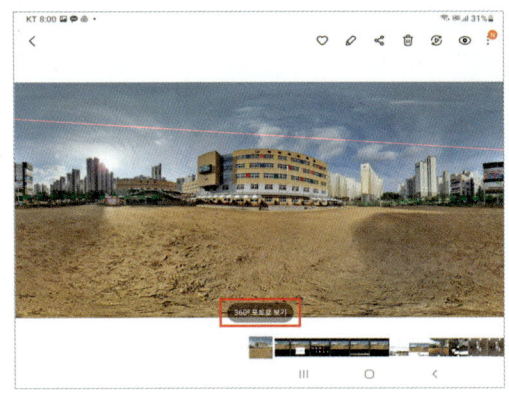

③ 좌측 하단 재생/일시정지 버튼으로 사진을 자동으로 둘러보거나 멈출 수 있습니다.

④ 모션 보기 기능을 사용하면 스마트폰을 기울이며 360도로 사진을 감상할 수 있습니다.

METAVERSE

⑤ 초기화 버튼을 누를 시 사진이 맨 처음 위치로 돌아옵니다.

⑥ 360도 보기 버튼을 누를 시 사진을 감상하는 방법을 고를 수 있습니다.
이때 원하는 구도를 선택하고 캡쳐하여 저장할 수 있습니다.

 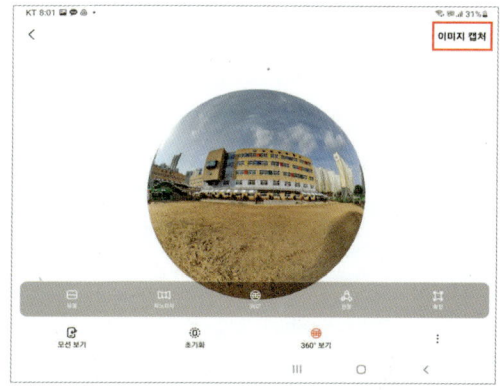

⑦ 듀얼 버튼을 누르면 사진을 2분할하여 위아래로 보여줍니다.

⑧ 파노라마 버튼을 누르면 사진을 파노라마로 감상할 수 있습니다.

스마트폰만 있으면 찍을 수 있다! 360도 VR 사진!

⑨ 360도 버튼을 누를 시 사진이 구 형태로 나타나며 돌려가며 사진을 감상할 수 있습니다.
⑩ 원형 버튼을 누르면 땅을 중심으로 한 행성 모양으로 사진이 나타납니다.

⑪ 확장 기능을 사용하면 일반적인 360도 사진을 감상하듯이 360도 사진의 한 면이 화면으로 나타납니다. 스마트폰을 돌려가며 사진을 감상할 수 있습니다.

03.02. THETA+ 앱 활용하기

갤러리 애플리케이션을 이용하면 간편하지만 몇 가지 단점이 있습니다. 첫째, iOS 운영체제 기반의 스마트폰일 경우 갤러리에서 360도 사진 편집이 제한됩니다. 둘째, 세부적인 편집이 어렵습니다. 갤러리에서 제공하는 구도의 사진만 캡쳐하여 활용할 수 있습니다.

이 경우 360도 VR 사진을 편집하는 방법은 THETA+ 앱을 이용하는 것입니다. THETA+ 앱의 경우에도 장단점이 존재합니다. 세부적인 편집이 가능하며, 스마트폰 전 기종에서 사용이 가능

METAVERSE

하지만, 영어 기반이며 편집이 다소 어렵다는 점이 단점입니다. 학년 또는 학생 수준에 따라 적절한 편집 도구를 사용하기 바랍니다.

03.02.01. THETA+ 앱으로 360도 VR 사진 편집하기

① THETA+ 앱을 다운로드하고 실행합니다.

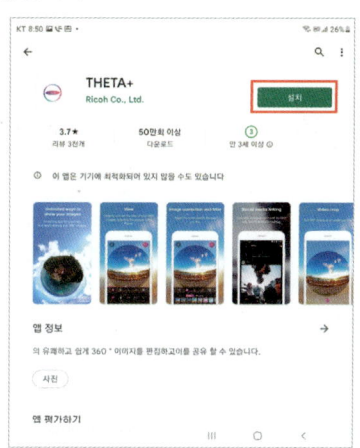

② 맨 처음 다운로드할 경우 앱 사용 동의 및 앱 사용방법이 영어로 제시됩니다. 동의한 후에 몇 가지 페이지를 넘기고 Start 버튼을 누르면 메인 화면이 나타납니다.

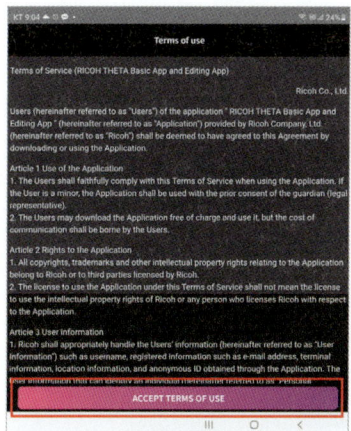

스마트폰만 있으면 찍을 수 있다! 360도 VR 사진! 153

③ 메인 화면에는 내 스마트폰에 있는 360도 사진이 업로드되어 있습니다.

④ 편집을 원하는 사진을 누르고 하단의 'EDIT A STILL IMAGE'를 누릅니다.

⑤ 하단 첫 번째 버튼에서는 사진 구도를 정하거나 애니메이션을 활용해 영상으로 편집할 수 있습니다.

No animation(애니메이션 없음)
Animation(애니메이션 설정)
구도 설정

⑥ 두 번째 버튼에서는 필터를 적용할 수 있습니다.

⑦ 세 번째 버튼에서는 색조, 밝기, 그림자 등의 세부사항을 조절할 수 있습니다.

METAVERSE

⑧ 네 번째 버튼에서는 화면 비율을 정할 수 있습니다.

⑨ 우측 상단의 두 번째 버튼을 누르면 도장, 글, 블러를 추가할 수 있습니다.
- 좌측부터 도장 / 글 / 블러 버튼

⑩ 편집이 완료되면 우측 상단 체크 버튼을 누릅니다.

⑪ 'Save' 버튼을 누르고 'Save to Gallery'를 눌러 사진을 갤러리에 저장할 수 있습니다.

⑫ 하단 'Ohers' 버튼을 눌러 원하는 방식으로 공유할 수도 있습니다.

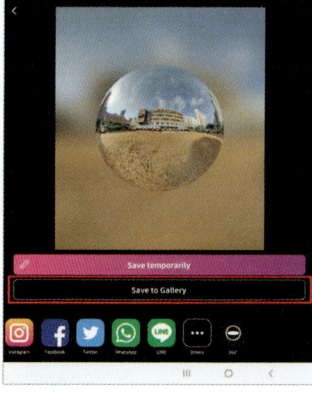

03.02.02. THETA+ 앱으로 360도 VR 사진을 영상으로 만들기

THETA+ 앱을 활용하면 360도 사진을 2D 영상으로 만들 수 있습니다. 360도 사진을 원하는 구도로 보여주고 싶을 때 유용하게 활용할 수 있습니다.

① THETA+ 애플리케이션에서 원하는 사진을 누르고 'EDIT A STILL IMAGE'를 실행합니다.

② 'Animation' 버튼을 누릅니다.

③ 원하는 애니메이션을 아래에서 고릅니다.

  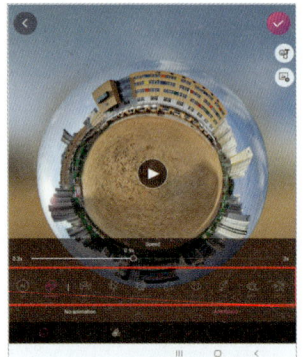

④ 나만의 애니메이션을 만들고 싶은 경우에는 'Customize'를 누릅니다.

⑤ 영상에서 나타났으면 하는 포인트에 중앙 십자가를 맞춘 후 우측 하단 파란색 버튼을 누릅니다.

⑥ 원하는 지점을 차례로 찍습니다.

METAVERSE

⑦ 원하는 지점을 다 찍은 후에 좌측 하단 재생 버튼을 눌러 영상을 확인합니다.

⑧ 편집이 완료되면 우측 상단의 'Finish' 버튼을 누릅니다.

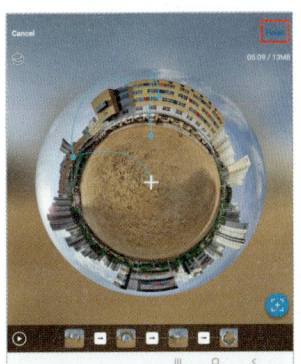

⑨ 속도조절바를 이용하여 영상 재생 속도를 설정합니다.

⑩ 우측 상단의 세 번째 버튼을 누르면 제목 이미지를 추가할 수 있습니다. 이미지를 추가할 경우 영상의 시작에 이미지가 삽입됩니다.

⑪ 편집이 완료되면 우측 상단의 체크 버튼을 누르고 공유합니다.

CHAPTER 12

360도 VR 사진 활용하기

04. 360도 VR 사진을 공유하고 감상해보자!

05. 360도 VR 사진 활용 교육! 초·중등 수업, 이렇게 해보세요!

METAVERSE

04 360도 VR 사진을 공유하고 감상해보자!

360도 VR 사진을 수업에 활용하기 위해서는 친구들과 사진을 공유할 수 있어야 합니다. 하지만 일반 사진과 동일한 방식으로 360도 사진을 공유하게 되면 2D의 파노라마 사진으로 공유됩니다. 360도 VR 사진으로 공유하기 위해서는 별도의 작업이 필요합니다.

04.01. 구글 스트리트 뷰에 게시하기

학생들이 촬영한 360도 파노라마 사진을 360도로 감상하며, 학급 친구뿐만 아니라 전 세계 앱 사용자들에게 공유할 수 있는 방법이 있습니다. 바로 구글 스트리트 뷰에 사진을 게시하는 것입니다. 구글 스트리트 뷰에 사진 게시하는 방법을 알아보겠습니다.

① 구글 스트리트 뷰 우측 하단 프로필을 클릭합니다.
② 내가 찍은 360도 사진을 클릭합니다.

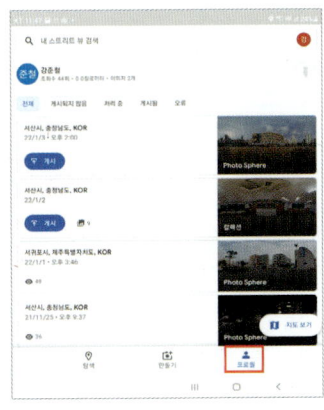
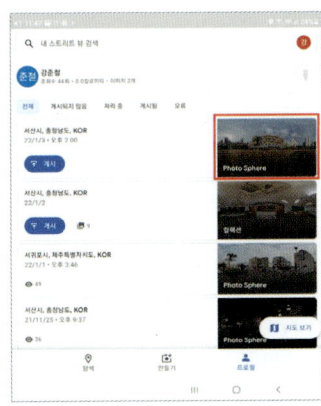

스마트폰만 있으면 찍을 수 있다! 360도 VR 사진! 159

③ 주변을 살펴보며 사람 얼굴 등 비공개로 처리해야 하는 부분을 길게 누릅니다.

④ 화면 하단에 "블러를 추가하시겠습니까?" 라는 문구 오른쪽 체크를 클릭하여 블러처리를 합니다.

⑤ 블러 삭제를 원할 경우에는 블러를 길게 눌러 삭제할 수 있습니다. 행인의 얼굴이나 차량 번호판 등의 개인정보를 블러처리 하지 않을 경우에는 초상권 및 개인정보 유출 문제가 발생할 수 있습니다.

⑥ 블러 추가가 완료되면 스트리트 뷰 프로필로 돌아와 게시 버튼을 누릅니다.

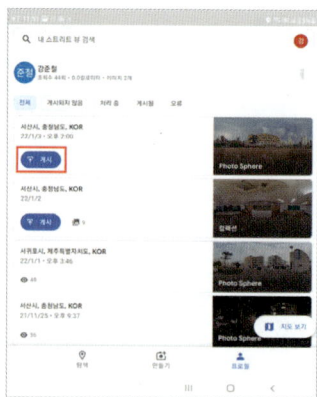

METAVERSE

⑦ 게시한 사진은 구글의 심사를 거쳐 구글 스트리트 뷰에 사진이 추가됩니다. 게시한 사진은 스트리트 뷰 앱에 공유되기 때문에 부적절한 사진이나 잘못 촬영된 사진을 게시할 경우에는 게시되지 않을 수 있습니다.

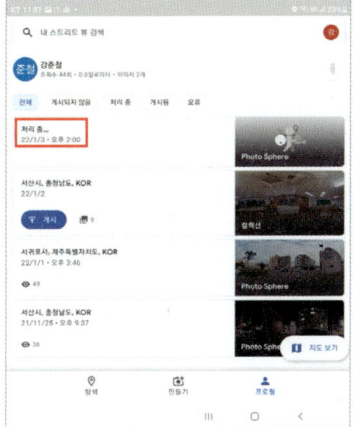

⑧ 촬영한 사진은 진행 상태에 따라 게시되지 않음, 처리 중, 게시됨, 오류로 분류되어 나타납니다.

⑨ 구글의 심사승인을 거쳐 게시가 완료된 사진은 좌측 하단 탐색을 클릭하면 볼 수 있습니다. 구글 지도에서 내가 찍은 장소의 파란색 작은 원을 클릭하면 사진을 360도로 감상할 수 있습니다.

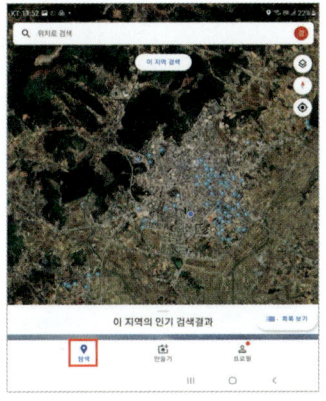 

스마트폰만 있으면 찍을 수 있다! 360도 VR 사진! **161**

04.02. 구글 포토를 활용하여 공유하기

구글 스트리트 뷰 앱에 360도 사진을 게시하면 지도에 위치별로 사진을 저장할 수 있다는 장점이 있지만 모든 앱 사용자들에게 사진이 공개된다는 것은 단점이 될 수 있습니다. 촬영 기술이 다소 미흡하고 개인정보 보호의 중요성을 완전히 깨닫지 못한 학생들에게 촬영 과제를 낼 경우에 무분별하게 사진이 게시될 가능성이 있습니다. 이 경우에는 구글 포토의 링크 주소 공유를 통해 360도 사진을 학급 친구들에게 공유할 수 있습니다.

① 구글 포토 애플리케이션을 미리 다운로드 합니다.

② 갤러리에서 360도 사진을 클릭한 후에 하단의 공유 버튼을 누릅니다.

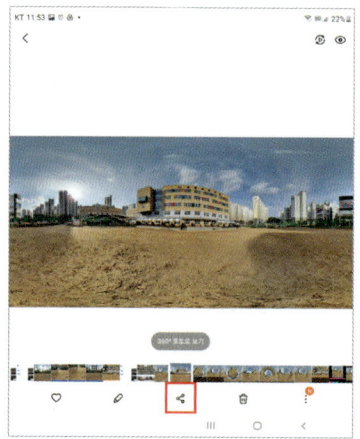

③ 구글 포토 앱을 눌러 구글 포토에 사진을 업로드합니다.

METAVERSE

④ 업로드가 완료되면 구글 포토로 접속하고 360도 사진을 클릭합니다.

⑤ 하단의 공유 버튼을 누릅니다.

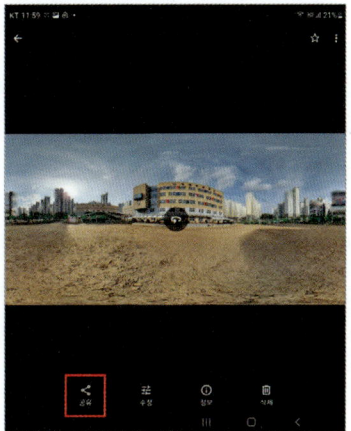

⑥ 하단에 링크 생성 버튼을 눌러 링크를 복사하고 공유합니다.

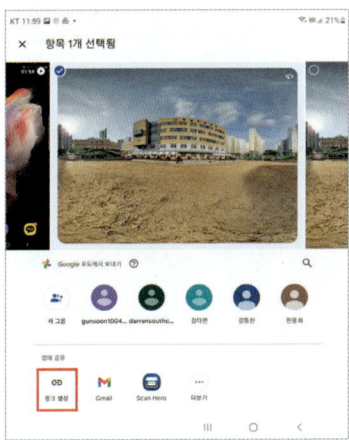
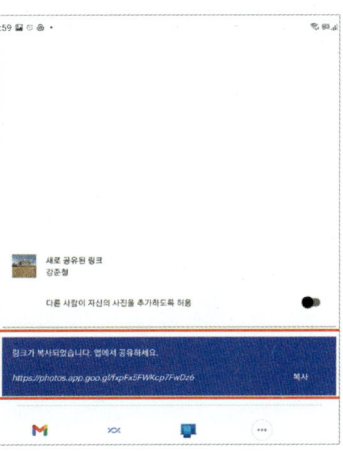

스마트폰만 있으면 찍을 수 있다! 360도 VR 사진!

04.03. 구글 카드보드로 360도 VR 사진 감상하기

① 구글 포토에서 360도 사진의 중앙 원형 화살표를 클릭합니다.

② 구글 포토로 360도 사진을 감상할 경우 좌측 하단 나침반을 눌러 스마트폰을 기울이는 대로 사진을 감상할 수 있습니다.

③ 구글 카드보드가 있다면 사진을 VR로 감상할 수 있습니다. 우측 하단 카드보드 버튼을 누르고 카드보드에 스마트폰을 장착하여 VR로 감상합니다.

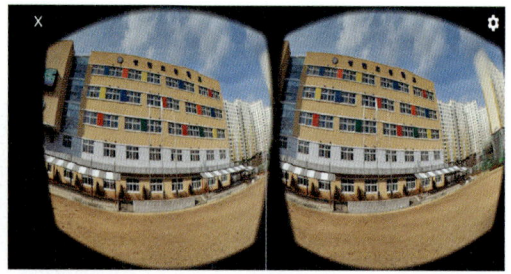

METAVERSE

05. 360도 VR 사진 활용 교육! 초·중등수업, 이렇게 해보세요!

360도 VR 사진을 지리 수업에 적용하면 더욱 질 높은 수업을 구성할 수 있습니다. 학생들이 찍은 지역 사진을 활용하여 가상체험을 해볼 수 있을 뿐만 아니라 학습 콘텐츠를 직접 만들고 활용할 수 있습니다.

05.01. 360도 VR 사진 초등교육 활용 아이디어
"우리 마을 디지털 지도 만들기"

초등학교 3~4학년군 지리 영역에서는 여러 지형지물의 위치를 중심으로 고장의 실제 모습을 파악하는 교육을 실시합니다. 이를 위해 디지털 영상 지도 등을 활용하여 주요 지형지물들의 위치를 파악하고, 백지도에 배치하는 활동을 통하여 마을 또는 고장의 실제 모습을 익힙니다. 이 과정을 통해서 학생들은 고장의 실제 모습과 고장 내 주요 지형지물의 위치와 분포를 배울 수 있습니다. 또한, 5~6학년군은 향토사 학습이나 마을교육과 연계해서 지역사회 학습에 활용할 수 있습니다.

학생들이 디지털 영상 지도를 활용하는 것에 더하여 직접 주요 지형지물을 360도 VR 사진으로 찍는 활동을 해본다면 더욱 효과적인 수업을 구성할 수 있습니다. 먼저 학생들이 360도 사진을 촬영·편집·공유하는 방법을 익힙니다. 그 후에 학생 개인별 또는 팀별로 산, 하천, 도로, 건물, 자기 집, 학교 등의 고장 내 지형지물을 하나씩 담당합니다. 주말이나 방과 후 시간을 활용하여 실제 장소에 가보고 구글 스트리트 뷰를 활용하여 360도 사진을 찍습니다. 학생들이 학교로 돌아와 각자 맡은 장소를 고장의 백지도에 나타냅니다. 구글 포토를 활용하여 친구들과 360도 VR 사진을 링크로 공유하고 스마트폰, 스마트 패드, 구글 카드보드 등을 활용하여 주요 지형지물 사진을 실감 나게 감상합니다. 추가로 실제 지형지물을 방문한 소감, 지형지물에 대한 설명, 새롭게 알게 된 점 등을 친구들과 공유합니다.

학생들이 실제 지형지물의 모습을 가상체험하는 과정을 통하여 다양한 장소에 직접 가본 것과 유사한 교육 효과를 얻을 수 있습니다. 또한 친구들에게 지형지물의 어떤 모습을 보여줄지 고민하며 새로운 방식으로 사진을 찍는 과정 속에서 창의성이 발휘될 수 있습니다. 추가로 우리 마을의 사진을 직접 찍고, 친구들에게 보여주고 설명하는 과정 속에서 고장에 대한 애향심이 함양될 수 있습니다. 또한 향토사 학습으로 마을 주변을 소개하고 숨겨져 있는 관광문화유산을 홍보하는 마을해설사로서 활동해 보게 하세요. 지역사회 발전을 위해 함께 하는 것은 좋은 경험이 될 것입니다.

05.02. 360도 VR 사진 중등교육 활용 아이디어
"우리 지역 장소 마케팅"

중등 사회 지리 영역에서는 우리나라 각 지역이 지닌 가치와 경쟁력을 발견하고 이를 높이기 위해 노력하는 내용을 다루고 있습니다. 학생들은 우리나라 여러 지역의 특징을 조사하고, 지역의 특색을 살리는 지역 브랜드, 장소 마케팅 등의 지역화 전략을 개발합니다.

우리 지역의 지역화 전략을 모색하기 위한 야외 조사 활동 시 360도 사진을 촬영하고, 구글 스트리트 뷰를 통하여 전 세계 사람들에게 지역의 아름다움을 알린다면 더욱 효과적인 교육이 이루어질 수 있습니다. 야외 조사 활동 전에 학생들은 거주 지역의 발전 방향을 조사하고 지역 경쟁성을 높일 수 있는 자연환경, 상징 건물 등의 장소를 선정합니다. 이후 모둠별로 야외 조사 활동 계획을 수립하고 기본적인 구글 스트리트 뷰 앱 활용법을 익힙니다. 야외 조사 활동 시에는 모둠별로 선정한 장소를 조사하는 것뿐만 아니라 360도 VR 사진으로 찍고 구글 스트리트 뷰에 게시합니다. 학교로 돌아온 후에는 스트리트 뷰 앱을 활용하여 지역 사진을 친구들에게 공유하고, 지역의 특색을 고려한 지역화 전략을 수립하여 발표합니다.

모둠별로 사진을 찍으며 거주 지역의 발전 방향을 탐색하는 과정을 통해 문제 해결 능력과 의사 결정 능력을 함양할 수 있습니다. 또한, 친구들뿐만 아니라 전 세계 사람들에게 지역의 모습을 공유하는 과정을 통해 지역과 국토에 대한 자긍심을 높일 수 있습니다. 이때, 학생들에게 지역을 홍보하는 글을 영어로 쓰게 한다면 영어과 학습과 융합적으로 학습할 수도 있습니다.

이렇듯 360도 VR 사진은 교육에 다양하게 활용할 수 있습니다. 쉽고 재미있게 찍을 수 있는 360도 VR 사진을 수업에 적용해보시기 바랍니다.

교육 특화 메타버스
코스페이시스 에듀!
나만의 공간을 꾸미고
감상해봐요!

METAVERSE

CHAPTER 13

코스페이시스 에듀 시작하기

01. 코스페이시스 에듀를 알아보자!
02. 회원 가입하고 체험판을 활성해보자!
03. 학급 개설 및 학생 가입 방법을 알아보자!

01 코스페이시스 에듀를 알아보자!

3D 오브젝트를 조정하고 배경을 꾸며 자신만의 공간을 만드는 프로그램. 코스페이시스 에듀를 사용하면 학생 주도적인 활동을 유도할 수 있고 프로그램 안의 다양한 기능을 통해 효과적인 STEAM 교육을 진행할 수 있습니다. 그럼 지금부터 코스페이시스 에듀란 어떤 것인지 알아보겠습니다.

01.01 코스페이시스 에듀 소개

코스페이시스는 에듀(Cospaces Edu)는 누구나 손쉽게 자신만의 가상 공간을 만들 수 있는 웹 기반 프로그램입니다. 직관적인 사용자 인터페이스를 통해 누구나 손쉽게 사용할 수 있으며 웹 기반 프로그램이기 때문에 별도 설치 없이 웹사이트 접속 또는 무료 애플리케이션 설치만으로 사용이 가능합니다. 즉, 3D 물체 또는 공간 만들기를 처음 접하는 사람들에게 적합한 프로그램입니다. 이처럼 손쉽게 사용할 수 있다는 특징과 에듀(Edu)라는 이름에서부터 알 수 있듯이 이 프로그램은 교육활동에 특화되어 있습니다. 실제로 코스페이시스 에듀 홈페이지에서도 "코스페이시스 에듀와 함께라면 아이들이 가상으로 무언가를 만들면서 배울 수 있다."고 안내하고 있습니다.

*출처:https://www.cospaces.io/edu/CoSpacesEdu-Marketing-Brochure.pdf

*출처: https://www.cospaces.io/edu/about.html

METAVERSE

01.02 코스페이시스 에듀의 장단점

코스페이시스 에듀의 장점과 단점을 알아보겠습니다.
먼저, 코스페이시스 에듀의 장점은

첫째, 높은 접근성입니다. 코스페이시스는 앞서 말씀드린대로 PC뿐 아니라 모바일에서도 사용이 가능하기 때문에 다양한 교수학습 상황에 맞게 사용이 가능합니다. 예를 들어, 모바일 기기는 있지만 컴퓨터는 사용할 수 없는 환경이어도 코스페이시스 에듀를 사용하는 것은 큰 문제가 없습니다.

둘째. 감상과 창작이 모두 가능하다는 점입니다. 코스페이시스 에듀 사용자는 다양한 작품을 VR과 AR로 감상할 수 있으며 또 능동적으로 자신만의 작품을 만들어볼 수도 있습니다. 참여자가 소비자인 동시에 창작자도 될 수 있습니다.

셋째, 높은 활용성입니다. 코스페이시스 에듀를 이용해 교수자들과 학생들은 다양한 교육활동을 경험할 수 있습니다. 두 가지 기능을 예시로 들어보겠습니다.
첫 번째는 '1)물리엔진' 기능입니다. 이 기능을 통해 '물리'에 대해 학습할 수 있습니다. 학습자들은 교과에서 배운 내용을 직접 실습해보며 학습 내용을 체득할 수 있습니다. 교수자는 '물리' 교과를 가르치는 것은 물론이요, 이 기능을 이용해 실감나는 교수자료를 만들 수 있습니다.
두 번째는 '코딩' 기능입니다. 코스페이시스 에듀에서는 코딩 수업도 가능합니다. 코딩 언어도 블록코딩(코블록스), 텍스트 코딩(TypeScript 및 Python) 모두 가능합니다. 이처럼 코스페이시스는 이 두 가지 기능을 통해, 정지되어있는 물체와 공간을 움직일 수 있게 만들었습니다. 내 마음대로 장면을 꾸미고 또 움직이게 할 수 있는 코스페이시스 에듀! 다양하게 활용할 수 있겠지요?

단점도 존재합니다.
첫째, 다른 메타버스와 달리 사용자 사이에 실시간 소통이 불가합니다.
둘째, 1달 체험기간이 종료된 후에는 유료입니다. 무료 체험 기간이 종료된 후에는 별도의 비용을 지불해야 합니다.

---

1) '컴퓨터 시뮬레이션'에서 현실과 가까운 물리 효과를 내기 위해 사용하는 소프트웨어 프로그램. *출처: 우리말샘

지금까지 코스페이시스 에듀에 대해 간단하게 알아보았습니다. 여러 장단점이 존재하지만 명확한 것은 코스페이시스 에듀는 학생들에게 능동적으로 조작하며 배울 수 있는 환경을 제공한다는 것입니다. 그럼 이제부터 코스페이시스 에듀는 어떻게 사용하는지 살펴보겠습니다.

02 회원 가입하고 체험판을 활성해보자!

코스페이시스 에듀는 유료 프로그램입니다. 유료 결제를 하지 않고, 무료 버전으로도 사용이 가능하지만 이 경우, 많은 기능이 제한됩니다. 사용할 수 있는 오브젝트들도 별로 없고, 물리, 코딩기능 등을 모두 사용할 수 없습니다. 따라서 코스페이시스 에듀를 사용하실 때는 되도록 유료 결제 혹은 무료 체험판을 이용하시기를 권장드립니다.

02.01 교사 회원가입 안내

그럼 지금부터 코스페이시스 에듀를 이용하기 위한 첫 번째 단계 회원가입 및 체험판 설정에 대해 안내해드리겠습니다. PC와 모바일 기기로 모두 사용이 가능하지만 여기서는 PC를 이용한 방법을 보여드리겠습니다. "모바일에서는 어떻게 사용하나요?"라고 걱정하실 필요 없습니다. PC와 이용방법이 거의 똑같기 때문입니다.

① 크롬 브라우저를 사용하면 좋습니다. 크롬 브라우저로 접속한 후, 검색창에 '코스페이시스 에듀'를 검색하여 접속합니다. 안드로이드폰에서는 'Play스토어', 아이폰에서는 'App스토어'를 열어 '코스페이시스 에듀'를 검색하여 'CoSpaces Edu' 앱을 설치합니다.

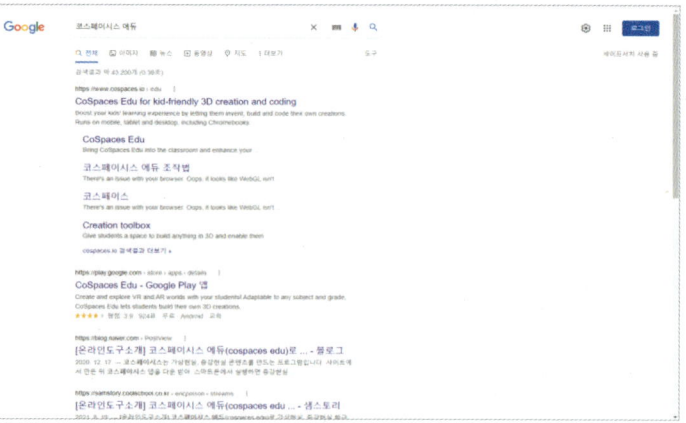

코스페이시스 에듀 검색

METAVERSE

② 크롬 번역 기능을 활용하여 영어를 한국어로 변환합니다. 번역을 하지 않아도 괜찮습니다. 상황에 맞게 선택하시면 됩니다.

- PC화면에서 오른쪽 마우스 버튼을 누른 뒤 한국어(으)로 번역 버튼을 누르면 됩니다.
- 모바일 애플리케이션으로 접속할 경우, 한글화가 잘 되어 있어 별도 번역이 필요하지 않습니다.

영어 번역 방법

③ '등록하기'를 눌러줍니다. 모바일에서는 '로그인'을 누른 후, '아직 계정을 만들지 않았나요?'를 누르면 됩니다. 그러면 화면이 다음과 같이 전환됩니다. 우리는 '선생님' 계정을 만들어야 합니다. '선생님'을 눌러줍니다.

로그인 화면

선생님 계정 선택

④ 만 18세 이상이어야 '선생님' 회원가입이 가능합니다. '만 18세 이상입니다.'를 누른 후 스크롤을 쭉 내려 약관에 동의를 누릅니다.

18세 이상 확인

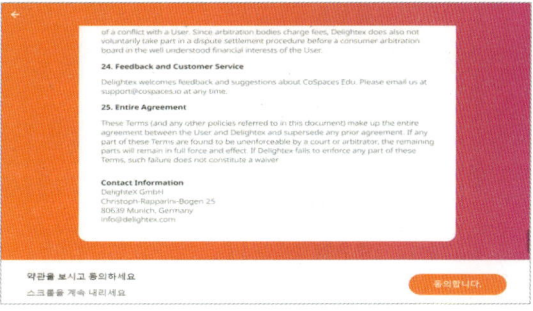

약관 스크롤

교육 특화 메타버스 코스페이시스 에듀! 나만의 공간을 꾸미고 감상해봐요!

⑤ apple, google, microsoft 등 연계 계정으로 로그인을 누르셔도 되고 아래 이름, 아이디, 이메일로 회원가입을 하셔도 됩니다. 이 때, 주의할 점은 가입한 메일로 접속하여 인증 절차를 거쳐야 한다는 것입니다. 제출하시면 뉴스 구독란이 뜨는데요. 구독은 안하셔도 코스페이시스 에듀 이용에 지장은 없습니다.

회원가입 화면
- 회원가입 방법은 2가지 유형으로 나뉩니다.

1. 연동 계정으로 가입
2. 새로운 아이디와 이메일 만들기

뉴스 구독란
- 구독하지 않아도 괜찮습니다.

⑥ 확인 메일이 갔다는 표시를 확인한 후, 해당 메일로 로그인에서 코스페이시스 에듀를 회원가입하겠다는 확인을 눌러줍니다.

 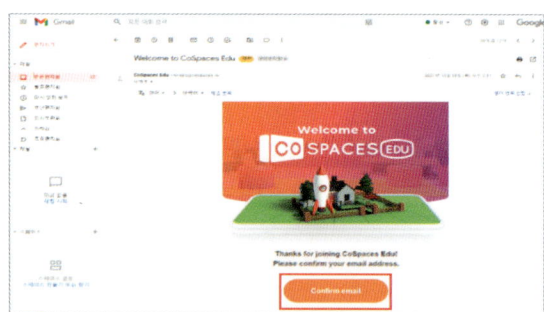

이메인 인증 보내기   이메일 인증 화면

⑦ 링크가 전환되며 인증이 완료되었다는 화면이 나옵니다. continue(계속)을 눌러주면 코스페이시스 에듀 창으로 전환됩니다. 이제 회원가입이 완료되었습니다.

인증 완료 화면

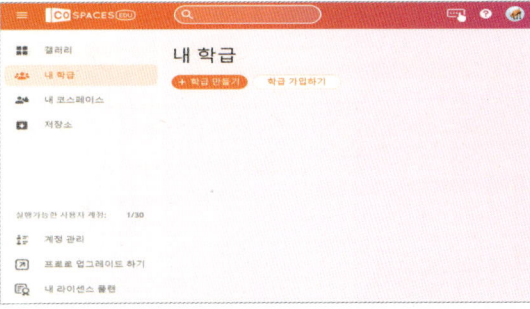
로그인 후 코스페이시스 기본 화면

02.02 화면 안내 및 체험판 설정 안내

① 이제 코스페이시스 에듀 기본 화면 구성을 설명하겠습니다. 먼저 학급 화면입니다. 이 메뉴에서 학급을 만들고 학급을 만들고 관리할 수 있습니다.

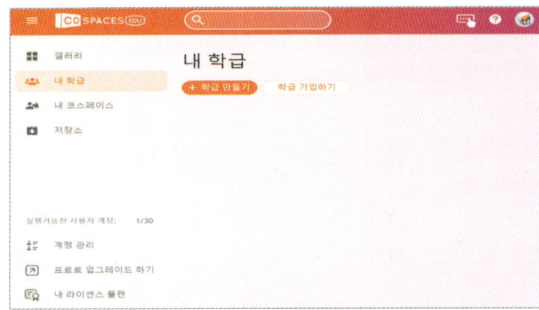
학급 화면

② 위 메뉴는 '갤러리'입니다. 이미 만들어진 다양한 작품들을 감상하고 체험할 수 있는 공간입니다. 다음 메뉴는 '내 코스페이시스'입니다. 새로운 작품을 만들 수 있고, 지금까지 만든 작품들이 저장되는 메뉴입니다.

갤러리 화면

내 코스페이시스 화면

③ 다음은 '저장소'입니다. 지금까지 만든 작품들을 한눈에 볼 수 있는 곳입니다. '내 코스페이시스'에서는 교사가 만든 작품만 볼 수 있었습니다. '저장소'에서는 '학급' 저장소에서 '학생'들이 만든 작품을 한눈에 볼 수 있습니다.

저장소
- '학급'에서 학급에 속한 학생들이 만든 작품을 한눈에 볼 수 있음.

④ '계정 관리'입니다. 이곳에서 학급에 속한 '학생', '선생님'의 계정을 한눈에 보고 관리할 수 있습니다.

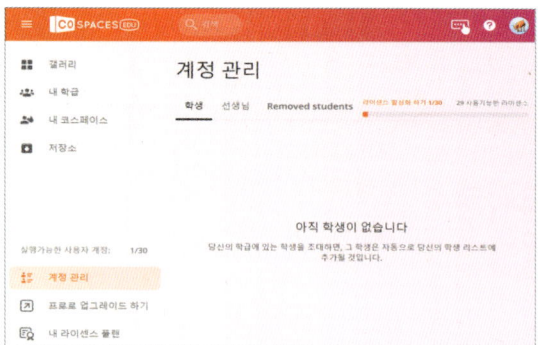

계정 관리 화면

⑤ 이제 '무료 체험판' 활성화를 해보겠습니다. 코스페이시스 에듀의 모든 기능을 이용하기 위해 꼭 필요한 작업입니다. 무료 체험 기간은 시작일로부터 1달입니다. 1달 안에 학생들과 코스페이시스 에듀 수업을 해결할 수 있도록 수업계획을 짜는 것을 권장 드립니다. 왜냐하면 한 달이 지난 후에는 학생들과 교사가 만든 작품이 모두 없어질 수 있기 때문입니다. 자 그러면 '프로로 업그레이드 하기'를 눌러줍니다.

프로로 업그레이드하기

⑥ '체험판 활성화하기'를 누릅니다.

체험판 활성화하기

⑦ '체험판 활성화하기'를 누른 후, 활성화 코드 'costeam'을 입력합니다. 이후 '체험판 활성화하기'를 누르면 코스페이시스 에듀 프로 체험판이 활성화됩니다. 다시 말씀드리지만 무료 체험 기간이 1달밖에 되지 않기 때문에 그 기간 안에 코스페이시스를 활용한 수업을 모두 완료한다 생각하시면 좋겠습니다. 그럼 여기까지 코스페이시스 에듀 회원가입 및 체험판 설정을 완료하였습니다.

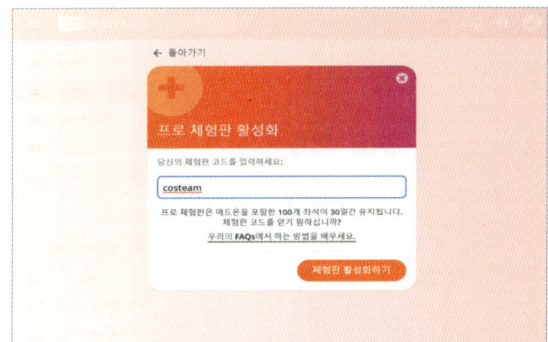

활성화 코드 입력하기

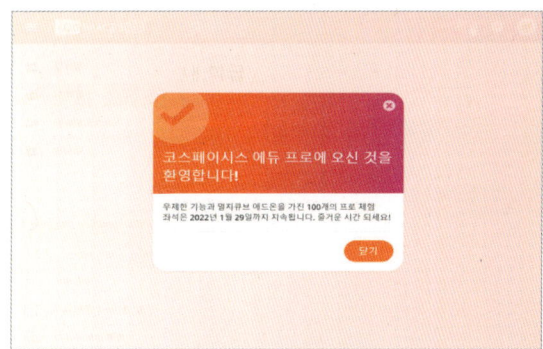

체험판 설정 완료

03 학급 개설 및 학생 가입 방법을 알아보자!

코스페이시스 에듀 회원가입 및 체험신청을 완료하였으니 이제는 학급을 개설하고 학생들을 가입시키는 방법을 배워보겠습니다.

03.01 학급 개설

① '내 학급' - '+학급 만들기'를 누르고 원하는 학급 이름을 정한 뒤, '지금 만들기'를 누릅니다.

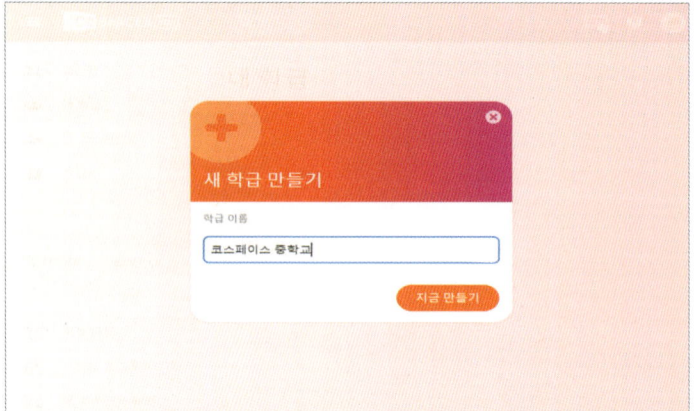

학급 이름 정하기

② 학급 코드와 존재하는 학생 추가하기가 뜨는데요. 두 가지에 대해 설명을 드리자면 첫 번째, 학급 코드는 학생들이 코스페이시스 에듀에 간편하게 회원가입을 하고 학급에 접속하기 위한 코드입니다.

학급 코드와 학생 추가하기 화면

METAVERSE

> 해당 코드를 이용하면
> 1. 코스페이시스에 가입하지 않았던 학생은 별도 이메일 없이 코드만을 이용해서 손쉽게 회원가입 및 학급 가입을 할 수 있습니다.
> 2. 이미 '학생'으로 회원가입이 되어 있는 '학생'은 이 코드를 이용해서 학급에 들어올 수 있습니다.

③ 두 번째로, '존재하는 학생 추가하기'를 누르면 아래와 같은 화면이 뜹니다. 이 화면에서 학생의 이메일을 입력하면 해당 학생들 학급으로 추가할 수 있습니다.

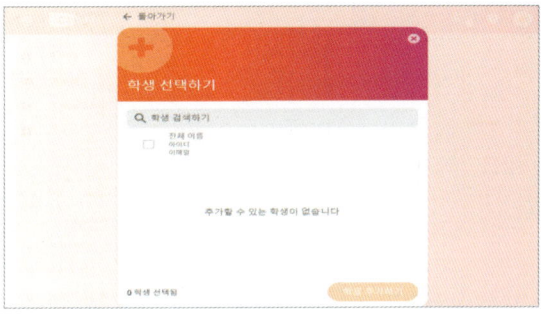

존재하는 학생 추가하기 화면

03.02 학생 회원 가입 방법

① 저는 학생들이 코스페이시스 에듀를 처음 이용해본다고 가정하고 '학급 코드'를 이용해 회원가입 및 학급가입을 하는 방법을 설명하겠습니다. 학생들은 아래와 같은 화면에서 '아직 계정을 만들지 않았나요?'를 누릅니다. 그리고 '학생'으로 계정 만들기를 누릅니다.

학생 회원가입 화면   학생 클릭

② 학생을 선택하면 바로 코드 입력화면이 나옵니다. 이제 선생님으로부터 받은 코드를 입력하고 '계속하기'를 누릅니다.

학급 코드 입력화면

- 학생을 선택하면 바로 코드 입력 화면부터 나옵니다.
- 학생들이 '로그인 코드로 로그인하기'와 학급 코드로 로그인하기를 헷갈려하기 쉽습니다.
- 학급 코드로 로그인하는 것을 꼭 알려주시기 바랍니다.

③ 그리고 이름, 아이디, 비밀번호를 입력한 후, '계정 만들기'를 누릅니다. 이 때, 교사가 관리를 위해서 아이디 및 비밀번호 형식을 정해주셔도 됩니다. 가입을 안내할 때, 학생들에게는 아이디와 비밀번호를 잊어버려선 안된다고 강조해주시는 것도 좋습니다.

- 관리 편의를 위해 아이디 및 비밀번호 형식을 정한 후, 학생들이 그에 따라 가입하도록 안내하셔도 좋습니다.
- 학생들이 자기만의 아이디와 비밀번호를 사용할 경우, 두 내용을 잊어버려선 안된다고 강조해주시면 좋습니다.
- 구글 지스윗 계정으로 학생용 아이디를 사용하는 경우에 바로 다음 화면으로 이동합니다.

④ 이렇게 회원 가입 및 학급 가입이 완료되었습니다. 아까 보셨듯이 교사 화면의 '계정관리' 탭에서 가입한 학생들의 아이디를 볼 수 있고 비밀번호도 변경이 가능합니다. 혹시 학생들이 비밀번호 및 아이디를 잊어버렸을 때는, '계정관리' 탭에서 문제를 해결하실 수 있습니다.

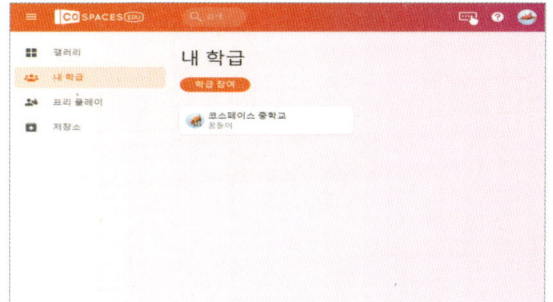

학생 계정의 '내 학급' 화면

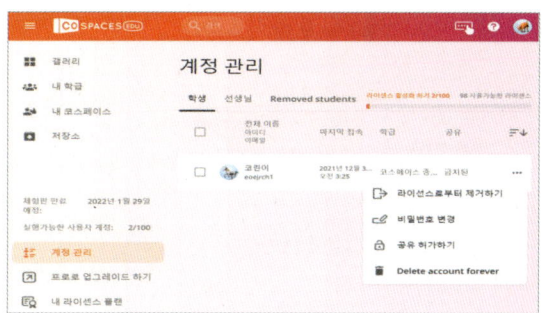

교사 계정의 '계정 관리' 화면

03.03 '내 학급'에서 할 수 있는 것 알아보기

① '내 학급'에서 할 수 있는 것들을 알아보겠습니다. 먼저, 과제 만들기입니다 '+과제 만들기'를 누르면 다음과 같은 화면이 나옵니다. 화면에는 내가 만든 학급, 장면 유형, 템플릿 허용 여부, 과제 제목과 지도 내용 등이 있습니다. 장면 유형에는 코스페이시스를 통해 만들 수 있는 . 3D 환경, 360도 이미지, 멀지 큐브 등이 있습니다. 학생들은 교사가 설정한 장면 유형을 통해 작품을 만들게 됩니다.

과제 만들기 화면

- 장면 유형은 3D환경, 360도 이미지, 멀지 큐브, 학생이 선택하게 하기 등이 있습니다.
- 과제 제목과 지도 내용은 선생님께서 자유롭게 설정하시면 됩니다.
- 여기서는 '학생이 선택하게 하기'를 선택하겠습니다.
- 학생이 '템플릿을 사용하도록 허용'을 체크합니다.
- 과제 제목은 '멀지큐브를 내 마음대로 꾸며보기' 지도 내용은 '멀지큐브를 여러분 마음대로 꾸며보세요!' 라고 작성해보겠습니다.

② 과제에 대한 설명을 마친 후, 계속을 누르면 '누구에게 배정하시겠습니까?' 화면이 나옵니다. 개별 학생과 학생 그룹인데요. 개인 과제 혹은 조별 과제를 설정하는 것입니다. '개별 학생'을 설정하면 학생 개인이 공간을 만들게 되고, '학생 그룹'을 누르고 조를 설정하시면 같은 조에 배정된 학생들이 하나의 공간을 협업하여 만들게 됩니다.

과제 설명

과제 배정

③ 이렇게 부여한 과제는 과제 모음에서 확인하실 수 있습니다. 실제 수업한 자료를 예시로 보여드리겠습니다. '과제 모음'을 누르면 지금까지 만들었던 과제가 폴더 모양으로 만들어져 있습니다. 그렇다면 이번엔 과제 '멀지 큐브'를 눌러보겠습니다. 폴더 안에는 학생들이 작업하고 있는 공간이 나옵니다. 교사는 실시간으로 학생들의 작업을 지켜볼 수 있고, 또 안의 오브젝트를 움직여 도움을 줄 수도 있습니다.

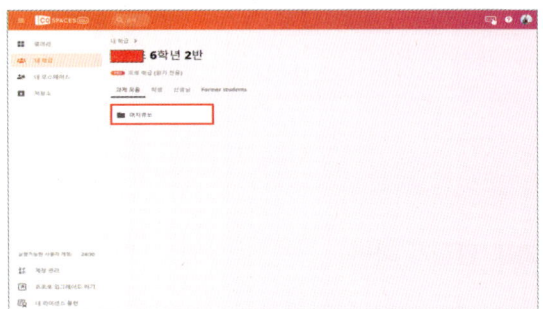

과제 모음

과제 모음 폴더 속 학생들의 작품

④ 다음은 '학생' 텝을 눌러보겠습니다. 누르면 학급에 가입되어 있는 학생들의 정보가 나옵니다. 그리고 특정 '학생'을 누르면 그 학생이 지금까지 했던 과제와 학생이 자기 스스로 만들었던 작품들(학생의 프리플레이)를 볼 수 있습니다.

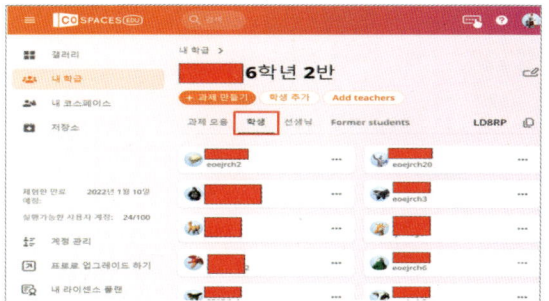
학생 정보

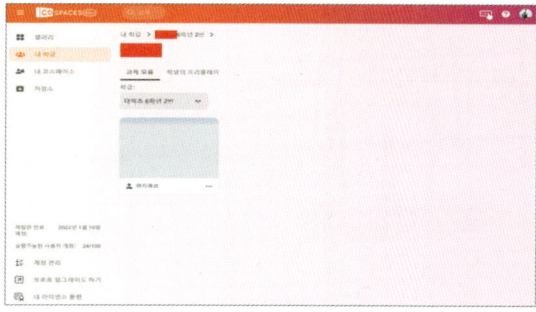
학생 과제 모음

학생의 프리플레이

지금까지 코스페이시스 회원가입, 학급 설정 등을 알아보았습니다. 이제부터는 코스페이시스 공간 만들기를 배워보겠습니다.

CHAPTER 14

코스페이시스 에듀
사용 방법 알아보기

04. 코스페이시스 에듀의 3가지 장면 유형을 알아보자!
05. 코스페이시스 에듀의 기본 조작 방법을 알아보자!
06. 코스페이시스 에듀의 화면 이동 방법과 단축키를 알아보자!
07. 코스페이시스 에듀 심화 활동! 코딩과 물리를 알아보자!
08. 코스페이시스 에듀 활용 교육! 초·중등수업, 이렇게 해보세요!

METAVERSE

04 코스페이시스 에듀의 3가지 장면 유형을 알아보자!

코스페이시스 에듀는 앞서 말씀드렸다시피 이용자가 자신의 공간을 자유롭게 조작할 수 있는 프로그램입니다. 현재, 코스페이시스에서 지원하는 공간 유형은 총 3가지입니다. 지금부터 그 3가지 종류를 간단하게 알아보겠습니다.

① '내 코스페이시스'에서 ' +코스페이시스 만들기'를 누르면 '장면 선택' 화면이 나옵니다. 코스페이시스 에듀에서 제공하는 장면 유형은 3D 환경, 360도 이미지, 멀지 큐브 등이 있습니다.

'+' 버튼을 눌러 코스페이시스 만들기

04.01 3D환경

① 3D 환경을 눌러보겠습니다. 기본 장면과 5개의 템플릿이 있네요. 장면 유형 '3D 환경'은 3D 입체물들을 조작할 수 있습니다. 'All about me'라는 템플릿을 선택해서 '템플릿 사용' 버튼을 클릭해 만들어보겠습니다. 다음 그림과 같은 화면이 나옵니다.

장면 유형 선택 화면

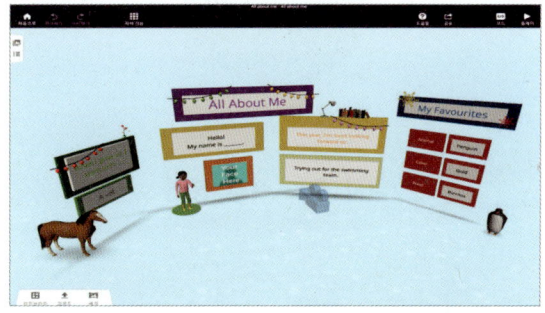

'All about me' 템플릿 작업 화면

04.02 360도 이미지

① 두 번째로, 360도 이미지를 살펴보겠습니다. 방금과 같이 ' +코스페이시스 만들기'를 눌러 360도 이미지를 만들어줍니다. 공간에서 마우스를 드래그해보면 화면이 앞뒤좌우로 움직입니다.

- 360도 이미지는 내가 가운데에 있고 그 주변에 오브젝트를 배치할 수 있는 장면입니다.

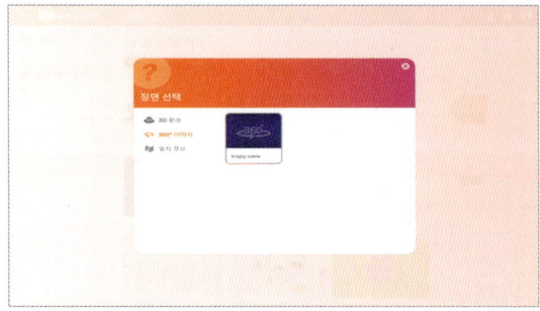
360도 이미지 장면 선택 화면

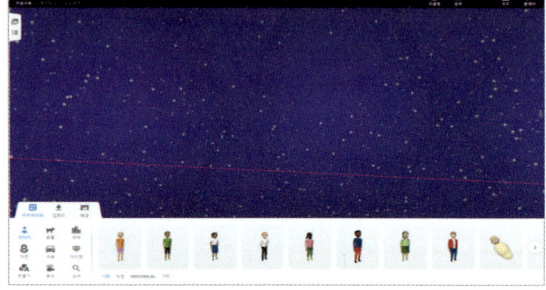
360도 이미지 작업 장면

04.03 멀지 큐브

① 마지막으로, 멀지 큐브를 살펴보겠습니다. 다음과 같은 화면인데요. 멀지큐브는 AR기능을 지원합니다. 만든 작품을 실행한 후, 카메라 렌즈로 멀지 큐브를 비추면 작품이 멀지 큐브에 투영되어 증강 현실을 보여줍니다.

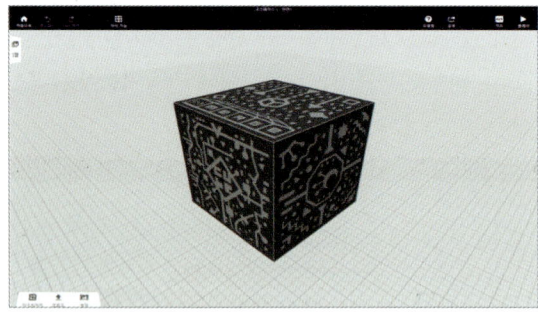
멀지 큐브 작업 장면

멀지 큐브 실행 화면

지금까지 3가지 장면 유형에 대해 알아보았습니다. 이제부터는 코스페이시스 만들기 화면 속 인터페이스에 대해 알아보겠습니다.

05 코스페이시스 에듀의 기본 조작 방법을 알아보자!

지금부터는 코스페이시스 기본 인터페이스를 알아보겠습니다. 간단하고 직관적으로 공간을 꾸밀 수 있습니다. 처음 접하는 사람도 이것저것 조작하다 보면 사용 방법을 손쉽게 알 수 있을 정도로 직관적입니다.

05.01 코스페이시스 기본 화면 알아보기

① 3D 환경 - Empty scene을 선택해보았습니다. 기본 화면 구성은 이 그림과 같습니다.

- 중앙에 카메라가 놓여있고 왼쪽 상단과 하단에 간단한 메뉴바가 있는 화면입니다.

② 아래쪽의 '라이브러리'를 알아보겠습니다.

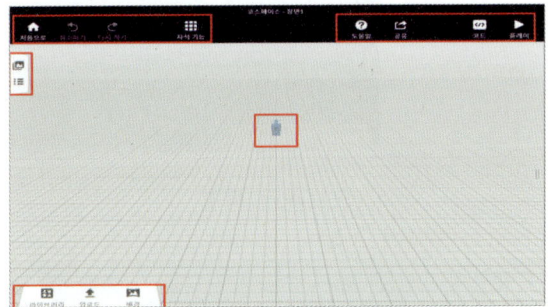
라이브러리 화면

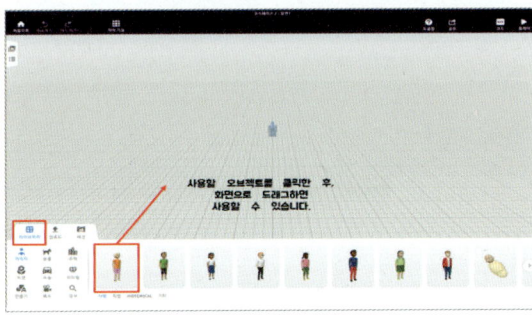
업로드 화면

'라이브러리'를 눌러보면 아래와 같은 창이 뜹니다. 이곳에서 필요한 오브젝트를 찾은 후, 화면으로 드래그하면 사용할 수 있습니다. 다음은 '업로드'입니다. 이 곳에서는 코스페이시스 에듀에서 제공하지 않는 이미지, 3D모델, 비디오, 소리 등 파일들을 '업로드'하여 꾸밀 수 있습니다.

③ 다음으로는 '배경'입니다. 이 곳에서는 공간의 배경, 화면 색상, 바닥 이미지, 배경 음악 등을 설정할 수 있습니다.

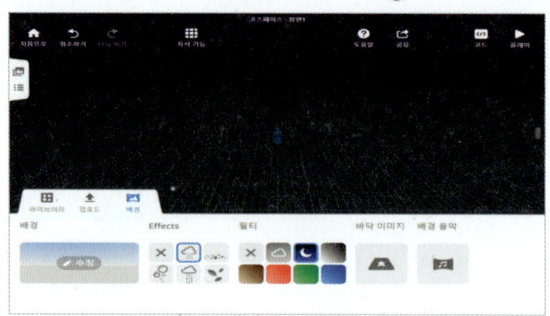

④ 화면 왼쪽에서는 '장면'과 '오브젝트 목록'을 볼 수 있습니다.

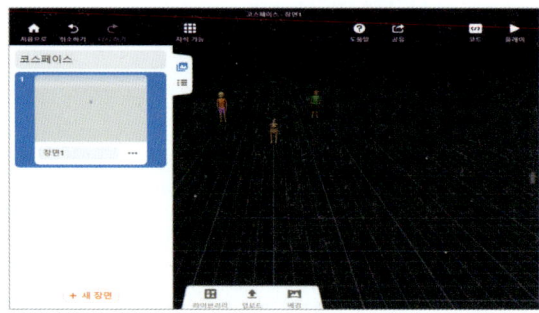 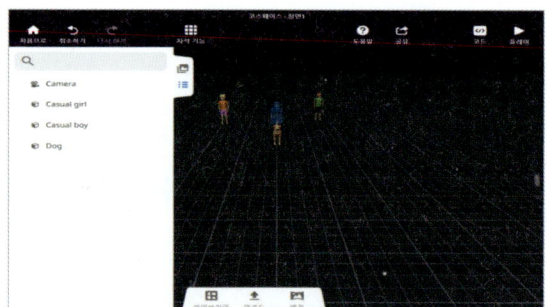

장면 목록   오브젝트 목록

⑤ 화면 위쪽의 '처음으로'를 누르면 '내 코스페이시스 만들기'로 돌아갑니다. '취소하기'와 '작업하기'는 진행했던 작업을 취소하거나 다시 실행할 수 있습니다.

METAVERSE

⑥ 다음은 '자석 기능'입니다. 자석 기능에서는 두 가지 기능을 사용할 수 있습니다. '아이템에 붙이기'와 격자에 맞추기 기능입니다. '격자에 맞추기'를 체크하면 오브젝트를 격자선에 자동으로 맞춰줍니다. 0.05, 0.1, 0.25, 0.5, 1.0 등으로 격자의 길이를 조절할 수 있습니다.

- 격자에 맞추기를 사용하면 오브젝트를 움직여도 자동으로 격자에 맞춰줍니다.

⑦ 다음은 '아이템에 붙이기'입니다. 이 기능은 두 개의 오브젝트를 붙일 때 사용합니다. 화면을 구상하다보면 두 개의 오브젝트를 붙여야 하는 상황이 생깁니다. 이 때, 아이템에 붙이기를 사용하면 손쉽게 두 오브젝트를 붙일 수 있습니다. 기능을 체크해놓은 후 두 오브젝트를 가까이하면 자동으로 붙여집니다. 단축키 'shift + S'를 통해 오브젝트를 붙여야 하는 상황과 붙이지 않는 상황을 손쉽게 조절할 수도 있습니다.

- 아이템에 붙이기를 체크하지 않은 상태입니다. 모자 오브젝트와 강아지 오브젝트가 합쳐지지 않고 따로 있습니다.

- 아이템에 붙이기를 사용한 상태입니다. 이 상태에서 두 오브젝트를 가까이 하면 자동으로 붙여집니다.
- 'shift + S' 단축키를 통해 원하는 상황에 따라 '아이템 붙이기'를 키고 끄는 것이 가능합니다.

⑧ '공유' 기능입니다. 만든 작품을 공유할 수 있습니다. '비공개 공유'와 '갤러리에 공유하기'가 있습니다. '비공개 공유' 링크 주소를 공유받은 사람만 작품을 볼 수 있게 합니다. '갤러리에 공유하기' 만든 작품을 코스페이시스 갤러리에 공유하는 기능입니다. 무료 체험판에서는 이 기능을 사용할 수 없습니다.

공유 선택

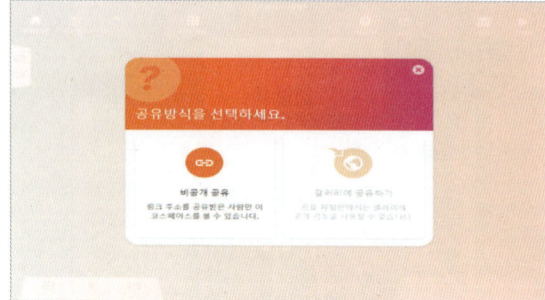

공유 방식 선택

⑨ 다음으로 '코드' 기능입니다. 코스페이시스 에듀의 큰 장점입니다. 오브젝트와 장면을 코딩하여 다채로운 작품을 만들 수 있습니다. 원하는 오브젝트를 마우스 오른쪽 버튼으로 클릭합니다. 그 이후 코드 → 코블록스 사용하기를 체크하셔야 '코블록스'에서 그 오브젝트를 사용할 수 있습니다. 블록과 텍스트 언어 모두 지원합니다.

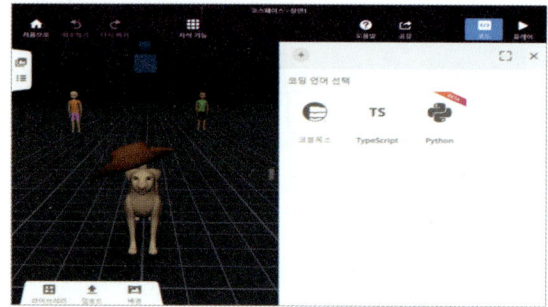

- 코딩 기능을 넣고 싶은 오브젝트를 마우스 오른쪽 버튼으로 클릭합니다.
- [코드] -> [코블록스에서 사용]을 체크해주어야 코딩을 할 수 있습니다.

- 코블록스는 블록코딩입니다.
- TypeScript 와 python 등 텍스트언어도 지원합니다.

⑩ 마지막으로 '플레이' 버튼입니다. 버튼을 클릭하면 작품이 실행됩니다. 카메라가 설치된 시점에서 작품을 볼 수 있습니다. 플레이 버튼을 눌렀을 때, 모습은 다음과 같습니다.

카메라 오브젝트를 누르면 보이는 플레이 버튼 안내

플레이 버튼을 누른 후, 실행 화면

05.02 코스페이시스 오브젝트 조작 방법 알아보기

코스페이시스 오브젝트를 조작하는 방법을 알아보겠습니다. 코스페이시스에서는 라이브러리 혹은 업로드를 통해 화면으로 오브젝트를 꺼낸 후, 사용자가 원하는대로 오브젝트의 위치, 크기 등을 조정할 수 있습니다.

① 이제는 오브젝트를 조작하는 방법에 대해 알아보겠습니다. 조작하길 원하는 오브젝트를 클릭하면 다음과 같은 화면이 나옵니다. 회전, 이동, 위 아래 이동, 크기 조절 버튼이 있습니다.

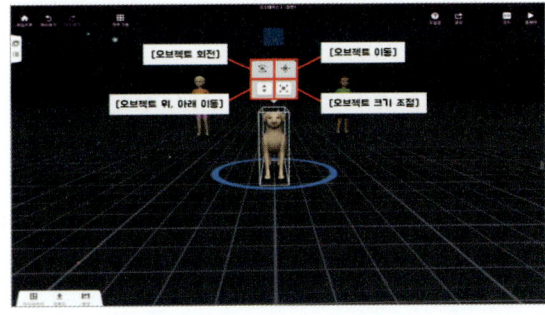

오브젝트 조작 설정 화면

② 회전을 누르면 아래와 같이 3방향으로 오브젝트를 회전시킬 수 있습니다.

회전 조작 결과

오브젝트 회전 조작 화면

③ 다음으로 [오브젝트 이동]입니다. 버튼을 누른 후, 이동하고자 하는 방향에 있는 화살표를 누르고 원하는 방향으로 드래그하면 물체가 이동합니다. [위 아래 이동]과 [크기 조절]을 통해서도 그림과 같이 조작이 가능합니다.

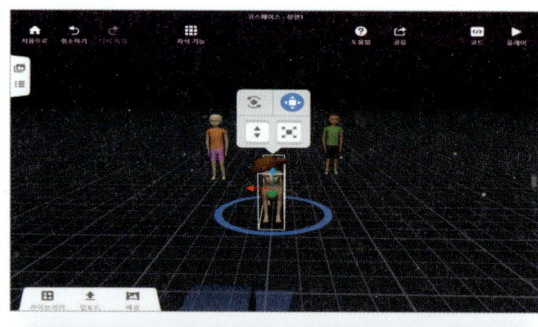
오브젝트 이동

위 아래 이동

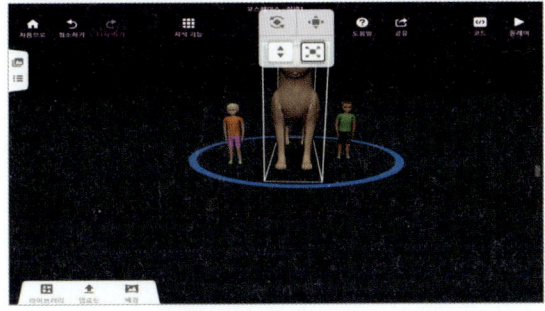

크기조절

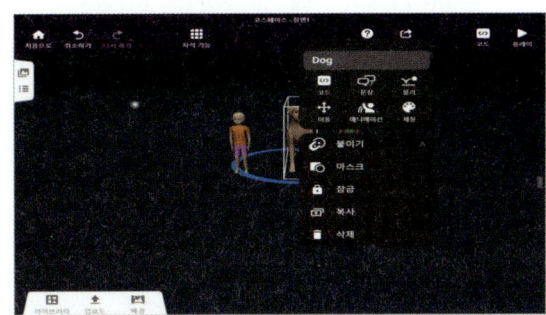

④ 그 외에도 오브젝트를 마우스 왼쪽 버튼으로 두 번 혹은 오른쪽 버튼으로 한 번 누르면 오브젝트의 상세 설정을 할 수 있습니다.

06 코스페이시스 에듀의 화면 이동 방법과 단축키를 알아보자!

코스페이시스를 원활하게 사용하기 위해서는 화면 이동 방법을 알아야 합니다. 공간을 이리저리 움직이며 자신이 원하는 시점에서 오브젝트를 살펴보아야 하기 때문이지요. 또한 단축키를 알아두는 것도 필요합니다. 마우스를 여러 번 클릭하기보다는 단축키를 사용해서 작업하면 더 빠르고 효과적으로 작업할 수 있기 때문이지요. 따라서 지금부터는 코스페이시스 작업에 도움이 되는 화면 이동 방법과 단축키를 알아보겠습니다.

① 먼저, 화면 조정 방법을 알아보겠습니다. 화면 이동을 위해서는 마우스 왼쪽 버튼을 누른 상태에서 이리저리 드래그를 하시면 화면 방향이 바뀝니다.

② 화면 확대 축소를 하기 위해서는 마우스 휠 버튼을 움직이시면 화면이 확대 및 축소됩니다.

③ 화면을 잡아끌기 위해서는 스페이스 버튼와 마우스 왼쪽 버튼을 동시에 누르고 원하는 방향으로 드래그하면 화면을 잡아끌어 이동할 수 있습니다. 예를 들어, 오른쪽에 있는 오브젝트를 중앙에 놓고 싶을 때, 스페이스와 마우스 왼쪽 버튼을 동시에 누르고 화면을 잡아 왼쪽으로 끌면, 오브젝트를 중앙에 둘 수 있습니다.

④ 네 번째는 스페이스와 마우스 휠 버튼을 동시에 누르는 것입니다. 이렇게 하면 마우스가 있는 위치의 화면을 축소 및 확대합니다.

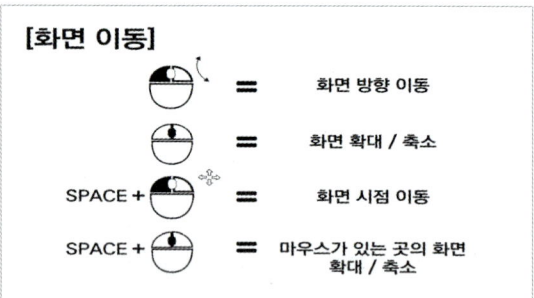

⑤ 오브젝트를 마우스로 선택하고 'V' 버튼을 누르면 선택한 오브젝트가 중앙으로 오도록 화면이 이동합니다. 'C' 버튼을 누르면 맵 전체화면을 보실 수 있습니다. 마우스 휠 뿐만 아니라 키보드 '+','-' 버튼을 통해서도 화면 확대 축소를 하실 수 있습니다.

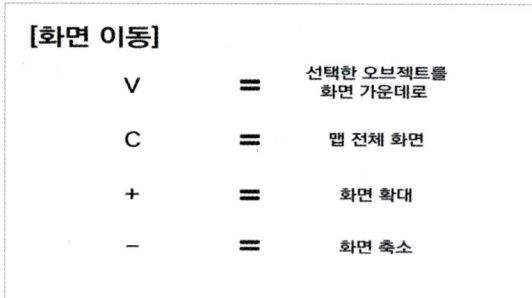

⑥ 이번엔 오브젝트 조작방법입니다. 조작하고자 하는 오브젝트를 선택한 뒤, R버튼을 누르면 오브젝트의 회전방향을 조종할 수 있습니다. 'S' 버튼을 통해 격자에 맞추기 기능을 켜고 끌 수 있으며, 'G'와 'U'버튼을 통해 오브젝트들을 그룹짓거나 그룹 해제가 가능합니다.

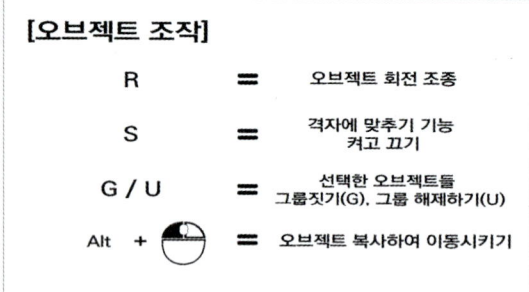

METAVERSE

마지막으로 'Alt'와 마우스 왼쪽 버튼을 동시에 눌러 오브젝트를 복사하여 이동시키는 것이 가능합니다.

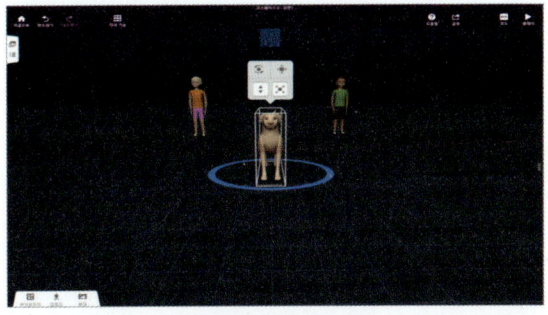
R 버튼 누르기 전

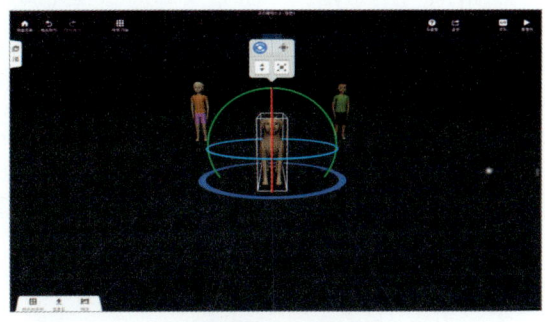
R 버튼 누른 후

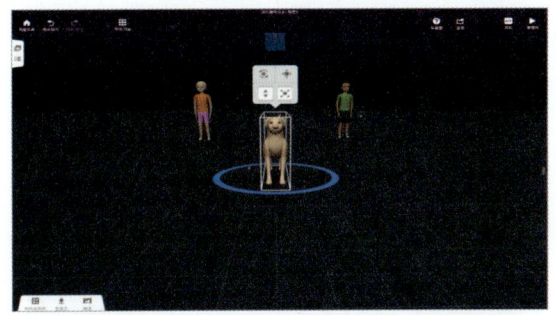
격자에 맞추기 기능 끈 화면 (S 버튼 활용)

격자에 맞추기 기능 킨 화면 (S 버튼 활용)

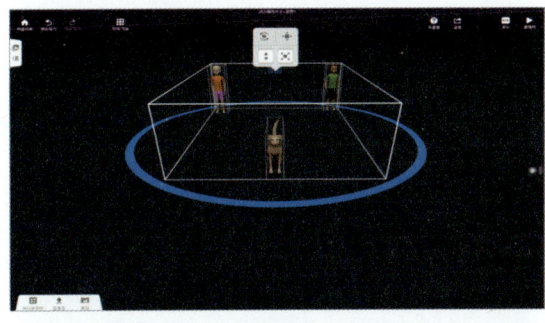

오브젝트 그룹짓기 화면
- shift를 눌러 합치고 싶은 오브젝트를 모두 클릭한 뒤 G버튼 누르기

오브젝트 복사 이동 화면
- 복사하고 싶은 오브젝트를 Alt 버튼을 누르면서 드래그 하기

⑦ 이 외에도 'Ctrl' + 'A'를 통해 모든 오브젝트 선택, 'Ctrl' + 'C', 'Ctrl' + 'V' 로 오브젝트 복사 및 붙여넣기, 'Ctrl' + 'D'를 통해 오브젝트 선택 해제가 가능합니다.

[오브젝트 조작]

Ctrl + A	=	모든 오브젝트 선택
Ctrl + C	=	오브젝트 복사
Ctrl + V	=	붙여넣기
Ctrl + D	=	오브젝트 선택 해제

⑧ 코딩이 가능한 코블록스 화면에서는 아래와 같은 단축키를 사용할 수 있습니다.

[코블록스]

Ctrl + C	=	코드 복사
Ctrl + V	=	붙여넣기
Ctrl + A + C	=	현재 작업 영역의 모든 코드 복사

⑨ 마지막으로 플레이 화면에서는 화살표 및 W,A,S,D를 통해 화면 이동이 가능하며 'Q'를 누르면 위로 E를 누르면 아래로 이동하며 Space를 누르면 뛰기가 가능합니다.

[플레이 화면]

↑ W	=	앞으로 이동	Q	=	위로 이동
← A	=	왼쪽으로 이동	E	=	아래로 이동
↓ S	=	뒤로 이동	Space	=	뛰기
→ D	=	오른쪽으로 이동			

07 코스페이시스 에듀 심화 활동! 코딩과 물리를 알아보자!

코스페이시스 에듀를 사용하면 마치 그림을 그리듯이 원하는 위치에 원하는 오브젝트를 자유롭게 배치할 수 있습니다. 그런데 오브젝트를 배치하고 나면 이런 생각이 들기 마련입니다. "오브젝트가 움직이면 좋겠다"라고요. 이런 바람은 코딩을 통해 실현할 수 있습니다. 이번에는 갤러리에 제시된 작품을 통해 코딩이 어떻게 활용될 수 있는지 알아보고 실제 코딩을 하는 방법, 그리고 코딩과 함께 활용할 수 있는 '특수 장면', '물리' 기능에 대해 알아보겠습니다.

METAVERSE

07.01 갤러리에서 '코딩된 작품' 체험하기

① 백문이 불여일견, 백견이 불여일행. 실제로 살펴보고 체험해보겠습니다. 코스페이시스 '갤러리'를 누르면 코스페이시스 에듀에서 제공하는 기본 작품들이 나옵니다. 그 중에서 아래쪽 '메이커스페이스와 예술' 카테고리의 'parking game'을 누릅니다. 게임을 누르면 아래와 같은 화면이 뜨는데요, 여기서 주로 사용하는 버튼은 '플레이'와 '리믹스'입니다. 그럼 먼저, 플레이를 눌러 이 게임을 체험해보겠습니다.

갤러리 – 메이커스페이스와 예술 – parking game   리믹스 기능 선택

*출처:갤러리 작품 – Parking Game – Lesson 4
제작자 – SmartLearnStudio(https://edu.cospaces.io/STP-AUJ)]

② '플레이' 버튼을 누르면 장면이 시작됩니다. 장면에서 가장 가운데에 있는 자동차를 참여자가 움직일 수 있습니다. 자, 이제 천천히 W,S,A,D 버튼을 눌러 자동차를 움직이며 체험해보겠습니다. 체험을 통해 어떤 원리로 작품이 작동되는지 직감적으로 알 수 있습니다.

학생들과 교육활동을 할 때도, '갤러리'를 통한 체험기능을 꼭 사용하시기를 바랍니다. 이렇게 체험을 하시다보면 독특한 특징들을 발견할 수 있는데요. 바로 자동차가 다른 물체와 부딪히면 해당 물체가 이동한다는 것입니다. 바로 '물리' 기능을 활용한 것입니다.

자, 그럼 직접 체험해보았으니 이제는 이 장면이 어떻게 구성되어 있는지 더 자세히 살펴보겠습니다.

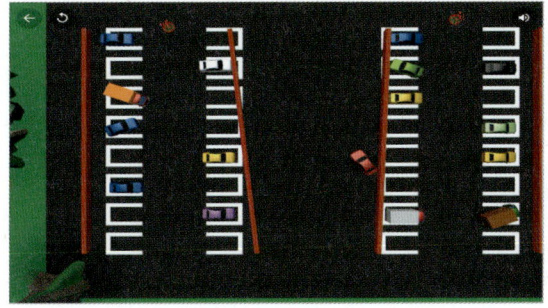 

③ '뒤로 가기'를 눌러 작품을 나온 후, '리믹스' 버튼을 눌러줍니다. '리믹스'는 작품의 복제본을 만들고 이를 편집해볼 수 있는 기능입니다. 처음 작품을 만드는 사람들은 작품을 어떻게 만들어야 하는지 알기 어렵지요. 그럴 때, 이 리믹스 기능을 활용하면 이미 만들어진 작품을 자세히 뜯어보며 어떻게 만들었는지 살펴볼 수 있습니다.

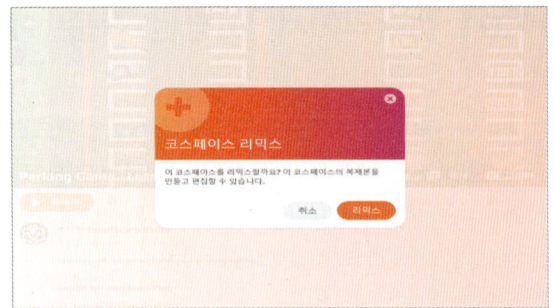

④ '리믹스'를 눌러 '편집' 화면에 들어가면 왼쪽의 '오브젝트 목록'을 클릭합니다. '목록'을 사용하면 작품에 사용된 오브젝트들은 무엇인지, 또 어떻게 사용되는지 한눈에 볼 수 있습니다.

- '목록'을 사용하면 작품에 사용된 오브젝트들을 한눈에 볼 수 있습니다.

작품 속 오브젝트 목록 한눈에 보기

⑤ 이번에는 우리가 알아야할 코딩에 대해 알아봅시다. 오른쪽 상단의 '코드'를 눌러 작품에 사용된 코드르 살펴봅시다. 코드를 살펴보니 'car'가 작동하는 과정이 나와있네요. 키보드의 W, S, A, D 버튼이 눌렸을 때, player가 이동한다고 설명되어 있습니다. 학생들이 이해하기 쉬운 블록코딩으로 설계되어 있네요.

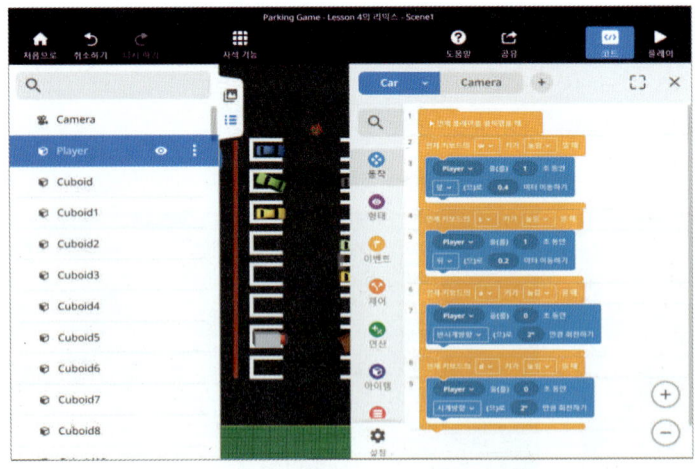

- 미리 작성된 명령어 블록들을 살펴보고 실제 작품 코블록스가 어떻게 적용되었는지 알 수 있습니다

작품에 사용된 코드 알아보기

METAVERSE

07.02 '코블록스' 간단히 살펴보기

① 코스페이시스 에듀의 블록코딩 언어 '코블록스'를 살펴보겠습니다. 먼저, 코블록스를 사용하기 위해서는 코딩을 하고자 하는 오브젝트를 마우스 우클릭하여 '코드' - '코블록스에서 사용하기'를 설정해주어야 합니다.

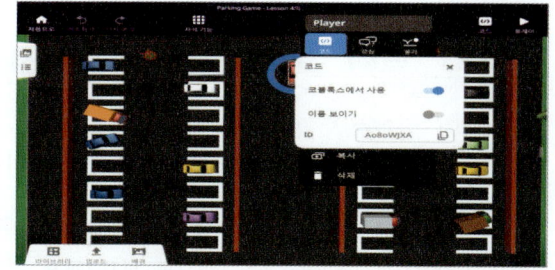

② '코블록스에서 사용' 설정이 완료된 오브젝트들에게만 코딩으로 명령을 내릴 수 있습니다. 코블록스 왼쪽 하단의 톱니바퀴(설정)을 누르시면 초급자용과 고급자용 코블록스가 분류되어 있습니다. 고급자용 코드가 더 다양한 기능들이 많지만 처음부터 접근하면 어려울 수도 있기 때문에 사용자의 수준에 맞는 난이도를 선택합니다. 여기서는 '고급자용 코블록스'를 기준으로 알아보겠습니다.

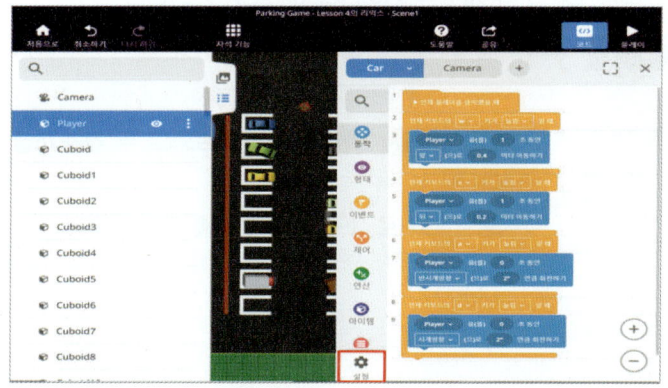

- 코스페이시스 에듀에서는 동작, 형태, 이벤트, 제어, 연산, 아이템, 데이터, 함수, 물리 등의 명령어 블록을 제공합니다.

③ '왼쪽' 상단에서 새로운 코드 화면을 만들 수 있고 이름도 설정할 수 있습니다. 좌측 세로선에서는 숫자로 코드 작동 순서를 보여줍니다. 학습자가 쉽게 이해할 수 있도록 코딩 인터페이스가 설정되어 있지요. 이러한 점들 때문에 코스페이시스 에듀를 활용하여 AI·SW 기초 교육을 수월하게 진행할 수 있습니다.

- 위쪽에 있는 'car'는 코드의 이름입니다. 마우스로 클릭 후, 이름을 변경할 수 있습니다.

- 코드 작송 순서를 숫자로 보여줍니다. 학습자가 쉽게 이해할 수 있도록 화면이 구성되어있습니다.

교육 특화 메타버스 코스페이시스 에듀! 나만의 공간을 꾸미고 감상해봐요!

④ 다만, 코블록스에서는 한 코드 화면에 한 개의 순차구조만 만들 수 있습니다. 이로 인해 하나의 코드 화면에서 여러 개의 오브젝트를 코딩하려면 코드가 길어지고 복잡해지게 됩니다. 따라서 오브젝트별로 코드 화면을 만드시는 것을 권장합니다. 만들 수 있는 코드 화면은 최대 10개입니다.

07.03 '물리' 활용하기(코딩 필수)

현실의 물리현상을 가상으로 재현할 수 있는 기능 '물리'에 대해 알아보겠습니다. 이 '물리' 기능은 특히, 과학 시간에 효과적으로 활용될 수 있습니다. 이처럼 코스페이시스는 다양한 교과를 융합하여 가르치는 STEAM 교육에 특화되어 있지요.

① '내 코스페이시스' - '+코스페이시스 만들기' - 3D환경 - Empty scene를 클릭하여 새로운 공간을 만든 후, '라이브러리'의 '오브젝트'에서 구체형 오브젝트 2개를 나란히 배열해보겠습니다. 지금부터 이 2개의 오브젝트에 물리량을 부여하여 서로 부딪혔을 때, 어떤 결과가 일어나는지 살펴보겠습니다.

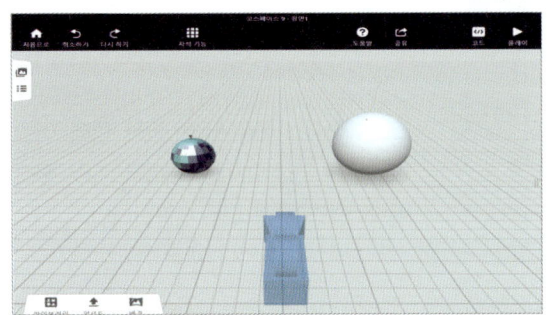

- 라이브러리에서 구체형 모양의 오브젝트 두 개를 꺼냅니다.
- 적당한 크기로 조절하고, 위치를 조절합니다.

② 오브젝트를 클릭하고 오른쪽 마우스 버튼을 눌러, 메뉴에서 '코블록스에서 사용'을 활성화합니다.

METAVERSE

③ 오른쪽 마우스 버튼 메뉴의 '물리'를 클릭합니다. '물리' 화면에서는 정밀한 충돌, 고정시키기, 질량, 탄력 및 마찰 등을 설정할 수 있습니다. 과학 시간에 배웠던 내용을 실제로 실습할 수 있습니다.

④ '왼쪽 공'과 '오른쪽 공'의 물리량을 설정합니다.

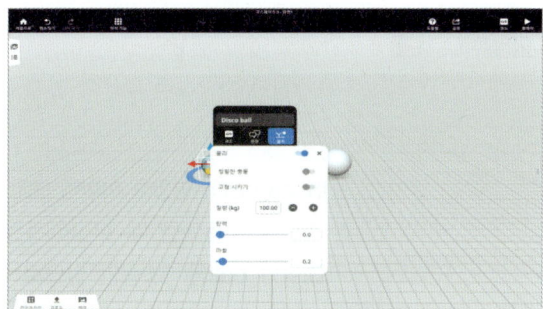

왼쪽 공 물리량 설정
예를 들어 왼쪽 공은 ~ 이렇게 설정합니다.
- 질량: 100
- 탄력: 0
- 마찰: 0.2

오른쪽 공 물리량 설정
예를 들어 오른쪽 공은 ~ 이렇게 설정합니다.
- 질량: 10
- 탄력: 0
- 마찰: 0.2

⑤ 코딩을 통해 '플레이' 버튼을 눌렀을 때, 두 물체가 부딪히도록 하였습니다.

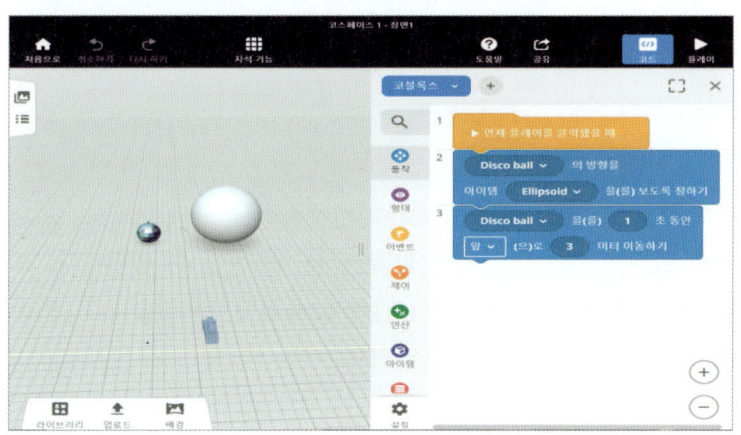

- Disco ball의 방향을 아이템 Ellipsoid를 보도록 하기
* 앞으로 이동했을 때 부딪히게 할 수 있도록
- Disco ball을 1초동안 앞으로 3m 이동하기

⑥ 결과를 관찰하였습니다. 부딪힌 후에 흰색 공이 계속 이동하는 것을 확인할 수 있었습니다.

⑦ 이번에는 코딩을 통해 오브젝트 이동 속도를 바꿔보겠습니다. 부딪힐 때의 속도가 빠르면 부딪힌 후에 흰 색 공이 이동하는 속도 역시 빠를 것입니다. 이 내용을 가상 공간에서 확인해보고자 합니다. 다음과 같이 속도를 변화시킵니다.

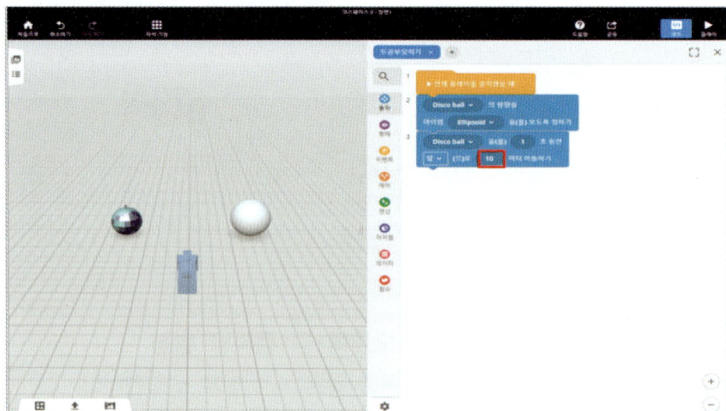

- Disco ball의 방향을 아이템 Ellipsoid를 보도록
* 앞으로 이동했을 때 부딪히게 할 수 있도록
- Disco ball을 1초동안 앞으로 3m이동하기

⑧ 실행 후, 결과를 관찰하니 공의 이동속도가 빨라진 것을 확인할 수 있었습니다.

이처럼 '물리'와 코딩을 통해 현실의 물리현상을 가상 세계에 유사하게 구현할 수 있습니다. 프로그래밍된 세계이기 때문에 교과서에서 배운 물리 내용을 간단하게 실험할 수 있습니다. 또한 이 기능을 통해 현실감 있는 오브젝트의 움직임을 만들 수 있지요.

METAVERSE

07.04 '특수' 활용하기(코딩 필수)

① 이번에는 라이브러리의 '특수'를 사용해보겠습니다. 특수에는 '카메라', '매직 존', '경로' 등이 있습니다. 카메라는 다양한 시점에서 장면을 볼 수 있게 해줍니다, 매직 존은 플레이 할 때는 보이지 않는 투명한 공간입니다. 특정 공간에 도착하면 게임을 다시 시작하게 한다던지, 점수를 얻게 한다던지 등의 기능으로 사용할 수 있습니다. 마지막으로 경로는 설정한 경로대로 오브젝트를 움직이게 할 수 있습니다. 이 기능을 활용하여 '롤러코스터 만들기' 지구와 태양의 '공전 궤도' 등의 장면을 만들 수 있습니다.

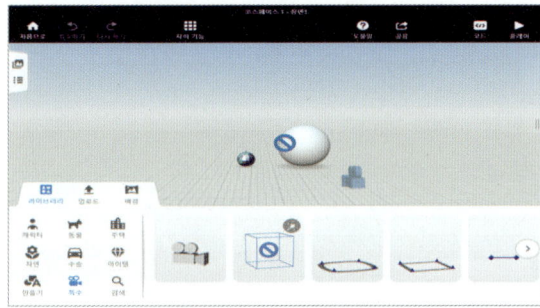

② 여기서는 가장 쉽고 자주 쓰이는 '경로'를 활용해 푸른 초원을 열심히 뛰는 고양이 장면을 만들어보겠습니다. 먼저, 배경을 초원으로 바꿔보겠습니다.

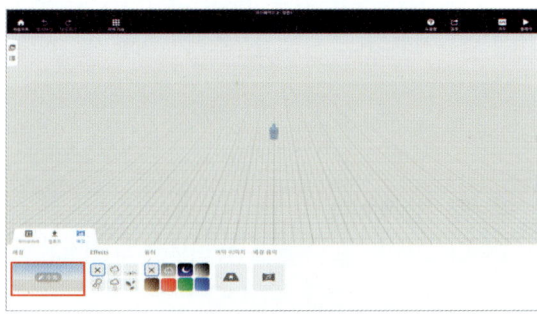

배경 선택화면 1

배경 선택화면 2

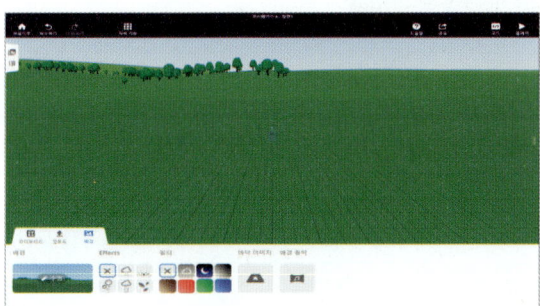

배경 변경 결과

③ 다음은 고양이 오브젝트를 다음과 같이 배치해줍니다.

라이브러리에서 고양이 선택하기

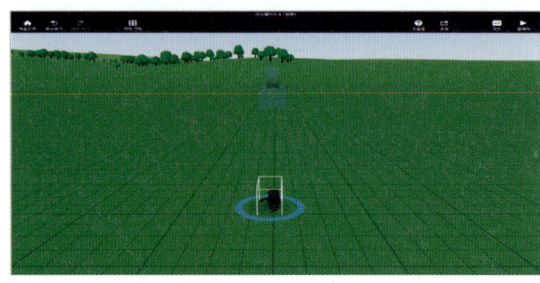

드래그하여 고양이 화면으로 이동시키기

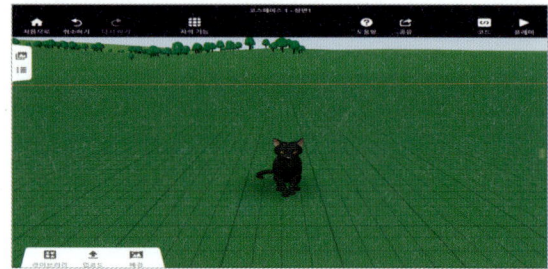

화면에 나온 고양이

④ 다음 '특수'의 경로를 활용하여 아래와 같이 고양이가 될 수 있는 길을 만들어주고 고양이를 그 위로 옮겨줍니다. 그리고 고양이 오브젝트의 오른쪽 마우스 버튼 메뉴에서 '코드' - '코블록스에서 사용' 활성화를 한 다음에, 코딩을 합니다.

- 경로를 설정합니다.
- 고양이 오브젝트를 누르고 'A'버튼을 누릅니다.
- 경로 위에 생긴 점을 누릅니다.

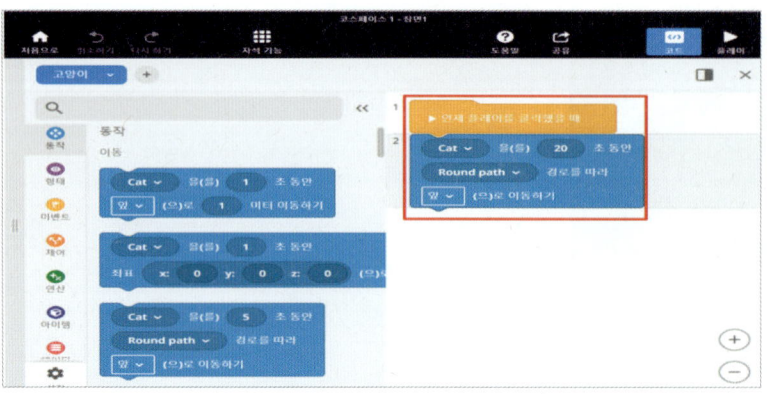

- CAT을 20초 동안 Round path 경로를 따라 '앞'으로 이동하기

⑤ 다음으로 고양이가 뛰는 모습을 넣기 위해 오브젝트의 오른쪽 마우스 버튼 메뉴 - '애니메이션' - 'run'을 선택합니다.

⑥ 이제 플레이 버튼을 눌러보면 고양이가 열심히 뛰어 다니는 장면을 확인하실 수 있습니다.

08 코스페이시스 에듀 활용 교육! 초·중등수업, 이렇게 해보세요!

코스페이시스 에듀는 학교 수업에 다양하게 활용될 수 있습니다. 이번 챕터에서는 '갤러리'에 올라와 있는 많은 맵을 살펴보고 교육 활용 아이디어를 살펴보겠습니다. 따로 작품을 만들지 않아도 손쉽게 감상할 수 있기 때문에 코스페이시스 에듀를 처음 접하는 학생들에게 사용하기 좋고, 선생님들도 수업 아이디어를 얻기 좋습니다. 또한 현실감 있는 3D화면을 관찰함으로써 책으로 배운 내용을 보다 실감나게 경험하여 이해도가 높아질 수 있습니다.

08.01 코스페이시스 에듀 초등교육 활동 아이디어 '과학' 천체의 공전 살펴보기

초등학교 6학년 1학기 과학 2단원 '지구의 달의 운동'에 사용 가능한 활동입니다.
태양과 지구 그리고 달의 공전을 실제로 살펴보겠습니다 '갤러리'에서 영어로 'orbit'을 검색합니다. 코스페이시스 에듀에서는 검색을 할 때, 영어를 사용해야 검색 결과가 많이 나옵니다. 검색

후, 나온 작품을 플레이하여 감상합니다. 태양과 지구 그리고 달의 공전을 자세히 관찰할 수 있습니다.

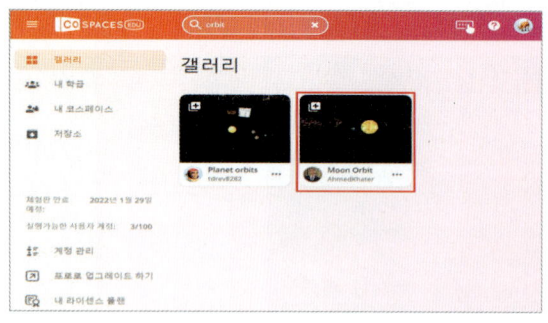 

출처:갤러리 작품 - Moon orbit   제작자 - AhmedKhater   (https://edu.cospaces.io/WMT-UTJ)

08.02 코스페이시스 에듀 중등교육 활동 아이디어 '과학' 심장 모형 살펴보기

중학교 2학년 2학기 과학 5단원 '동물과 에너지'에 사용 가능한 활동입니다.
이번에는 과학시간에 배웠던 '순환계'의 중심 심장을 알아보겠습니다. 심방과 심실의 위치를 자세히 살펴볼 수 있습니다. 갤러리 검색창에 'heart'를 검색합니다. 그리고 '심장' 작품을 플레이하여 감상 및 관찰합니다. HMD를 사용하면 VR로 더욱 실감나게 관찰할 수 있습니다.

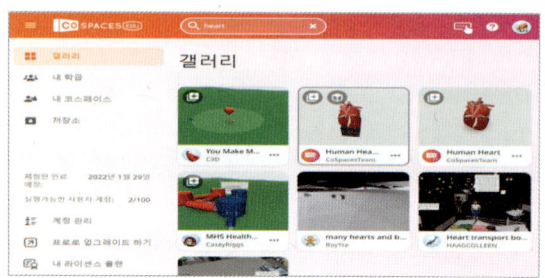 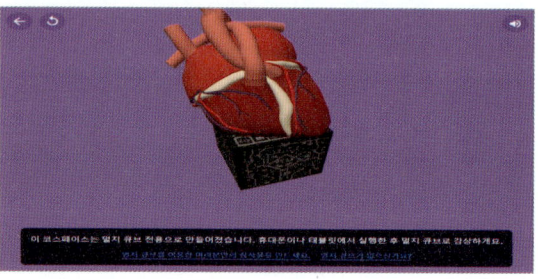

*출처: 갤러리 작품 – Human Heart   제작자 – CoSpacesTeam   https://edu.cospaces.io/LZT-FRW)

지금까지 코스페이시스 에듀란 어떤 메타버스 플랫폼인지 알아보고 코스페이시스 에듀로 교육을 하기 위한 기본 내용들을 알아보았습니다. 다음 시간에는 코스페이시스 에듀로 진행하는 실제 교육 사례를 소개해드리겠습니다. 감사합니다.

코스페이시스 에듀 교육활동
<3D 장면 만들기>

METAVERSE

CHAPTER 15

모바일 기기로
코스페이시스 에듀 활용하기

01. 코스페이시스 에듀 모바일 애플리케이션을 알아보자!
02. 구글 카드보드를 활용해 코스페이시스 에듀를 VR로 감상해보자!
03. 코스페이시스 에듀 갤러리를 알아보자!

01 코스페이시스 에듀 모바일 애플리케이션을 알아보자!

코스페이시스 에듀는 컴퓨터 웹 프로그램뿐만 아니라 애플리케이션을 통해 모바일기기에서도 사용이 가능합니다. 코스페이시스 모바일 애플리케이션의 강점은 바로 VR과 AR 기능입니다. 지금부터 모바일 기기로 코스페이시스 에듀를 활용하는 방법을 알아보겠습니다.

01.01 코스페이시스 에듀 모바일 애플리케이션 소개

코스페이시스 에듀는 모바일기기로도 활용이 가능합니다. 모바일 애플리케이션으로 코스페이시스 에듀를 사용할 때의 장점은 다음과 같습니다.

첫째, 교육 접근성이 높아집니다. 컴퓨터실에 이동할 필요없이 태블릿을 활용하여 바로 이용할 수 있습니다. 고정된 기기가 아닌 움직일 수 있는 모바일 기기의 장점을 자유롭게 사용할 수 있습니다.

둘째, VR 및 AR 기능 이용이 쉽습니다. 코스페이시스 에듀가 다른 메타버스와 차별화되는 점은 바로 VR과 AR기능 이용이 쉽다는 것입니다. 이 VR과 AR은 모바일 애플리케이션을 사용할 때, 손쉽게 사용할 수 있습니다. 앱을 키고 VR 혹은 AR모드로 변경해 실행만 하면 됩니다. 구글 카드보드와 같은 HMD 그리고 MERGE CUBE 등이 별도로 필요하긴 하지만 쉽게 구할 수 있습니다. 앞서 살펴보신 코스페이시스 에듀의 여러 장면들을 VR과 AR로 살펴본다고 생각해보세요! 보다 현실감 있는 체험이 가능합니다.

셋째, PC버전과 모바일 버전이 매우 유사합니다. PC버전이나 모바일 버전 둘 중 하나를 할 줄 안다면 다른 버전은 손쉽게 사용할 수 있습니다. 몇 개의 단축키 설정이 다르기 때문에 해당 내용만 파악하면 됩니다. 상황에 맞게 언제든지 원하는 버전을 사용하시면 됩니다.

01.02 코스페이시스 에듀 애플리케이션 인터페이스

① 코스페이시스 에듀 모바일 애플리케이션 조종 방법과 단축키를 알아보겠습니다. 첫 번째로 화면 시점 변경입니다. 손가락 두 개로 화면을 집으시고 회전시키면 카메라 시점을 왼쪽, 오른쪽으로 이동시킬 수 있습니다. 손가락 두 개로 화면을 집고 위 아래로 이동시키면 카메라 시점을 위, 아래로 이동시킬 수 있습니다.

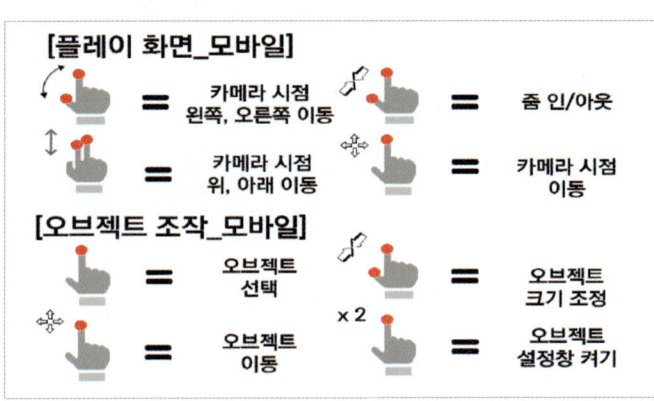

- 손가락 두 개로 화면을 집고 손가락 간격을 좁혔다 넓혔다 하시면 줌 인/아웃이 가능합니다. 마지막으로 손가락 한 개로 화면을 집고 드래그하시면 카메라 시점이 이동합니다.

② 다음은 오브젝트 조작입니다. 손가락으로 오브젝트를 한 번 누르시면 원하는 오브젝트가 선택됩니다. 오브젝트를 선택 후, 손가락 두 개로 오브젝트를 좁혔다 늘리면 오브젝트의 크기가 조정됩니다. 오브젝트를 누른 상태에서 드래그하면 오브젝트를 이동시킬 수 있으며, 마지막으로 오브젝트를 두 번 클릭하면 오브젝트의 설정값을 킬 수 있습니다.

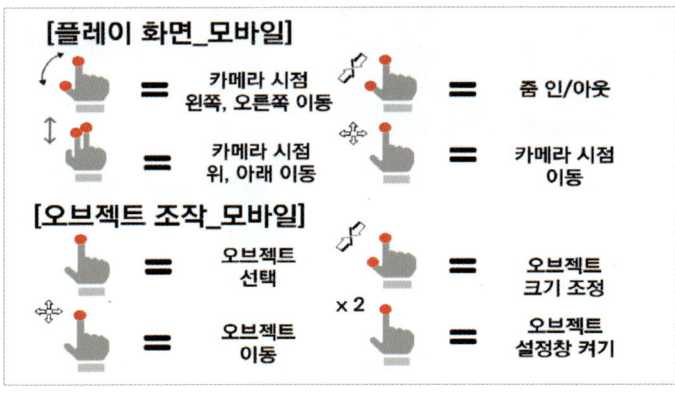

01.03 코스페이시스 에듀 애플리케이션 활용 방법

① 안드로이드폰에서는 'Play스토어', 아이폰에서는 'App스토어'를 열어 '코스페이시스 에듀'를 검색하여 'CoSpaces Edu'앱을 설치합니다. 설치 후, 접속하면 다음과 같은 화면이 나옵니다.

② 우측 하단에 체크된 버튼을 눌러보겠습니다. VR모드로 전환된 것을 확인하실 수 있습니다. 구글 카드보드와 같은 HMD에 스마트폰을 끼우면 VR모드로 작품을 감상하실 수 있습니다.

③ 다음은 갤러리에서 'merge'를 검색해보겠습니다. 왼쪽 상단에 큐브 모양이 있다면 merge 큐브 장면입니다. 마음에 드는 장면을 골라 플레이해보겠습니다. 다음과 같은 화면이 나옵니다. 저 화면 안으로 merge큐브를 가져가면 merge 큐브 위로 AR(증강현실)이 나옵니다. merge큐브를 사용하지 않고 감상하려면 오른쪽 하단의 AR버튼을 눌러주면 됩니다.

METAVERSE

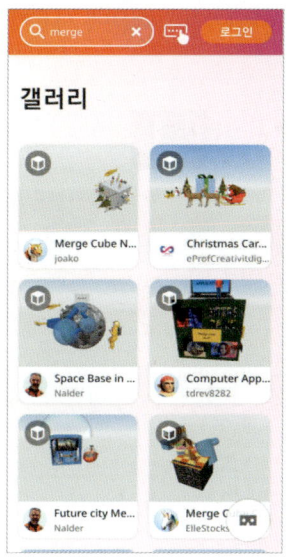

*출처: 『갤러리 작품 – Computer Applicaions merge cube』

제작자 – tdrev8282

(https://edu.cospaces.io/QNP-PME)

앞서 말씀드린대로 PC뿐 아니라 모바일에서도 사용이 가능하기 때문에 다양한 교수학습 상황에 맞게 사용이 가능합니다. 예를 들어, 모바일 기기는 있지만 컴퓨터는 사용할 수 없는 환경이어도 코스페이시스 에듀를 사용하는 것은 큰 문제가 없습니다.

02 구글 카드보드를 활용해 코스페이시스 에듀를 VR로 감상해보자!

코스페이시스 에듀를 VR로 체험하기 위해서는 별도의 기기가 필요합니다. 기기의 명칭은 HMD입니다. Head Mouted Display의 약자로 VR기기를 사용하기 위해 머리에 착용하는 기기입니다. 이 HMD는 사용자 1인당 1개씩 사용이 필요하며 대체로 고가이기 때문에 학교에서 성능 좋은 HMD를 사용하기는 어렵습니다. 하지만 학생들이 교육을 위해 간편하게 사용할 수 있는 HMD가 있습니다. 바로 구글 카드보드인데요. 지금부터 구글 카드보드와 이를 활용해 코스페이시스 에듀를 VR로 체험하는 방법을 알아보겠습니다.

① 구글 카드보드는 구글에서 출시한 간이 VR 기기입니다. 도면자료가 공개되어있기 때문에 사용자는 도면에 따라 만들어진 키트를 사서 직접 조립해서 사용하는 기기입니다.

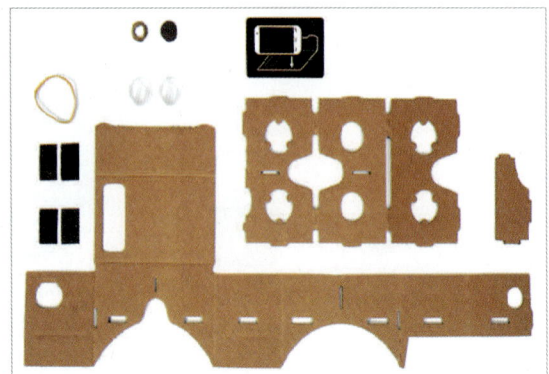

*출처: https://arvr.google.com/intl/ko_kr/cardboard/

② 카드보드는 일반적으로 대당 4000원 미만의 가격에 구입할 수 있습니다

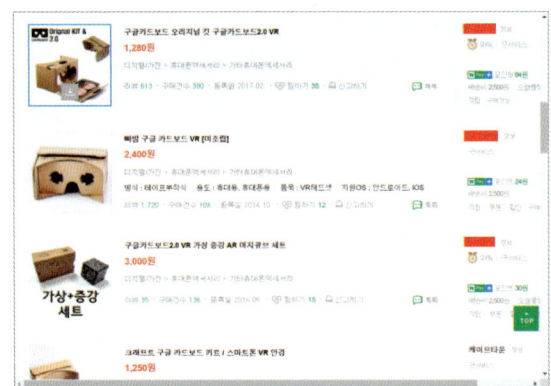

③ 완성한 카드보드는 다음과 같이 생겼습니다.

*출처:
https://ko.wikipedia.org/wiki/%EA%B5%AC%EA%B8%80_%EC%B9%B4%EB%93%9C%EB%B3%B4%E

④ 코스페이시스 에듀를 VR모드로 보기 설정을 한 후, 카드보드에 장착하여 보시면 코스페이시스 에듀 속 작품이 눈 앞에 실제로 있는 것 같은 생생한 VR을 경험하실 수 있습니다.

03 코스페이시스 에듀 갤러리를 알아보자!

코스페이시스 에듀를 교육 현장에 활용하는 방법은 다양합니다. 이번에는 코스페이시스로 작품을 만들기 전에 다른 사람들이 만들어 놓은 작품들을 감상하는 방법을 알아보겠습니다.

03.01 백문이 불여일견! 수업 진행에서 갤러리 체험의 중요성 알아보기

코스페이시스 에듀를 활용한 수업을 할 때, 갤러리 체험 활동은 중요한 역할을 합니다.

첫째, 학생들에게 코스페이시스 에듀가 무엇인지 손쉽게 살펴볼 수 있습니다. 학생들은 갤러리를 통해 큰 부담없이 보고 싶은 작품을 검색하여 감상할 수 있습니다. 아직 코스페이시스 에듀가 낯선 학생들은 갤러리를 통해 다른 사람들의 작품을 VR과 AR로 감상하며 코스페이시스가 어떤 것인지 파악할 수 있습니다.

둘째, 교육적으로 제작된 작품들을 수업에 활용할 수 있습니다. 코스페이시스 에듀는 교육을 목적으로 만들어진 프로그램입니다. 그렇다보니 갤러리에도 다양한 교육자료들이 있습니다. 갤러리에 있는 작품들을 감상하는 것만으로도 교육 활동을 진행할 수 있습니다.

셋째, '리믹스' 기능을 통해 다른 사람들은 어떻게 작품을 만드는 지 살펴볼 수 있습니다. 코스페이시스를 이용해 처음 작품을 만들면 어떻게 해야 할지 잘 모를 수 있습니다. 이 때, 리믹스가 가능한 작품들을 분석해봄으로써 어떻게 하면 작품을 만들 수 있을지 생각해볼 수 있습니다.

넷째, 갤러리 '리믹스' 기능은 일종의 템플릿 역할을 하기도 합니다. 작품을 만들 때, 이미 만들어진 내용을 활용하면 더욱 쉽고 효과적으로 작품제작이 가능하지요. 갤러리 리믹스 기능은 이 템플릿처럼 사용될 수 있습니다.

코스페이시스 갤러리는 앞서 말씀드린 것처럼 다양한 장점들이 있으니 실제 수업과정에서 갤러리를 적극적으로 활용해보시기를 권장드립니다.

03.02 갤러리 기본 작품으로 교육 활동하기

그럼 지금부터, 실제 학교 현장에서 학생들과 코스페이시스를 활용하여 공부할 때, 사용할 수 있는 갤러리 활동들을 소개하겠습니다.

1. 해당 작품들을 직접 플레이하며 교육을 진행할 수도 있고,
2. 작품들에서 모티브를 얻어 학생들이 작품을 만들며 학습한 내용을 표현하게 할 수도 있습니다.
3. 마지막으로 교사가 작품을 직접 만들어 학생들에게 학습 내용을 전달할 수도 있습니다.

① 갤러리 기본 화면은 다음과 같습니다. 검색창에 저는 'science'라고 검색해보았습니다.

검색창에 'science' 검색

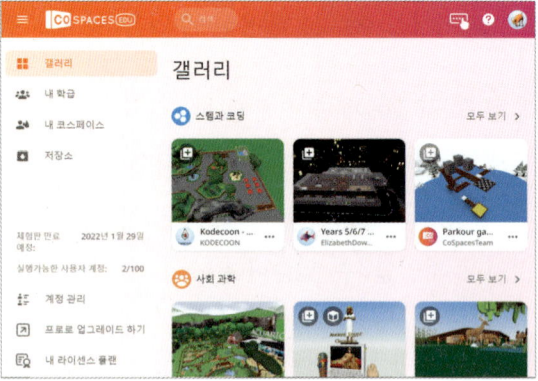

갤러리 기본 화면

② 검색 후, 첫 번째 있는 작품을 플레이하며 태양계 천체들의 움직임을 관찰할 수 있었습니다.

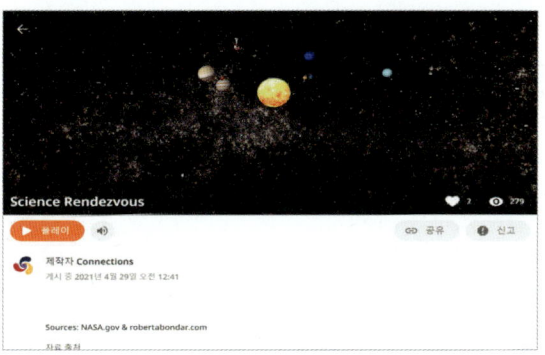 

작품 기본 정보   **플레이 화면**

③ 두 번째는 갤러리 스템과 코딩에 있는 Parkour game을 살펴보겠습니다. 검색창에 'Parkour game'을 검색하시거나, 해당 작품을 찾아 플레이해보겠습니다. 정해진 코스를 점프를 통해 이동하는 작품입니다. W, S, A, D를 누르면 앞, 뒤, 좌, 우 로 이동이 가능하며 SPACE 버튼을 누르면 점프가 가능합니다.

Pakour game 작품 선택   **플레이 화면**

④ 이번에는 갤러리 '리믹스' 기능을 이용하여 해당 작품을 복제해보겠습니다. 복제 후, 자세히 들여다보면서 어떻게 작품을 만들어야 하는지 배울 수 있습니다. 작품 기본 화면에서 '리믹스' 버튼을 누릅니다.

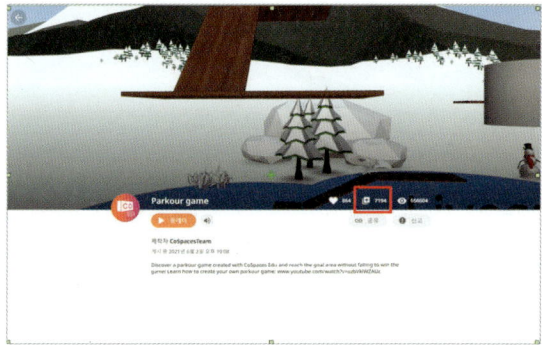 

*출처: 『갤러리 작품 – Parkour game』

제작자 – Connetctions (https://edu.cospaces.io/YYQ-DFN)

⑤ 실행 후, 편집화면에서 왼쪽 상단에 있는 '목록'을 눌러줍니다. 작품에 사용된 장면과 오브젝트들을 한눈에 볼 수 있습니다. 여기서 각각의 오브젝트들을 살펴보며 어떤 방식으로 배치되었는지 알 수 있습니다. 다음으로는 오른쪽 상단에 있는 '코드'를 눌러줍니다. 작품을 플레이하면서 오브젝트들이 움직이는 것을 보셨지요? 코드로 구현된 움직임입니다. 코드 과정을 하나하나 살펴보며 어떻게 오브젝트들을 움직이게 하는지 알아볼 수 있습니다. 이렇게 '갤러리' 기능을 활용하면 코스페이시스 에듀를 쉽고 빠르게 배울 수 있습니다. 교육활동에 갤러리를 꼭 활용해보시기를 바랍니다.

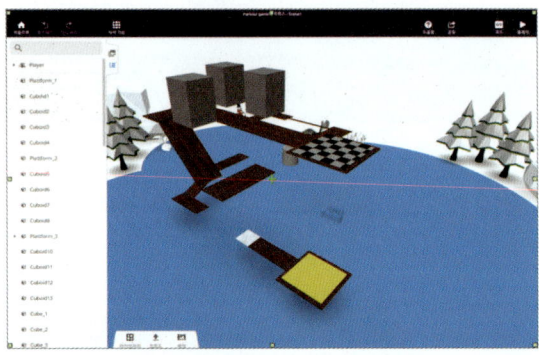

이렇게 만들어진 작품을 통해 공부할 수도 있고, 학생들에게 배운 내용을 코스페이시스로 표현하게 하는 것도 가능합니다.

CHAPTER 16

코스페이시스 에듀 친환경 주택 만들기(3D 장면)

04. 공간을 구성해보자! (정지 화면 구성하기)
05. 공간에 생기를 불어넣어보자! (애니메이션, 특수, 코딩 등 활용)

04 공간을 구성해보자!
(정지 화면 구성하기)

지금부터는 학생들과 3D 장면 만들기 수업을 할 때, 어떤 절차로 진행하시면 좋은지 안내해 드리겠습니다.

04.01 주제 정하기

먼저, 작품에서 표현하고자 하는 주제를 설정해야 합니다. 선생님께서 학생들에게 명확한 주제를 제시해주셔도 좋고, 큰 틀만 학생들에게 주고 나머지는 학생들이 설정하게 하셔도 좋습니다. 저는 초등학교 6학년 사회 시간과 미술 시간에 배운 내용을 융합하여 '친환경 모형 주택'을 만들어보고자 합니다.

04.02 장면 구성 글이나 그림으로 표현하기

어떤 식으로 장면 구성을 할지, 미리 설계하는 작업이 필요합니다. 만드는 과정에서 떠오른 대로 장면 구성을 해도 좋지만 미리 설계하는 과정을 거치면 보다 쉽게 작품을 만들 수 있습니다.

① 친환경 주택을 주제로 떠오르는 것들을 간단하게 적어보았습니다. 해당 내용을 토대로 3D장면을 만들어보겠습니다.

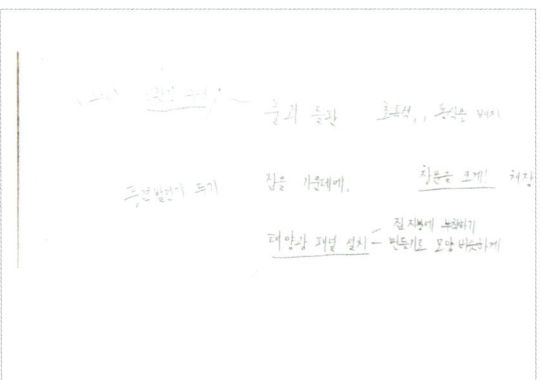

04.03 작품 만들기

① 3D 환경에서 집을 만들어보겠습니다. 처음부터 하나씩 하면 힘들기 때문에 저는 large gallery 템플릿을 사용해서 집을 꾸며보겠습니다.

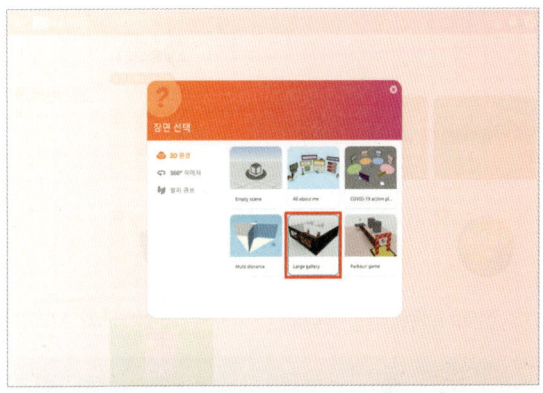

② 템플릿을 사용하여 집의 토대를 잡았습니다. 계획한 대로 배경을 녹색, 친환경적인 배경으로 변경하였습니다.

③ 창문을 크게 하여 햇빛이 잘 들어오는 집을 만들어보겠습니다. 창문 오브젝트를 집 벽면에 붙여줍니다.

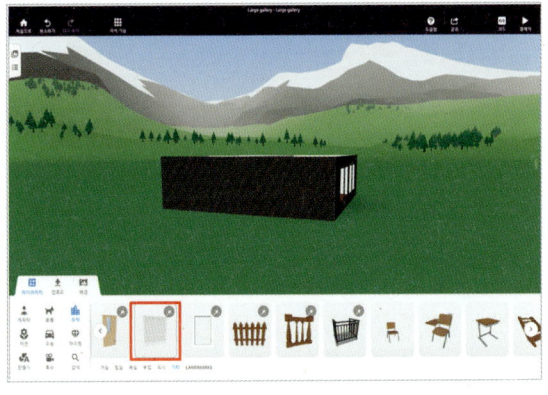
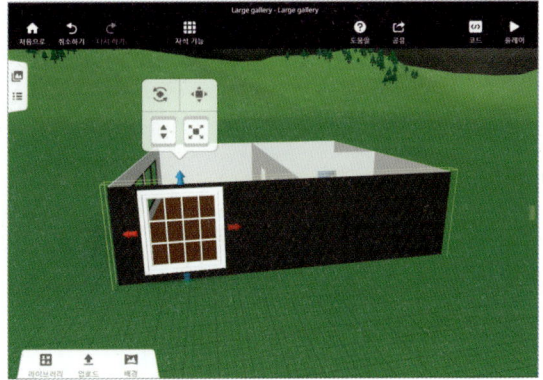

④ 벽면의 색상이 검은색이라 친환경적으로 보이지 않습니다. 벽면의 재질을 변경해보겠습니다.

⑤ 집이 텅텅 비었습니다. 이제 위에서 집의 내부를 보고 가구들을 간단하게 채워넣어보겠습니다.

⑥ 가구들을 얼추 넣었으니 집 지붕을 만들어보겠습니다. 계획한 대로 집 지붕은 풀과 나무 태양광을 설치해보겠습니다. 지붕을 적절한 위치에 설치하고 재질과 색상을 바꿔줍니다.

- 지붕을 적절한 위치에 설치합니다.
- 재질과 색상을 적절하게 바꿔줍니다.

METAVERSE

⑦ 태양광 패널을 만들어줍니다. 이 집은 전기를 생산할 수 있는 친환경적인 집입니다. ※동일한 오브젝트를 복사 붙여넣기 하실 때는, alt 버튼을 누르고 오브젝트를 드래그하시면 복사 붙여넣기가 됩니다.

 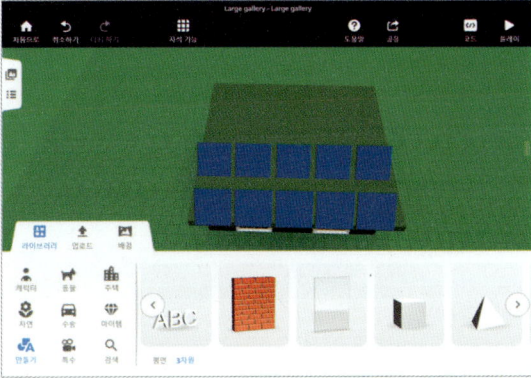

⑧ 옥상에 자연 조형물들을 설치해줍니다. ※동일한 오브젝트를 복사 붙여넣기 하실 때는, alt 버튼을 누르고 오브젝트를 드래그하시면 복사 붙여넣기가 됩니다.

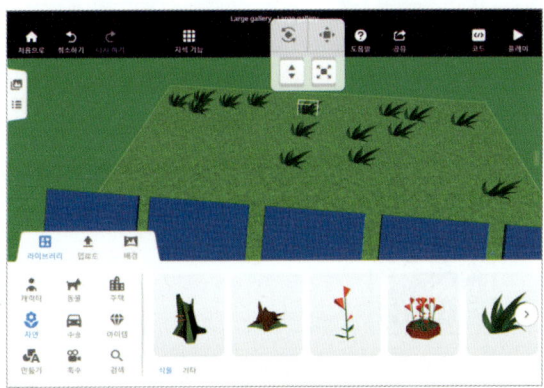 

⑨ 집이 완성되었습니다. 이대로 두면 밋밋하니 동물들을 배치해보겠습니다. 계획했던 친환경 집이 완성되었습니다.

코스페이시스 에듀 교육활동 <3D 장면 만들기>

⑩ 플레이 버튼을 누르고 집 내부를 감상합니다. 감상하며 부족한 점들을 발견하면 편집 화면으로 돌아와 수정합니다.

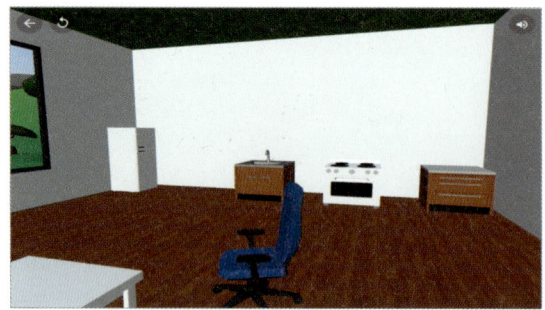 

05 공간에 생기를 불어넣어보자! (애니메이션, 특수, 코딩 등 활용)

작품을 만들고 플레이를 해보셨나요? 내가 설계한대로 공간이 만들어지는게 신기하지 않으신가요? 이번에는 코스페이시스에 있는 다양한 기능들을 통해 작품에 생동감을 불어넣어보겠습니다.

05.01 애니메이션 효과란 무엇인가?

애니메이션 효과는 정적인 매체에 역동성을 불어넣는 효과입니다. 코스페이시스 에듀에서는 오브젝트들이 특정 동작을 취하게 할 수 있지요.

① 애니메이션을 넣고자 하는 오브젝트를 선택한 뒤, 마우스 오른쪽 버튼을 눌러줍니다. 그리고 애니메이션을 선택합니다. 오브젝트별로 다양한 애니메이션 효과가 있습니다. 원하는 것을 선택합니다. ※애니메이션 효과는 동물과 같이 움직일 수 있는 오브젝트에만 있습니다.

METAVERSE

② 애니메이션 적용 후, 플레이를 해봅시다. 작품 속 동물들이 움직이는 것을 확인하실 수 있습니다.

05.02 특수 및 코딩 사용하기

이번에는 라이브러리 속 '특수'와 코블룩스를 사용해 작품을 꾸며보겠습니다.

① 라이브러리에서 '특수'를 눌러줍니다. 카메라, 투명한 벽, 경로 등이 있습니다.

코스페이시스 에듀 교육활동 <3D 장면 만들기>

② '라운드' 경로를 화면으로 가져옵니다. 화면에 처음 나왔을 때의 모습은 다음과 같습니다.

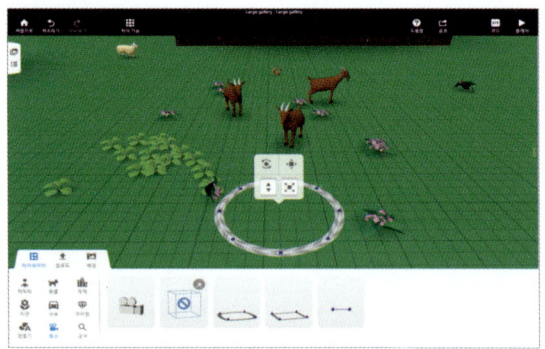

- 화살표 방향대로 오브젝트를 움직이게 할 수 있습니다.
- 파란색 점들은 위아래, 앞뒤좌우 자유롭게 위치를 변경할 수 있습니다.

③ 파란색 점들을 움직여 경로를 설정합니다.

④ 라이브러리에서 사슴 오브젝트를 가져와서 경로 위에 놓아줍니다.

- 두 오브젝트를 붙일 때는 단축키 'a'를 사용하면 손쉽게 붙일 수 있습니다.

⑤ 사슴 오브젝트에서 '코블록스에서 사용'을 설정한 다음, 코드를 작성해줍니다. 이후 플레이해보면 사슴이 열심히 뛰어다니는 것을 확인하실 수 있습니다.

METAVERSE

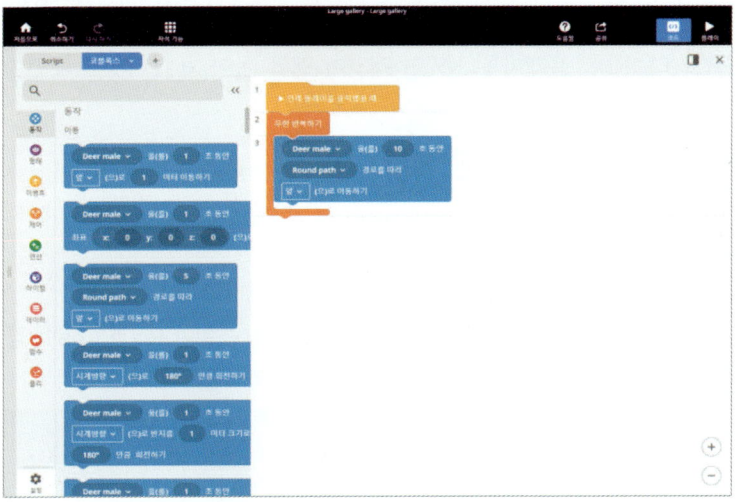

- 무한 반복하기
- Deer male을 10초동안 Round path 경로를 따라 앞으로 이동하기

⑥ 움직이는 태양도 만들어보겠습니다. 먼저, 태양 오브젝트를 꺼내고 적당한 크기로 바꾸어줍니다. 그리고 경로를 꺼내어 각각의 점들을 이동시킵니다. 각각의 점들은 다른 오브젝트들과 같이 상하, 앞뒤좌우 자유롭게 이동시킬 수 있습니다.

- 각각의 점들은 상하, 앞뒤좌우 자유롭게 이동이 가능합니다.
- 이 기능을 통해 다채로운 경로를 만들 수 있습니다.

⑦ 태양 오브젝트를 경로에 붙여줍니다. 태양 오브젝트를 누른 상태에서 'a'버튼을 눌러 경로에 붙여줍니다. 그리고 '코블록스에서 사용'을 체크해줍니다.

 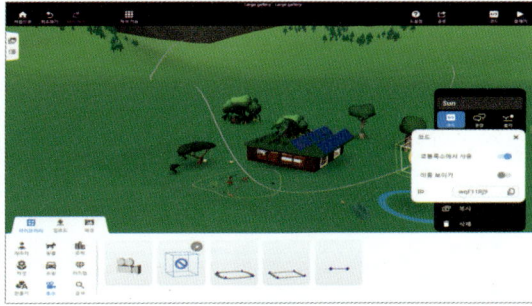

코스페이시스 에듀 교육활동 <3D 장면 만들기> **227**

⑧ 코드를 작성해줍니다. 코블록스에서는 코드 작성 화면 왼쪽 상단에서 볼 수 있듯이 여러 개의 코드 화면을 만들 수 있어 코드 작성이 더욱 쉽습니다. 이후 플레이를 시키면 태양이 맵을 돌아다니는 것을 확인할 수 있습니다.

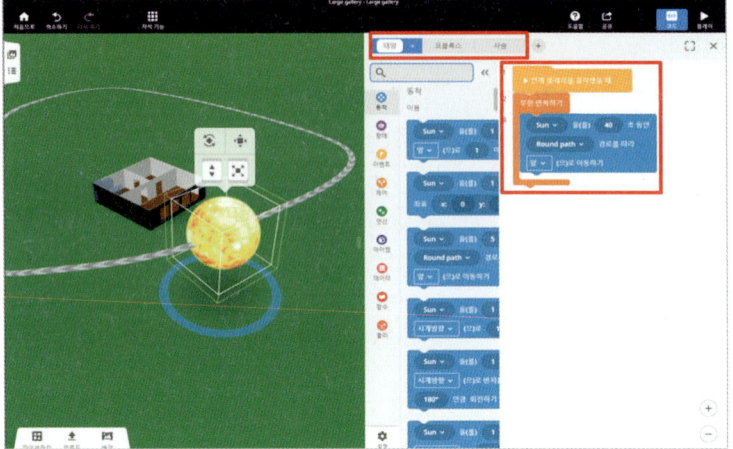

무한 반복하기
'sun'을 40초동안 Round path 경로를 따라 앞으로 이동하기

05.03 '카메라 설정' 변경하기

코스페이시스 에듀에서 '카메라'는 작품을 실행시켰을 때 보이는 시점입니다. 이번에는 카메라 설정에 대해 알아보겠습니다.

① 왼쪽 마우스 두 번 클릭 혹은 오른쪽 마우스 한 번 클릭을 통해 카메라의 상세정보를 살펴봅니다. 걸음, 충돌, 이동속도 등이 있습니다.

② '카메라 이동'을 보니 고정 위치, 걸음, 비행, 선회 등으로 변경이 가능합니다. 주로 사용하는 걸음과, 비행을 설정하고 실행시켜 확인해보겠습니다.

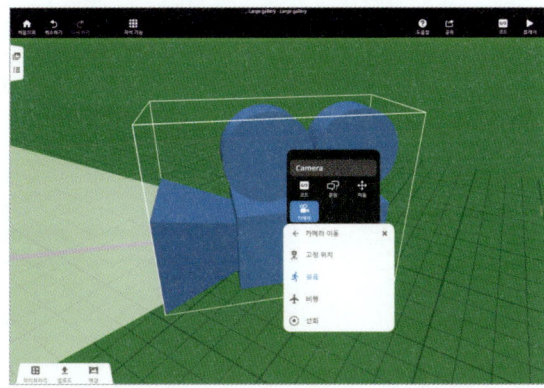

- 고정 위치는 카메라를 고정해둡니다.
- '걸음' 설정을 하면 실행 시, 걷는 것처럼 시점이 이동됩니다.
- '비행' 설정을 하면 실행 시, 나는 것처럼 시점을 이동할 수 있습니다.
- '선회' 설정을 하면 실행 시 카메라를 중심으로 360도 방향을 돌아다닐 수 있습니다.

③ '비행' 으로 설정을 변경하고 실행시켜보겠습니다. 시점을 비행하는 것처럼 이동시킬 수 있습니다. 비행 시, 단축키는 위로 이동 Q, 아래로 이동 E입니다.

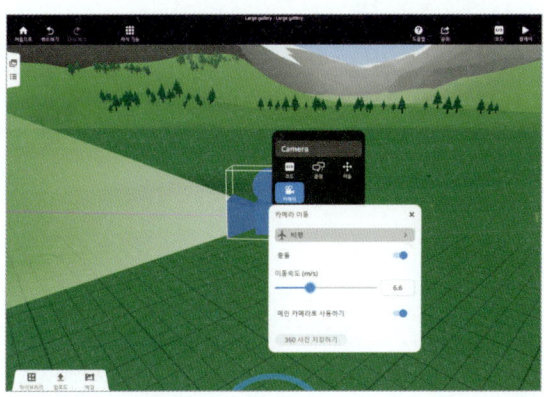 

지금까지 코스페이시스 에듀를 통한 교육 활동 '3D장면 만들기'에 대해 알아보았습니다. 코스페이시스 에듀 3D 장면 만들기를 통해 다채로운 수업을 진행해보세요! 처음에는 갤러리 살펴보기를 통해 어떻게 작품을 만드는지 살펴보세요. 그리고 수업 주제에 맞게 나만의 공간을 표현해보는 활동을 진행해보세요. 코스페이시스 에듀는 상상을 현실로 표현할 수 있게 해줍니다. 표현 과정에서 코딩, 디자인, 수학, 과학 등을 모두 배울 수 있지요. 어떤 교과도 가능합니다. 지금 코스페이시스 에듀로 교육활동을 시작해보세요!

코스페이시스 에듀 교육활동
<멀지큐브로 증강현실(AR)
만들고 감상하기>

CHAPTER 17

증강현실 교구 멀지큐브

01. 멀지큐브를 알아보자!
02. 멀지큐브 준비하기!
03. 코스페이시스 에듀 갤러리에서 멀지큐브 작품을 감상하자!

01 멀지큐브를 알아보자!

증강현실에 대해 아시나요? 한 때 대한민국에 포켓몬고라는 게임이 유행했던 적이 있습니다. 어렸을 적 보았던 포켓몬스터 속 주인공이 되어 이곳 저곳을 돌아다니며 포켓몬을 잡는 게임이었는데요. 이 게임이 바로 증강현실로 만들어진 게임이었습니다.

증강현실[1]이란 가상현실의 한 분야로 실제로 존재하는 환경에 가상의 사물이나 정보를 합성하여 마치 원래의 환경에 존재하는 사물처럼 보이도록 하는 컴퓨터 그래픽 기법입니다. 스마트폰을 열고 증강현실 앱을 실행시키면 카메라 화면이 나옵니다. 그런데 카메라 속 화면에는 현실에는 없는 새로운 사물들이 존재하지요. 바로 실제 현실에 가상 그래픽을 증강하는 기술. 증강현실입니다. 영어로는 Augmented Reality. 앞글자를 따서 AR이라고도 부릅니다.

코스페이시스는 이 AR을 지원합니다. 코스페이시스 장면 유형 중 멀지큐브에서 만들어진 작품을 현실의 멀지큐브에 투영하는 방식으로요. 이 기술을 처음 접하는 학생들은 신기해하고 놀라워합니다. 코스페이시스 에듀 속 태양이 내 손 위에 놓여있는 모습을 볼 수 있으니까요. 또한 학생들은 코스페이시스 에듀의 AR 기능을 통해 미래 기술에 친숙해질 수 있지요.

그럼 지금부터 멀지큐브는 무엇인지, 어떻게 사용할 수 있는지 알아보도록 하겠습니다.

01.01 멀지큐브란?

멀지큐브는 정육면체 상자 모양의 AR 구현 교구입니다. 애플리케이션을 실행시키고 카메라로 멀지 큐브를 비추면 각 면의 모양을 인식하여 증강현실을 만들어줍니다.

학생들은 멀지큐브에 다양한 이미지를 투영하고 관찰할 수 있습니다. 우주, 고대의 유물, 지구 등을 내 손 위에서 관찰할 수 있는 것이지

---

[1] 출처: 증강현실-위키백과

수 있는 것이지요. 구체적 조작활동이 익숙한 학생들에게 멀지큐브는 몰입도 높은 교육경험을 제공합니다.

01.02 멀지큐브와 AR로 할 수 있는 교육적 활동

멀지큐브를 활용해서 할 수 있는 것은 바로 멀지큐브에 이미지를 투영시키는 것입니다. 다양한 어플리케이션에서 이미지를 제공하고 있습니다. 몇 가지 사례를 알아보겠습니다.

① 안드로이드폰에서는 'Play스토어', 아이폰에서는 'App스토어'를 열어 'merge cube'를 검색합니다. 다양한 어플리케이션이 나옵니다. 이 중에서 Merge Object Viewer, Merge Explorer, CoSpaces Edu 이 세 개의 어플리케이션을 사용하길 추천드립니다.

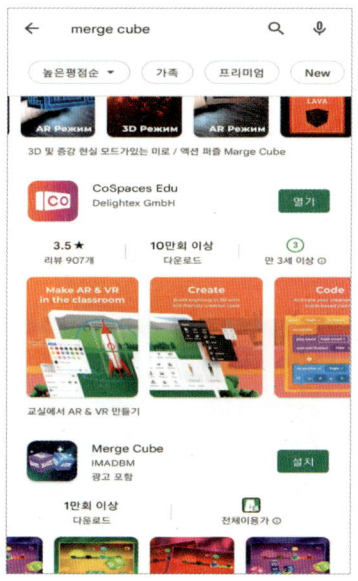

CoSpaces Edu

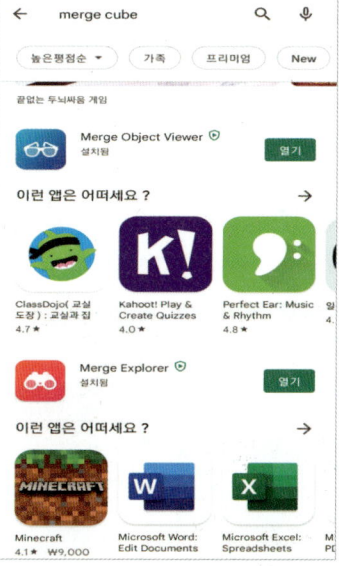

Merge Object Viewer
Merge Explorer

② Merge Object viewer를 실행시켜 보겠습니다. 처음 실행하면 다음과 같은 화면이 나옵니다. 저는 이 중에서 'Featured Objects'를 눌러보겠습니다. (출처: Merge Object Viewer 어플리케이션)

Merge Object Viewer 시작화면

Featured Objects 컬렉션

③ 관찰하고 싶은 이미지를 클릭합니다. 저는 식물 세포 이미지를 관찰하고자 합니다. 식물 세포 이미지가 3D로 나옵니다. 이번에는 AR로 살펴보겠습니다. 제 책상 위에 식물 세포 이미지가 있네요. 멀지큐브로도 작동시켜보겠습니다. (출처: Merge Object Viewer 어플리케이션)

Plant Cell Cube 화면 1

Plant Cell World 화면

Plant Cell 3D 화면

④ 이번에는 'Merge Explorer' 어플리케이션을 사용해보겠습니다. 어플리케이션을 다운로드받은 뒤 접속합니다. 시작 화면은 아래와 같습니다. 다양한 작품들 중에서 'Galactic Explorer'를 눌러보겠습니다.

'Merge Explorer' 시작화면

⑤ '활동 1'을 실행시켜보겠습니다. 눌러보겠습니다. 태양계 이미지가 나옵니다. 설명에 따라 태양을 클릭해보겠습니다. 태양만 따로 나온 상태에서 느낌표를 누르니 태양에 대한 상세 이미지가 나옵니다.

  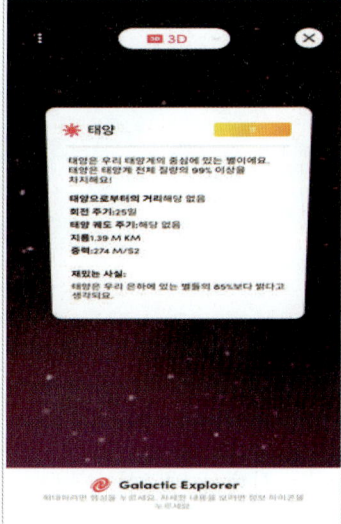

활동 1 - 화면터치 **느낌표 누르기** **태양 상세 설명**

보셨듯이 AR과 멀지큐브를 활용하신다면 관찰 대상을 실감나게 살펴볼 수 있습니다. 교육적 활용 가치가 무궁무진합니다. 어플리케이션에서 제공하는 다양한 3D이미지를 찾아 관찰해보세요.

코스페이시스 에듀 교육활동 <멀지큐브로 증강현실(AR) 만들고 감상하기> **235**

02 멀지큐브 준비하기!

멀지큐브는 미국의 Merge Labs사에서 완제품을 판매하고 있습니다. 구입을 원하시는 분은 ㈜ 에듀밋(041-855-3140)으로 문의해 주세요.

03 코스페이시스 에듀 갤러리에서 멀지큐브 작품을 감상하자!

앞서 다양한 애플리케이션을 통해 멀지큐브를 사용하는 방법을 살펴보았습니다. 증강현실의 기본 원리는 3D 이미지를 현실에 투영시키고 이를 관찰하는 것입니다. 따라서 관찰할 수 있는 3D 모델이 얼마나 많은가, 교육에 얼마나 적합한 모델이 있는가 등이 중요합니다. merge 큐브를 만든 merge 사에서 배포한 'Merge Object Viewer', 'Merge Explorer' 등의 프로그램은 교육적인 주제와 질 높은 이미지를 제공합니다. 하지만 많은 이미지들이 유료 구입을 해야만 구입할 수 있다는 단점이 있습니다. 반면에 코스페이시스 갤러리에서 수많은 작품들을 무료로 감상할 수 있습니다. 바로 코스페이시스 에듀에서는 작품을 만들고 공유할 수 있기 때문이지요. 그럼 지금부터 코스페이시스 에듀 갤러리에서 효과적으로 멀지큐브 작품을 감상하는 방법을 알아보겠습니다. 멀

METAVERSE

① 코스페이시스 에듀에서 작품을 감상하기 위해 '갤러리'에 들어갑니다. 검색창에 'merge'라고 검색해보겠습니다. 관찰하고 싶은 작품을 하나 선택해 눌러보겠습니다. AR 모드 사용에 대한 안내가 뜹니다. 멀지큐브를 가이드라인 가운데에 가져가면 AR이 펼쳐집니다.

- 작품 왼쪽 상단에 큐브 모양의 그림이 있는 것은 **AR관찰이 가능한 작품입니다.**

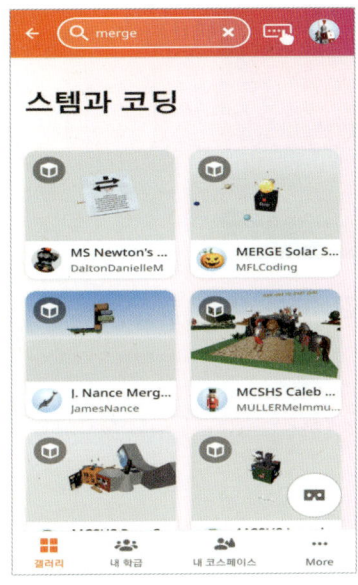
갤러리에서 merge 검색

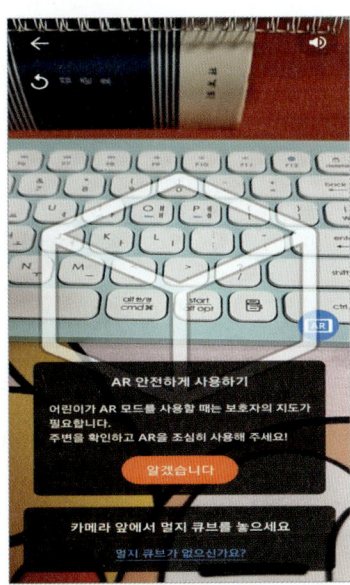
작품 실행 시 가이드라인 화면

② 멀지큐브를 사용해 태양을 AR로 살펴보겠습니다.

멀지큐브(AR)로 감상하는 태양

③ 혹시 멀지큐브가 없어도 3D 모델을 감상할 수 있습니다. 화면 오른쪽 하단에 AR 버튼을 누르면 3D 화면으로 전환됩니다.

오른쪽 하단에 AR버튼　　　**3D 모델로 감상하는 태양**

CHAPTER 18

코스페이시스 에듀 멀지큐브 장면 만들기

04. 멀지큐브 장면의 특성을 분석해보자!
05. 멀지큐브 장면 유형 1. 5개의 면 활용하기
06. 멀지큐브 장면 유형 2. 멀지큐브를 중심으로 오브젝트 배치하기

04 멀지큐브 장면의 특성을 분석해보자!

04.01 멀지큐브는 6면체

① 멀지큐브의 특성을 이해하면 작품을 만드는 데 도움이 됩니다. 보시는 것처럼 멀지큐브는 정육면체의 입체도형입니다.

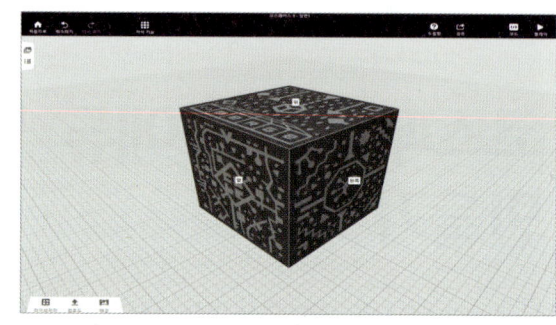

② 멀지큐브는 6면체이지만 코스페이시스 에듀에서 작업할 수 있는 면은 5개입니다. 바닥쪽에 있는 면은 작업을 할 수 없습니다. 아래 그림은 멀지큐브를 통해 만들 수 있는 작품 예시입니다.

③ 면단위로 작업하지 않고 오브젝트 크기를 키워 멀지큐브를 덮는 방식도 가능합니다. 아래 그림은 달 오브젝트의 크기를 키워 멀지큐브를 덮는 장면입니다.

달 오브젝트 꺼내고 크기 키우기

달 오브젝트로 멀지큐브 덮기

METAVERSE

플레이 장면

04.02 바깥 공간과 안쪽 공간 설정

① 멀지큐브는 바깥 공간뿐만 아니라 안쪽 공간도 활용할 수 있습니다.

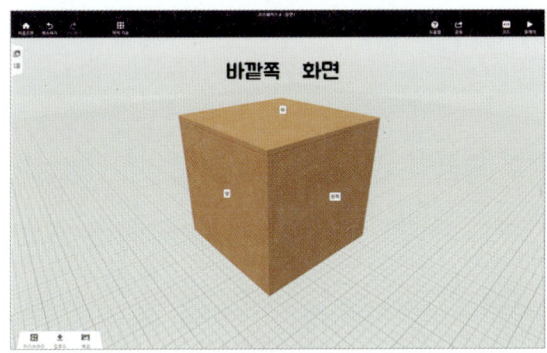

바깥 공간　　　　　　　　　　　안쪽 공간

② 멀지큐브 설정창에서 '안쪽 보기', '바깥 보기' 설정을 할 수 있습니다.

코스페이시스 에듀 교육활동 <멀지큐브로 증강현실(AR) 만들고 감상하기>

③ '사이브 라벨 보기' 및 '숨기기' 기능을 통해 아래와 같이 위, 앞, 옆 등 멀지큐브의 방향을 표시할 수 있습니다.

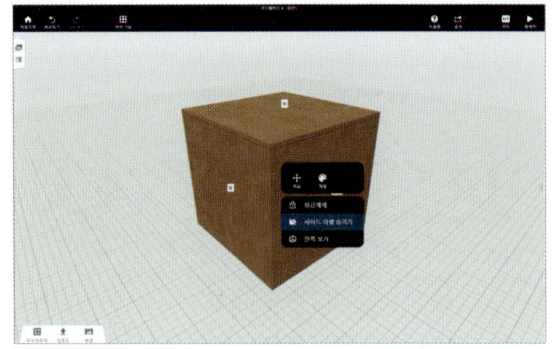
사이드 라벨 설정

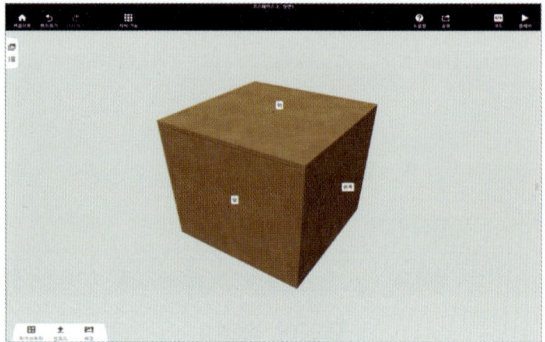
방향 표시

05 멀지큐브 장면 유형
1. 5개의 면 활용하기

멀지 큐브를 활용한 수업 사례를 살펴보겠습니다. 주로 특정 주제에 대한 설명을 덧붙이는 방법으로 멀지큐브를 활용합니다. 갤러리를 통해 다른 작품들을 살펴봅시다.

05.01. 갤러리 살펴보기

① '갤러리'에 들어가서 감상하고 싶은 멀지큐브 작품을 찾아봅니다. 멀지큐브 작품은 작품 왼쪽 상단에 큐브 모양이 있습니다. 저는 코스페이시스 에듀에서 제공한 'Book Report: The Hobbit'을 살펴보겠습니다.

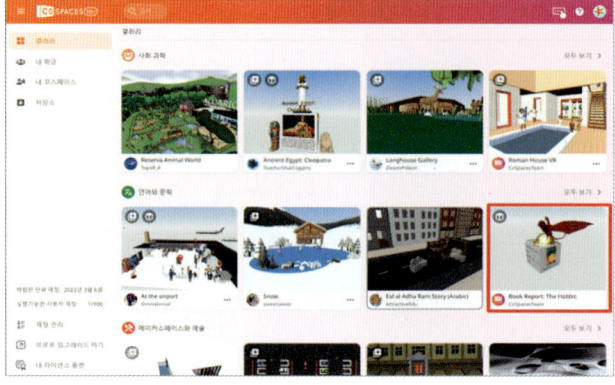

② 작품 실행 화면입니다. 면 가운데 책 이미지와 글을 쓴 사람의 이름이 있습니다. 다른 면에는 책에 대한 평점이 있습니다.

면 1

면 2

*출처: 『갤러리 작품 - Book Report : The Hobbit』
제작자 - CoSpacesTeam
(https://edu.cospaces.io/YAJ-RHK)

③ 위쪽에는 책에서 '가장 좋아하는 장면' 이라고 쓰여 있습니다. 멋진 드래곤이 포효하고 있군요.

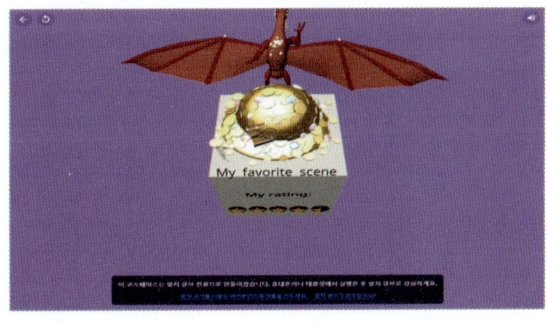
면 3

작품을 살펴보셨듯이 멀지큐브로 만든 작품은 '하나의 큰 주제'에 대한 세부설명으로 작품을 구성하기 용이합니다.

05.02. 자기 소개 장면 만들기

멀지큐브로 쉽게 할 수 있는 교육활동을 소개하겠습니다. 아직 코스페이시스에 익숙하지 않은 학생들도 쉽게 실습할 수 있는 주제. 바로 '자기소개하기'입니다. '나'라는 큰 주제를 중심으로 세부설명을 하는 작품이지요.

① 먼저, '코스페이시스 만들기'를 누르고 '장면선택'에서 '멀지 큐브'를 선택합니다. 그러면 다음과 같은 화면이 뜨는데요. 저는 자기소개 템플릿을 사용해보겠습니다. 템플릿을 아래로 쭉 내리시면 'All about me'라는 템플릿이 있습니다. 클릭합니다.

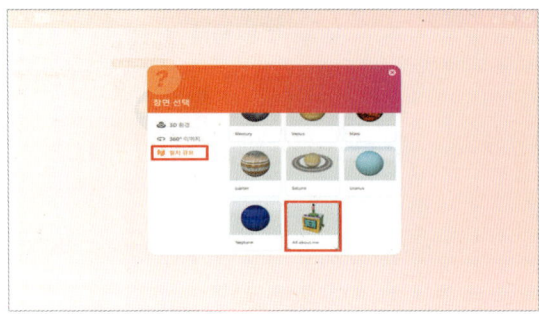

멀지 큐브 장면 만들기

② 템플릿을 누르면 이렇게 미리보기 화면이 뜹니다. 이 템플릿으로 장면을 만든 후, 멀지큐브에 투영시키면 어떤 모습일지 미리 보실 수 있습니다. 확인하였으면 '템플릿 사용'을 눌러줍니다.

멀지 큐브 장면 만들기

③ 템플릿 시작화면입니다. 말씀드린 대로 멀지큐브의 중심에 '인물'이 있고 각 옆면에 인물에 대한 설명이 있습니다. '한 주제에 대한 세부 설명' 바로 멀지큐브 장면 구성의 원리입니다. 자 그럼 하나씩 바꿔보도록 하겠습니다.

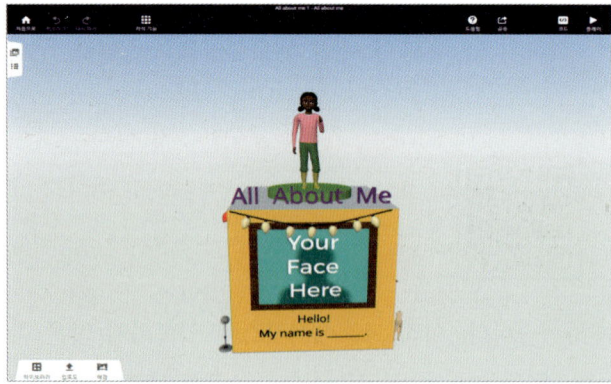

METAVERSE

④ 맨, 윗면의 오브젝트를 바꿔주겠습니다. 그리고 문구도 한글로 바꿔주었습니다.

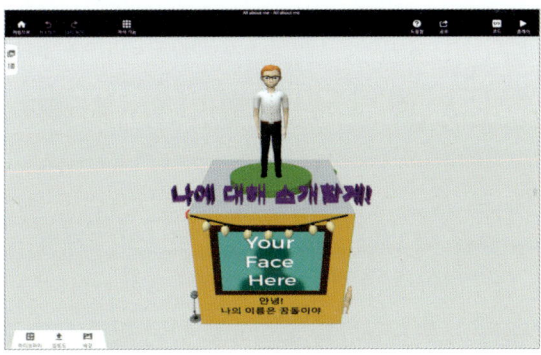

⑤ 이제 옆면을 바꿔보겠습니다. 정해진 템플릿 양식에 따라 하나씩 바꿔보며 자신을 소개해봅시다.

멀지 큐브 옆면 1

멀지 큐브 옆면 1

⑥ 만든 작품을 실행하면 다음과 같은 화면입니다.

멀지 큐브 3D 화면

멀지큐브 AR 화면

06 멀지큐브 장면 유형
2. 멀지큐브를 중심으로 오브젝트 배치하기

멀지큐브로 진행할 수 있는 교육 사례 두 번째입니다. 앞선 첫 번째, 장면 구성은 하나의 주제를 중심으로 각각의 면에 그 주제에 대한 설명을 만드는 방식이었습니다.

이번 두 번째 방식은 멀지 큐브 각각의 면을 활용하지 않고, 멀지큐브를 중심으로 하여 다른 오브젝트들을 배치하는 방식입니다. 대표적인 예시로는 '태양계 공전' 작품이 있습니다. 갤러리를 통해 살펴보겠습니다.

06.01. 갤러리 살펴보기 – 태양계 공전

① '갤러리'에서 'solar system'을 검색합니다. 코스페이시스 에듀는 영어로 검색해야 많은 작품을 찾을 수 있습니다. 다양한 작품들 중 저는 코스페이시스팀이 제작한 solar system을 살펴보겠습니다.

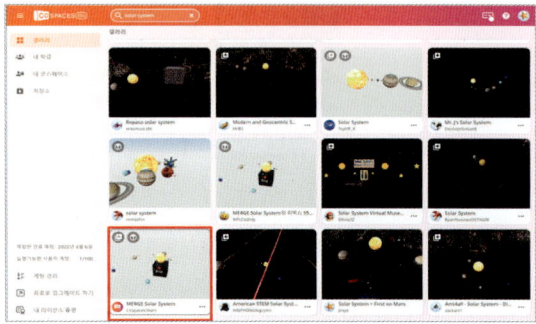

② 실행을 하니 '태양계' 전체 화면이 나옵니다. 태양계의 천체들이 태양을 중심으로 회전하고 있는 것을 관찰할 수 있습니다. 이렇게 멀지큐브를 중심으로 하고, 다른 오브젝트들을 배치하는 방식으로도 작품을 만들 수 있습니다.

그리고 이 작품에서는 특이한 점이 있습니다. 바로 아래쪽에 장면을 넘길 수 있는 표시가 있다는 것입니다. 이 작품은 여러 개의 장면들로 구성되어 있는 듯 합니다. 눌러보겠습니다.

*출처:『갤러리 작품 – MERGE Solar System』
제작자 - CoSpacesTeam
(https://edu.cospaces.io/JSQ-DHR)

③ 지구에 대한 설명 장면이 나왔습니다. 이 장면 구성은 첫 번째 보았던 장면 구성이네요. 바로 '한 주제를 중심으로 각 면에 세부 내용 구성하기' 유형입니다. 또 장면을 넘겨보겠습니다. 이번에는 금성이 나왔습니다. 이 작품은 태양계의 공전 장면을 토대로 각각의 천체를 설명하는 방식으로 구성되어 있습니다.

지구 설명

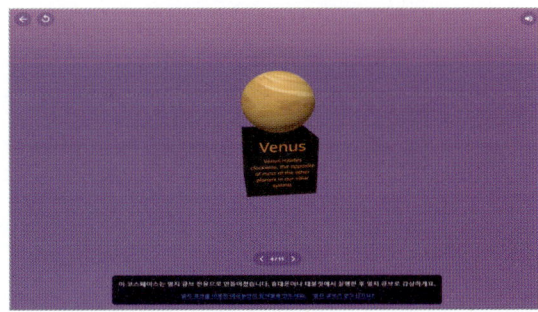

금성 설명

갤러리를 살펴보니 어떠셨나요?

멀지큐브 화면의 구성 방식에 대해서 어느 정도 이해가 되셨을 것이라 생각합니다. 또 한 가지 팁을 드리면 코스페이시스 에듀는 영어로 된 작품들이 많습니다. 이 작품들에 사용된 영어표현을 한글로 바꾸어 자신만의 작품을 만들게 하는 방식으로도 영어 교육이 가능합니다.

06.02. 지구와 달의 공전 장면 만들기

이제 작품을 만들어보겠습니다. 이번에 실습하고자 하는 작품의 주제는 '지구와 달의 공전 장면' 만들기입니다. 과학 시간에 배운 내용을 토대로 간단한 작품을 만들어보겠습니다.

① 먼저, 교과 내용을 정리해야 합니다. 과학 교과의 내용을 간단하게 정리해보았습니다.

지구의 자전	달의 공전
1) 지구의 자전 - 지구가 남극과 북극을 이은 가상의 축을 중심으로 하루에 한 바퀴씩 회전 - 반시계 방향으로 자전함 2) 자전축 기울기 - 공전 궤도면과 수직에서 23.5도 기울어짐.	1) 달이 지구를 중심으로 회전하는 것을 말함. 2) 달의 공전 주기와 자전 주기는 같음. 3) 반시계 반향으로 공전함 4) 공전 주기는 27.3일
지구 설명	달 설명

② 교과 내용을 토대로 멀지 큐브를 만들어보겠습니다. '멀지 큐브'를 누르고 지구 탬플릿을 사용합니다.

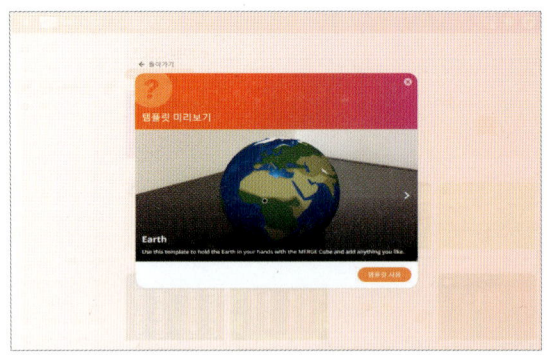

멀지큐브 지구 탬플릿

③ 정리했던 내용에 맞게 지구를 23.5도 기울여줍니다.

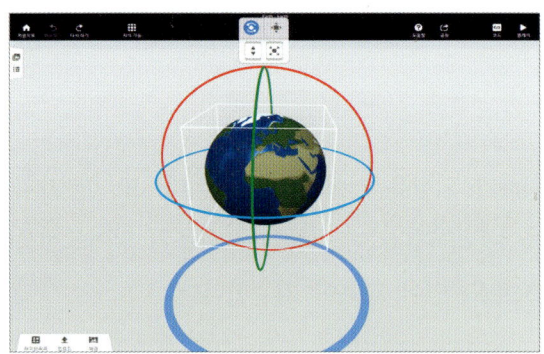

지구 오브젝트 회전 설정

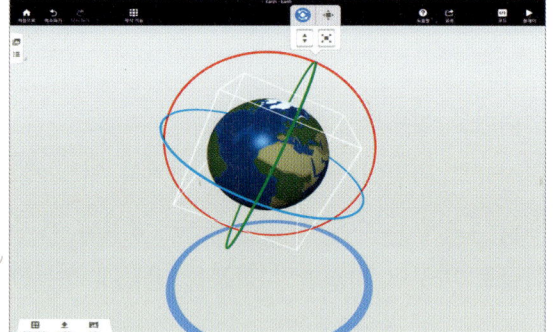

23.5도 기울이기

④ 지구 오브젝트를 눌러 코딩을 해줍니다.

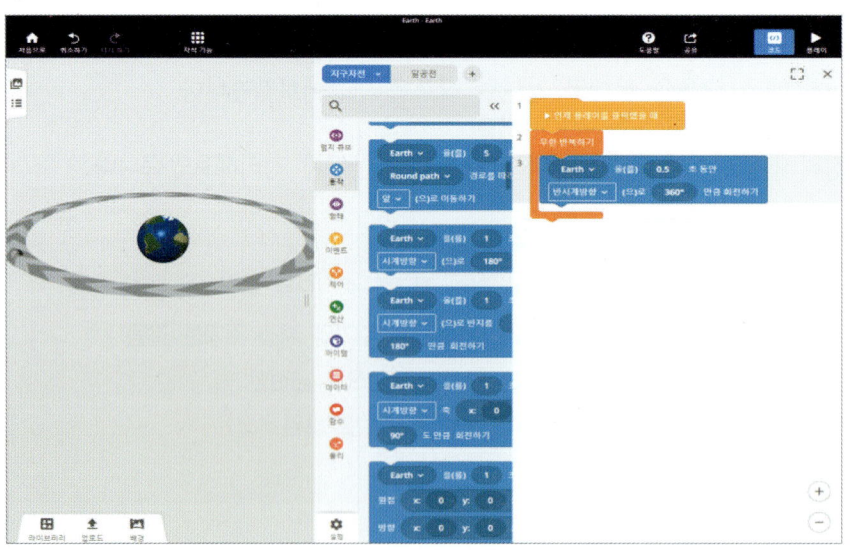

지구 오브젝트 코딩

- 0.5초 기준으로 한바퀴 자전을 하도록 코딩하였습니다. - 방향은 반시계 방향으로 설정
- 무한 반복하기를 통해 계속 회전하게 하였습니다.

⑤ 지구 설정을 완료하였으니 이제 달을 설정해보겠습니다. 달 오브젝트를 꺼냅니다. 그리고 적절하게 사이즈를 조절합니다. 지구와 달 사이의 실제 거리는 생각보다 많이 멀어서 화면에 나타내기 어렵기 때문에 두 천체 사이의 거리는 적당하게 설정하고 크기만 실제와 비슷하게 설정합니다.

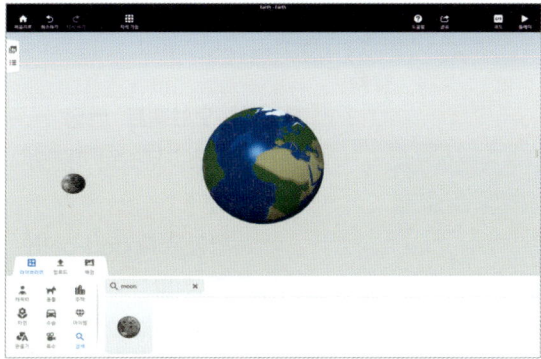

달 오브젝트 꺼내기

- 달의 반지름은 지구의 반지름의 약 1/4배입니다. 이를 고려하며 대략 비슷하게 설정합니다.

⑥ 라이브러리 '특수'에서 라운드 경로를 꺼내어 크기를 키웁니다. 그리고 지구 주위에 경로를 설정합니다. 설정 후, 달을 경로 위에 붙입니다.

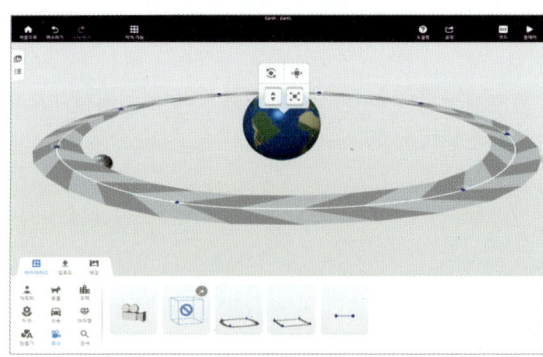

경로 설정하기

⑦ 이제 달 코드를 작성해보겠습니다. 라운드 경로의 화살표 방향이 시계방향으로 되어있으니 라운드 경로를 거꾸로 돌아야 반시계 방향으로 회전합니다. 그리고 지구의 자전주기가 0.5초 였으니 달의 공전주기는 대략 30배 정도로 하여 15초로 설정합니다.

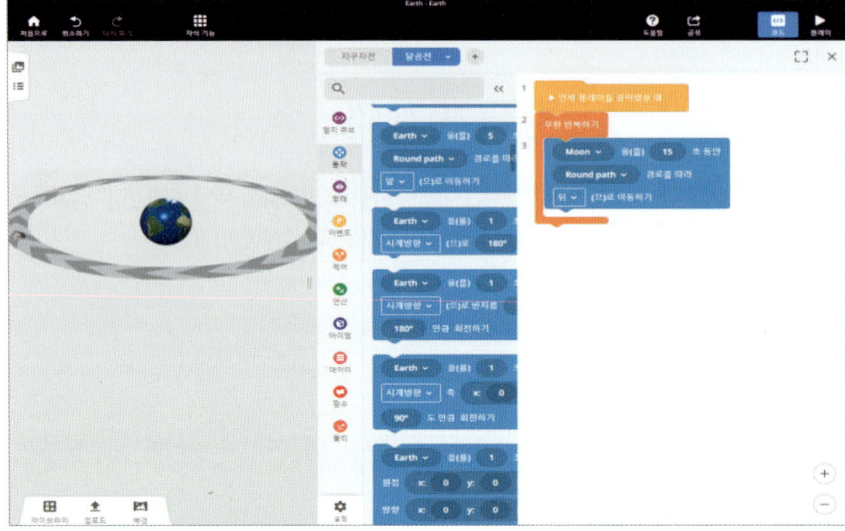

달 오브젝트 코딩
- 15초 기준으로 하였습니다.
- 방향은 Round path 의 뒤방향으로
- 무한 반복하기를 통해 계속 회전하게 하였습니다.

⑧ 자 이제 만들어진 작품을 멀지큐브를 사용해 AR로 관찰해봅시다. 설정한 대로 지구가 자전하고 달이 공전하는 것을 확인할 수 있습니다.

3D로 본 화면

멀지큐브(AR)로 본 화면

지금까지 코스페이시스 에듀를 통한 교육 활동 '멀지큐브로 증강현실 만들고 뽐내기'에 대해 알아보았습니다. 멀지큐브와 AR을 통해 작품을 감상하고 관찰하는 것부터 시작해 자신만의 작품을 만들고 뽐내는 과정에서 학생들은 많은 것을 고민하고 배울 수 있을 것입니다. 지금 코스페이시스 에듀로 재미있는 교육활동을 시작해보세요! 감사합니다.